*Psychology*

# 彈性心態

## 終結創傷，打破心理韌性悖論的全新復原力科學

# THE END OF TRAUMA

*How the New Science of*
*Resilience Is Changing How We Think About PTSD*


**喬治・波南諾**——著　　邱思華——譯

*George A. Bonanno*

獻給拉斐爾和安姬

本書有許多內容來自曾經歷重大創傷事件的人們，他們鼓起勇氣分享親身體驗與感受。除了傑德・麥格芬（Jed McGiffin）與瑪倫・威佛（Maren Westphal）之外，其他人皆是以假名代稱，並移除可能辨認出身分的細節以保護個資。

# 目錄

CONTENTS

PART 03 / 通往心理韌性的大道



PART 04 / 細節成就完美



PART 05 / 請你跟我這樣做

# 各界好評

我認為每個人的心態是有彈性的，如果心態積極就能造就成功人生，反之消極的心態可能會毀滅一個人的一生。只有良好的心態可以戰勝任何艱難、挫折和壓力。期待大家都能認識並把握自己的心態，用「彈性心態」來創造自己成功的人生。

——**陳美麗／中華民國聖力樂活關懷照顧協會理事長**

治療創傷的這條路上，多虧這本作品的重大修正，你我才能往更好的方向繼續邁進。

——《**華爾街日報**》（*Wall Street Journal*）

你所知道關於創傷的一切可能都是錯的。幸好有這本強大且引人入勝的書，可以解決這個問題。世界知名的心理韌性專家，解釋我們可以如何對抗永無止盡的困難，終結創傷。

——**丹尼爾．吉伯特**（Daniel Gilbert）

**哈佛大學心理學教授**

波南諾是研究心理韌性的先鋒。在這本書中，他揭示人們如何走過創傷事件所帶來的衝擊，這是我見過最好的見解。

——**亞當．格蘭特**（Adam Grant）

**《逆思維》**（*Think Again*）**作者**

波南諾成功了！本書結合了讓人讀到停不下來的故事、富有啟發性的例子和堅不可摧的科學證據，保證會改變你對創傷來源的看法，還有大家對創傷的認知。閱讀這本書，將讓你學會欣賞自己心靈的彈性，以及如何利用它來成為一個具有心理韌性的人。

——**索妮亞．柳波莫斯基**（Sonja Lyubomirsky）

**坦伯頓正向心理學獎得主**、**《這一生的幸福計劃》**（*The How of Happiness*）**作者**

波南諾是講故事的大師。本書以無可挑剔的科學實證，搭配懸疑小說般的敘事方式，顛覆了你我的常識。如果您或所愛之人曾遭逢巨變，千萬不要錯過本書。

——**麗莎．費德曼．巴瑞特**（Lisa Feldman Barrett）

**美國國家衛生研究院先鋒獎得主**、**《情緒跟你以為的不一樣》**（*How Emotions Are Made*）**作者**

波南諾是位罕見的科學家兼研究員，他知道如何系統性且深入地探索他試圖理解的任何事物，同時還能夠將其轉化為清晰且能跟著練習的指引。這本書足足醞釀了四十年，等待是值得的。

——**派翠西亞．華生**（Patricia Nelson）

**美國國家創傷後壓力症候群中心**

波南諾對創傷和心理韌性有著其他人所沒有的創見。他在這本新書中所談及的創傷經驗，其實與你所以為的大不相同。書中以動人的方式述說患者的故事，輔以他淵博的學識，為創傷、治療和心理韌性提供了引人深思的全新視角。

這本書是我近年來讀過最有趣、寫得最好且與臨床相關的書籍之一。事實證明，人類在應對創傷事件，比我們想像得還要厲害許多！書裡那些經歷可怕事件卻能超越創傷的真實故事令人動容。這是一本真正適合所有人的好書。

——**喬瑟夫．雷杜克斯**（Joseph LeDoux）

**紐約大學神經科學家**

一本了不起的書。波南諾是個才華橫溢的小說家，巧妙地敘述意外事故、戰爭和恐怖攻擊的倖存者如何跨越創傷，一篇篇戲劇化又鼓舞人心的故事，娓娓道出人們如何走過災難困境卻無損心理健康，並務實地、彈性地透過應用各種情緒調節技巧，培育出心理韌性。

——**羅伯特．萊希**（Robert Leahy）

**紐約美國認知療法協會會長**、《**為什麼他總是過得比我好**？》（*The Jealousy Cure*）**作者**

——**理查．邁耐利**（Richard McNally）

**哈佛大學心理學教授**

在這本書中，波南諾帶領我們深入探索創傷，以及如何從心理韌性中找到復原的智慧，改變我們對人生困頓之時的理解與想法。

——**達契爾．克特納**（Dacher Keltner）

**加州大學柏克萊分校心理學教授**

從科學來看創傷後壓力症的經典之作。憑藉敏銳的洞察力、豐富的敏感性和深具說服力的口吻，幫助我們理解：與其說「彈性」是種特質，不如說它是個過程。而在這過程當中，需要彈性和智慧。這本書將幫助每個面臨逆境和創傷的人打開通往心理韌性的大門。

——**大衛．德斯諾**（David DeSteno）

**東北大學心理學教授**、《**情緒致勝**》（*Emotional Success*）**作者**

一個全新的視角……波南諾巧妙捕捉到深刻的創傷生活經歷，並在這些描述與心理學和神經科學的前沿發現間取得了平衡。

——《**科學**》（*Science*）

波南諾在這個充滿希望的檢查中提出了一種看待創傷的新方法……他巧妙地描述出研究九一一倖存者、遭受嚴重脊髓損傷但沒有經歷長期創傷影響病患的成果……論點大膽，文字卻容易閱讀，提供很多你我需要考慮的問題。

——《**出版者周刊**》（*Publishers Weekly*）

必要且重要的作品……波南諾的研究透過採訪對象的個人故事精彩呈現，並藉由個人經歷的鏡頭變得生動，因為他們都用自己的話解釋遭遇的壓力和擔憂、希望和樂觀。

——《**圖書館雜誌**》（*Library Journal*）

《推薦序》

# 經歷過最黑暗的時刻，我走出來了

賴思妤

很榮幸能夠以一位經歷過重大創傷的復原者身分推薦本書。我在八仙塵爆中全身多處嚴重燒傷，復原的過程中，我面臨過瀕臨死亡的恐懼、身體極大的疼痛、多次的手術、失去身體的主控權、外表容貌的改變及重新回到社會後定義自己存在意義的掙扎。

閱讀這本書，使我回憶起創傷復原的心路歷程。

作者帶領讀者進入受創傷者的體驗——意外發生當下的驚嚇、壓倒性的死亡恐懼、身體心靈遭受的極大痛苦，試著讓讀者理解這些經歷可怕事件的人是多麼不容易。這也讓我回想起過去的經驗——事故發生後，在病床上全身被插滿管線無法動彈、看見自己身上血淋淋的換藥過程、在加護病房裡無法吞嚥甚至無法喝水等等，儘管在多年後，這些畫面仍歷歷在目，但這樣回顧並不會令我感到不適，而是有個強大的內在告訴我自己：「你很棒，你經歷過最黑暗的時刻，但你堅強地走出來了。」

## 這些創傷，見證了我的勇敢

其實我並非天生就是勇敢的人，曾經在創傷初期絕望地大哭，看著自己全身包滿繃帶，認為我已經失去一切。

或許是童年生活經歷幫了我。我生長在務農家庭，常在黑乎乎的泥土中埋下一顆顆種子，經過漫長等待後見證新芽竄出、成長茁壯並開花結果的過程。這讓我相信，黑暗過後必會贏來甜美的果實；或是從小學習音樂時，過程中刻苦練習的經驗，讓我理解到只有不斷克服錯誤，最終才能演奏出美好的音樂，使我擁有堅持不放棄的信念；抑或是我的親人與朋友，在我最脆弱時仍然陪伴在我身邊，在沮喪時鼓勵著我。

我想這些經歷都是不可或缺的養分，使我成為作者研究中描述的那三分之二——那些擁有彈性面對困境的人，從而成為我克服難關的必要因素。在漫長的復原過程中，我忍受疤痕拉扯的疼痛，堅持反覆復健。因為意外當下，我的手部嚴重燒傷，更曾經在醫療初期，被醫師評估雙手無法再恢復到原本的靈巧度，不能繼續演奏樂器。但在我努力不懈的堅持以及物理治療師、職能治療師及醫師專業的幫助下，我重新回到舞台上，並完成高難度技巧的樂曲演奏。

而在我身上顯而易見的疤痕或許不美麗，但它是保護我免於死亡長出來的保護層。醫師及護理師努力救治我，期望我好好活著的證明，也更時刻見證著我的勇敢。

相較於少數經歷過重大創傷的人，每個人總會經歷大大小小不同的困難與創傷。若您正陷在一段困境中，這本書可以提供一些經科學實證的方法，協助您以不同的角度面對正在經歷的困難，並提醒著能夠堅持到現在的您，有多麼勇敢且有能力。

透過一次次的克服與挑戰，人最終能接納生命的本質是痛苦與快樂並存著，生命的脆弱與未知，使我們更珍惜自己所擁有的一切。

（本文作者為八仙塵爆生命鬥士）

《推薦序》

# 同樣遭受創傷，為何有些人仍懷抱希望？

海苔熊

首先，我想先恭喜你拿起了這本書。它跟別本書不一樣的地方在於，它不是講很多的心靈雞湯、不是分享一些你早就知道的做法，而是和你理性地討論——為什麼你以前聽過的那些方法沒有用？

在你的過往可能發生了一些糟糕到讓你不想回想的事情，讓你陷入長期的憂鬱和低落，甚至時不時，就會回想到當時的畫面……你已經很久沒有睡好覺、也很久沒有辦法好好放鬆，你甚至在想：**我會不會就這樣子一輩子下去**？這本書想要告訴你的是，有三分之二的人都撐過了這些生命的關卡，最後回到平穩的生活，所以，別太快放棄希望。

「那如果我是那三分之一呢？」悲觀如你，我猜這可能是第一個從內心裡面跳出來的句子。的確，你有可能是那三分之一，但如果你是那三分之一，我也想要告訴你，這世界上並不存在「只要這樣做就一定會變好」的神奇方法，但如果你相信自己會變好，不用相信太多，只要相信「一點點」就好，那麼這本書，會給你一個截然不同的視野。

## 培養改變的彈性

那麼，你該相信什麼呢？作者指出，你可以開始培養你的「彈性心態」，包含：

- **保持樂觀**：相信一切會變好。
- **相信自己應付得來**：相信自己的能力可以應付一些狀況。
- **不畏挑戰**：勇於嘗試和付諸行動。

看完上面三點，我想你應該會覺得很挫折——這三個我都沒有，尤其是最後一個，我連好好生活都很困難了，更不用說去面對那些我根本不想要去看的挑戰。

如果你也有這種感覺，那麼再跟你講一個好消息，這種「彈性心態」是可以發展跟培養的，具體步驟有三個：

- **評估情境**：觀察現狀（你在哪裡、你在做什麼、身邊有誰等等），計畫出適合的行動。例如，聽到主管在大聲斥責的時候，你可以選擇頂撞回去，或者是忍氣吞聲陽奉陰違，也可以人在心不在，把耳朵關起來。沒有哪一種行為指標一定有用，端看你現在想要的是什麼，以及你對這個情境的理解程度。
- **行動調節**：透過行動來改變情緒，不論是改變想法，或者是改變所處的環境。例如，主管的斥責讓你腦袋不自覺地出現創傷畫面，你知道自己沒有辦法離開現場，所以就在心裡面暗暗調侃「他好嚴重啊……」，或者是一邊玩手上的原子筆來分心，果然讓腦袋中的創傷畫面變得比較淡一點。
- **監控回饋**：根據前面行動的結果，去評估和調整下一次的行為。延續前面的例子，雖然你的分心讓自己不會被那些創傷給抓住，但主管卻因為你不專心聽他講話，結果更生氣了。你感覺到非常委屈，各種情緒交雜在一起。於是你開始思考，下次有沒有更適當的方法。

## 與正在痊癒的你相遇

創傷、想法、情緒、過往的回憶、所屬的環境等等這幾個因素經常是交織在一起的，雖然以前發生過的事情無法改變，但你仍然可以聚焦這一刻會發生的事情，還有計畫未來你想要前往哪一個方向。

當你發現自己真的是進退維谷、怎麼做都不對的時候，作者還提供了一個絕招，就是：「和自己對話」，這是許多談論創傷療癒的書籍都會建議的方法，雖然理論各有不同，但其中一個核心概念是一樣的——**當沒有人可以陪伴你的時候，你可以試著長出一個溫柔的自己，輕輕柔柔地陪伴自己**。

書中第三一三頁透過表格，帶著你一步一步用這些自我對話的方式，建立前面三個彈性心態，你也可以從這個起點開始，建立一個「正在痊癒」的你。

從這一刻起，放棄去尋找那些樣版式的、宣稱一定有用的痊癒方法，用自己的步調，量身訂做出屬於你的心理彈性。

（本文作者為podcaster）

《推薦序》

# 你有權利正常悲傷與恐懼，那都是努力自我調適的證明

吳佳璇

一九九九年發生的九二一大地震，是台灣一個巨大印記。無論是親身經歷地動山搖，還是接收媒體日夜傳送的災難影像，全台人心惶惶，彷彿個個是創傷後壓力症（Post-traumatic stress disorder, PTSD。後文統一以簡寫稱之）候選人。只不過，災後的精神科醫療站門可羅雀，收驚攤大排長龍。

兩年後的九月十一日，美國紐約雙子星大樓等重要地標，遭到蓋達恐怖組織劫機攻擊。美國當局很快決定將焦點放在紐約，調度各種心理衛生資源嚴陣以待。未料首當其衝的曼哈頓地區，居民罹患PTSD的比例，事發半年後不升反降。也就是說，民眾大多可以自行因應災難性衝擊後產生的PTSD症狀。

隔年的九一一，美國心理學會發表一篇聲明，迂迴表達預測錯誤，但有專家說得直

白：「出現強烈的情緒又不代表生病。」換言之，災難初期揮之不去的沮喪、惡夢、恐懼，其實是努力自我調適的證明，只有一直無法緩解的人，才是需要心理專業幫助的PTSD患者。人們在災難初期，確實常因為這些短暫出現的壓力反應，看不見自己的心理韌性（resilience）。

## 審時度勢，彈性應對

我想起自己在癌症醫院的工作經驗。剛診斷罹癌時，病人（與家屬）內心，莫不受到衝擊。有經驗的工作人員，如果能適時告訴病人：「眼前出現的心理反應是暫時的，多數人都能順利克服，很少超過一個月。如果有需要，我們團隊裡有心理師與精神科醫師，能及時提供專業協助。」相信我的工作立刻少了一半。因為被轉介來求助的初診斷病人，聽完我上述說明，心情立刻篤定不少。

本書作者喬治．波南諾教授，就是從創傷中看見人們心理韌性的專家，見證這個學門從學術研究的小配角，成為暢銷書主角與媒體寵兒。人們甚至列出各種能預測以及提升心理韌性的行為與特質，成為一份長到失去意義的清單。因為沒有人能兼具每個好的特質，學會所有產生韌性的因應策略，過度強調正向思考，還會讓人不敢（正常地）悲傷。

過去十多年，單單我自己，就遇過好幾位癌症病友，向我抱怨周遭親友刻意營造的正面情緒，讓他窒息。當我回應：「陽光再好，也無法直視正午的太陽，總是需要一個遮蔭的地方。」病人常潸然淚下。

波南諾教授研究團隊進一步分析，當事人擁有彈性心態是其中關鍵，方能審時度勢，做出最適合自己的因應策略。他進一步指出，彈性心態有三個核心信念，正是**保持樂觀**、**相信自己應付得來**，以及**不畏挑戰**。再度讓我想起，自己常藉鄧小平的名言告訴癌友：「不管黑貓白貓，能捉到老鼠就是好貓。」這不也是一種彈性心態？

（本文作者為精神科醫師、作家）

《譯者序》

# 發掘既存於你內在的強大力量

邱思華

對於首次走進晤談室的人，我總會說：「諮商不會把你遇到的問題變不見，但我們會一起去看到底發生了什麼事，試著去釐清你的想法與感覺。在這個過程中，你會越來越瞭解自己、掌握自己，然後越來越有力量去面對這些問題，這才是你能帶走的東西。」

十三世紀的波斯詩人魯米（Rumi）曾說：「傷口是光進入身體的地方。」創傷帶來痛苦，卻也帶來轉變與成長的契機。而《彈性心態》這本書，談論的不只是如何面對創傷後壓力症，更是如何去面對人生，如何看見生命裡的那道光，以及光所照見出來的力量，那是既存於我們內在的力量。

翻譯此書時，深深佩服作者的敏銳和細膩，他透過人類社會結構的變遷與重大歷史事件，娓娓道出創傷定義的起源與濫用；因著人似乎未如諸多助人工作者想像的脆弱，進而以科學研究證實心理韌性的存在；再藉由豐富的實際案例、觀察與歸納，統整出能帶領我們走過困境的，並非只能埋首發展各種與心理韌性有關的特質，反而是對自身本已具備的彈性有更多覺察，並加以系統性地運用。

書中提及的彈性心態，是指我們打從心裡相信自己能夠面對與適應眼前的挑戰。這讓我聯想到，「自我效能感」亦是很類似的概念。

## 搶先試用彈性程序，拓展無限可能

在實務工作中，觀察到許多前來晤談的個案，往往因為遭遇的困境太大或為時太久，長期被情緒和無助感淹沒而陷入自覺無能的狀態。事實上，從遇到困難起到踏入諮商室前的那段時間，他們想必做過許多事、花了許多工夫，才得以撐過這麼一段時日。因此我總會邀請他們先試著思考過去這段時間，有什麼地方是他們覺得自己做得還不錯、或多或少有幫上自己忙的。

這段進行思考的過程，同時就是在整理他們的策略百寶箱。這些來晤談的人們，過去可能已無意識地使用了彈性程序而不自知，只因結果尚未達到預期，就推翻自己曾有的努力。

翻譯完這本書後，我更加確定讓個案進行這些思考的重要性與意義，並在實務諮商時，利用書上談及的內容來向個案進行說明，讓他們理解這麼做的用意為何。

有趣的是，不少個案在整理自身策略百寶箱的過程，同時驚訝地發現他們已經為自己做了這麼多，以及他們能做的原來有這麼多。如此一來，對於要走過眼前的困難，自然地多出幾分信心。

我這位心理師的存在，從來不是提供解答，而是協助人們透過彈性程序培養彈性心態：看見自己的能耐，進而相信自己做得到、處理得來，有勇氣去嘗試他們為自己找到或想到的方法，再回過頭來檢視嘗試的結果。無論他們是一舉成功還是仍須調整，都值得萬分肯定。

因此，如果你是正在找方法面對困境的人，不妨也試著先整理自己的思緒：在打開這本書之前，你可能為自己做過哪些努力了？無論結果為何，都請給這個曾經努力過的自己一份肯定和鼓勵；如果你想不出來也沒關係，請容我告訴你：翻開這本書的你，正在為自己努力著，也因為你決定閱讀這本書，又多拓展了一些你的彈性與可能性！

《引言》

# 我為什麼還好好的？

WHY WAS I DOING OKAY?

在哥倫比亞大學教育學院擔任教職的我，第一次見到傑德是在他來面試臨床心理博士班的那天。就像其他應徵者一樣，他穿著體面且有禮貌地走進我的辦公室。事實上，光是他「走進」辦公室就讓我夠驚訝的了。因為我知道他發生過什麼事，卻未曾想過經歷那場差點喪命的劫難之後，他居然還能夠走路。

面試那天，傑德並未透露太多關於車禍的事，畢竟當天還有很多事情要討論。直到後來，我才慢慢從他口中瞭解整件事的來龍去脈。

五年前，傑德一度想以音樂家的身分在紐約闖盪，這可不是件容易的事。套用他自己的描述：「我是個被服務生耽誤的音樂家。」雖然他在紐約最高級的餐廳——格林威治村的 Babbo Ristorante 擔任服務生，但他並不想一直這樣下去。他才剛和主修護理的女友梅根（Megan）搬來這裡，因此一直對心理學頗有興趣的他也開始思考自己的未來。

於是他到紐約市立學院修了一些相關課程，感覺非常順利，便決定從下個學期開始全心投入，修滿所有想學的課。

十二月二十一日晚上，忙了一天的工作終於畫下句點，傑德滿心都在想著自己的未來規畫。餐廳剛打烊，時間約莫是凌晨一點三十分。傑德走到餐廳地下室，想從餐廳的儲存櫃挑選紅酒作為給家人的假日禮物。他找到四瓶非常適合的紅酒收進後背包裡，踏步離開餐廳。

這晚氣溫極低，傑德戴好連帽衫的帽子，在西八街的角落等待。結冰的地面反映出行人可通行的白色光亮。傑德邁開腳步，走過路口。未料一輛垃圾車猛然衝出，以迅雷不及掩耳的速度撞上傑德。他根本還來不及反應，人已應聲倒地。

「我記得所有的事情，而且記憶猶新。」傑德告訴我，「我被前保險桿撞倒，捲入前輪。我往左側倒下，你知道的，我的左腿斷了，然後又被前輪輾過。」

垃圾車的前輪碾碎了傑德的腿，接著是短暫的空檔。

一秒。

兩秒。

然後換垃圾車的後輪壓過他。

「二十五噸的車⋯⋯就這樣從我身上壓過去。」

奇怪的是，傑德後背包裡的紅酒毫髮無傷，但他的腿及一部分的骨盆已經血肉模糊。現場慘不忍睹，他驚聲尖叫。

消防局的緊急救護小組率先抵達現場。他們抵達的速度極快，只花幾分鐘就到了。副中隊長沃許（Adrian Walsh）來到傑德身邊並握住他的手。傑德突然意識到自己的情況有多麼危急。

「我知道自己已經一腳踏進鬼門關裡。我非常清醒且不停尖叫，叫了好一段時間。」

噩耗傳來。他聽到要載他去聖文森醫院的救護車無法及時趕到。雖然聖文森醫院不過就在六條街外，但救護車被卡在車陣裡動彈不得。這場等待未免太過煎熬了。

「狀況越來越恐怖，消防隊也出現了，他們把整個事發現場都圍起來。我對於那輛垃圾車仍印象深刻。我躺在地上，看到他們把道路封閉起來，一切都是那麼歷歷在目。」

在救護車抵達之前，什麼都無法做。但，救護車究竟何時才會出現？

「吼叫的聲音此起彼落。沃許副中隊長在大叫，試著找出能送我去醫院的方法。由於我的狀況越來越令人憂心，她指著自己的車子對消防隊大喊：『我們不能直接用這個載他去醫院嗎？』」

隨著時間一分一秒過去，傑德的狀況越來越危險。他大量失血。看在沃許副中隊長眼裡，這場殘酷的意外裡若有任何幸運可言，大概就是傑德所躺的地面早已結冰，或多或少減緩了失血的速度。即便如此，傑德還是流失了大量的血液。護理人員為他輸了將近五十五單位的血，那幾乎是一般身體正常可承受量的五倍。

救護車終於趕到。這痛苦的二十五分鐘對傑德而言簡直就像一輩子那麼久，但他沒有選擇的餘地，只能承受。

「我還記得自己躺在地上，有一點開始進入冥想狀態，專注在呼吸上。我不知道自己在做什麼。我受到驚嚇，許多熱心的人圍在我身邊大喊著：『叫救護車快點來啊！』有位溫柔的女性，沃許副中隊長，她握著我的手試著讓我冷靜下來。我也試著盡力而為，透過放空的方式。」

救護車抵達後，傑德稍微鬆了口氣，但他旋即想到：「那個，我的意思是說，我很快就意識到要把我搬上救護車的過程肯定很可怕。我全身動彈不得，而那樣的搬動會讓我非常痛。接著，他們開始移動我並把我抬起。」

傑德對整個過程仍餘悸猶存。「那真的是痛到骨子裡了。你知道的，我痛到腦袋一片空白。我大概是一路哀嚎到聖文森醫院的吧！抵達醫院後，因為實在太痛了，我的意識開始模糊，周遭一切也開始變得朦朦朧朧。」

救護車在路上疾馳，傑德不斷嘶吼，巴望著能先用什麼方法為他止痛。但為了把握時間，醫護人員並未採取任何行動，而是以最快的速度將他送到醫院。

「我記得救護人員對我說：『撐住，到醫院之後就會幫你止痛了。』」抵達聖文森醫院後，醫師圍在傑德身旁並開始詢問他各種問題。他們需要多一些資料才能進一步評估狀況，而傑德的回答非常明確：「先幫我止痛，我就回答你們的問題！」

他的意識時而清醒，時而模糊，但只有一件事情清晰地烙在心底：他的女友梅根。梅根原本待在他們布魯克林的公寓，她一接到消息就馬上飛奔至醫院。

「我記得梅根的臉上寫滿擔心，看起來非常難過，不停地哭泣。那一幕我永難忘懷。我可以感受到她有多麼無助，很想做些什麼來安慰她。你知道，就是讓她知道我會沒事之類的。手術前，我記得自己信心滿滿地對她說：『等會兒見』，然後才被推進手術室。」

那是傑德對那晚最後的記憶。

進到手術室後，傑德仍持續出血。骨科醫師們忙著討論如何挽救他業已粉碎的左腿，血管外科醫師一進來就馬上要其他人退下。傑德事後回憶，當時那位醫師說了諸如此類的話：「你們這樣把他丟在一旁，根本無濟於事，第一要務是先想辦法為他止血啊！」說完後，他把那些骨科醫師統統趕出手術室。

傑德情況危急，無法預估手術要花多久才能完成，也無從得知他的腿是否救得回來。後來發生的一切，傑德都不知道了。醫師很快就向梅根及傑德的直系親屬說明他的情況很不樂觀，希望他們做好可能失去他的心理準備。

在創傷中心的第一晚，傑德歷經數小時的手術。醫療團隊先設法讓他活下來，再開始檢視身體受損的情形，確定他需要好幾次的手術才能復原，因此最安全的方式是施行人工昏迷。事發後第三天，團隊確定傑德的腿是保不住了，需要進行左腿至髖關節的全腿截肢。為此，得再進行額外的手術，需要讓傑德再持續昏迷一段時間。

腦部創傷引起的腦腫脹或腦缺氧，都有可能導致昏迷，而人工昏迷有一點類似這樣的狀況，只是透過像戊巴比妥（pentobarbito）或異丙酚（propofol）這些巴比妥類藥物（barbiturates）來誘發昏迷。也就是以適量的藥物降低腦部活動，造成類似麻醉所帶來的暫時性意識模糊。

雖然腦部活動因人工昏迷而減少，仍有一些認知功能相當活躍。許多經歷過人工昏迷的患者都說，在這段過程中體驗到無法控制與栩栩如生的夢境。這些夢有時會納入患者昏迷期間聽到的聲音，或手術過程中的知覺感受，像是被碰觸或被移動。

令傑德印象深刻的一場夢，就是他感覺自己不斷墜落。他脫離現實、沒有重量，並且無止盡地往下掉。這種感覺並不舒服。

「我覺得自己好像困在一台敞蓬車或飛機之類的東西裡，而不是人類的身體。然後我一直往下掉。旁邊有道瀑布，我與它平行且筆直地墜落。下墜的速度很快，完全停不下來。我不覺得自己在飛，因為一切都不在我的掌控當中。雖然一切都有點模糊，情緒及身體的感覺、自由落體的感覺卻格外清晰。不知何時才會停止的墜落，非常可怕。

「我不知道自己往下掉了多久，只知道自己不斷往下掉，而且感覺已經過了很長一段時間。

「然後……喔喔，我好像著地了。

「雖然過程有點困難，但並不唐突。有點像『哦，我回到自己的身體裡了』這種感覺。我不再往下掉了，終於回到自己的身體。一切都結束了。先前有點像處在……怎麼說呢？一種過渡狀態？然後，我終於又是自己了。

「接下來這部分聽起來有點瘋狂。我彷彿聽到曾遇過的一位巫醫對我說：『你被詛咒了』或『你的家族被詛咒了』之類的話，然後是：『但你的業障皆已還清，接下來一切都會沒事的。』」

當傑德回憶起這位巫醫，把這類夢境命名為「我的奇幻心靈夢旅」時，他笑了。在其他夢境裡，知名主廚巴塔利（Mario Batali）與其生意夥伴巴斯提亞（Joe Mastianich）一起來探病。傑德認識這兩位，他們是他工作餐廳的共同經營者。事實上，當傑德還在昏迷狀態時，他們也真的曾到醫院探望。傑德隱約聽到（或者說至少記得有聽見），他母親說他們來了。但在傑德那充滿巴比妥類藥物的腦袋裡，這一切都不是發生在醫院的無菌病房裡，而是一處青翠的田野之上。「美國南部某處，像是維吉尼亞之類的，然後是在春天。」傑德不記得他們有任何對話，只記得這兩人及平靜的風景。

傑德昏迷期間，田園景緻是最常出現的主題。

「在恢復期裡，我的夢境構築出現實的生活：我住在一幢豪華的長期照護機構裡，有涼亭、連綿起伏的山丘、炫目的陽光。那裡既溫暖又愉快。」

那座涼亭令傑德回想起，他長大的小鎮裡有座很類似的涼亭，而那座兒時的涼亭也經常出現在他其他的夢裡。有好幾次，他都夢到與梅根結婚，這些與婚禮有關的夢，有時非常詭異。

「第一個夢很怪。」傑德說，「我妹的男友（現在已經是她老公），上網到韓國的黑市搜尋。你知道的，就是所謂的暗網。他試著為梅根找一件復古風的禮服，像六〇年代披頭四的復古服飾。然後我們開車在圓形的山上繞啊繞，最後停在山頂上有著圓屋頂的一座涼亭前。我們開著一輛紅色跑車，是敞篷車。梅根非常開心。一切都非常六〇年代，那是一場六〇年代復古風的婚禮。

「夢裡關於婚禮的細節並不多，但我記得我們反覆進行。梅根的父親對婚禮中的某些事情不開心，所以我們得全部重來，於是我們結了兩次婚。」

傑德在醫院裡所做的夢，往往都妙不可言，但有些令他倍感困擾。那些夢境通常帶有被迫害的氛圍，夢裡的他也常因做錯事遭受某種形式的懲罰。他把這些統稱為「荒誕不經的夢」。

「其中一場夢是我被困在一艘潛艇上達兩星期之久。沒有辦法煮飯，而我是伙夫。這是某種懲罰，好像是因為我做錯什麼事，所以受到這樣的懲罰。」

在另一場夢裡，傑德則記得有位護士或老人在為他剃毛。這很可能是現實事件的殘餘記憶，與手術前的準備有關。只是在夢裡，傑德是旁觀者，他看著自己被剃毛，整個過程都令他非常痛苦，因為那名護士是故意要懲罰他的。

「這種遭受迫害的感覺很奇怪，彷彿我是壞小孩或很糟糕的存在。我不記得他們說了什麼，但他們顯然很生氣，所以懲罰我。」

傑德想起最糟的夢境之一，是他在一座「肥胖農場」裡。「那裡完全不適合處在傷病恢復期的人居住。該怎麼描述那個地方呢……我覺得它有點像減肥中心，卻是非常可怕的減肥中心。它位在美國南部，在一個很美的地方。但那些躺在床上的病患，個個都胖得極度誇張，脂肪『溢』出床外，很恐怖，根本是個以醫院為名的肥人肝農場。全部的人要吃飯都是透過靜脈注射，我也在其中一張床上被餵食，變得越來越胖，胖到滿出床緣之外。我被飼養了！」

## 永遠無法醒來的惡夢

人工昏迷何以引發如此多惡夢意象，我們所知甚少。但曾接受人工昏迷的患者當中，有不少人表示他們曾經歷這種怪異的幻夢[1]。

他們經常抱怨這些夢境太過怪異、太令人恐懼。有些人覺得自己好像被許多不好的、黑暗的或邪惡的「存在」包圍，然後被帶到「各種地方」，經驗「可怕的事情」。

人工昏迷使這些夢境更加令人害怕的另一個原因，是這些惡夢好像永遠不會結束，因為人工昏迷可以持續相當長的一段時間。我們平常睡覺時所做的夢，會因睡眠周期而有所醒轉，也會被打斷；人工昏迷的夢境卻會隨著昏迷時間不斷持續與重複。曾有患者覺得那就像「一場永遠無法醒來的惡夢」，或是「一個永無止盡的惡夢，恐怖情節一個接一個上演，完全不知道何時才會結束」。

夢境不斷重複，讓夢裡發生的事都變得「難以置信地真實且鉅細靡遺」，簡直就是超現實。許多接受過人工昏迷的人都表示，即使已經醒轉，卻常常得再花上好幾天才能確定那些都是夢，而不是實際發生過的事。最糟的是，即使意識已然清晰，仍有許多人發現人工昏迷期間出現過的那些夢並未就此遠離，留下一些難以忘懷的餘韻，卻又與創傷記憶不同。

曾有位患者提到：「我到現在還會做那些昏迷期間做的惡夢。」他更強調，「那些夢的內容依舊像真的一樣。」

有些人則會埋怨當初為何要進行人工昏迷，因為由此誘發的惡夢比受傷的記憶還糟：「讓身體復原，比克服這些惡夢簡單多了。」「人工昏迷期間出現的那些意象帶來不少傷害。比起身體的損傷，我花了更多時間去處理這些心理的傷害。」

造成這些狀況的機制至今仍不得而知，因為從未有人系統性地針對此現象進行研究。畢竟只有出現極度不良反應的人，才會談論他們的經驗。事實上，並不是所有接受過人工昏迷的患者都會做惡夢，有些人說他們完全不記得昏迷期間做過任何夢。

---

註①：大衛・比艾羅（David Biello）曾於《科學人雜誌》（*Scientific American*）寫了一篇與人工昏迷有關的文章，後來有許多人在線上回應該篇文章的內容。詳見："What Is a Medically Induced Coma and Why Is It Used?" *Scientific American*, January 10, 2011, www.scientificamerican.com/article/what-is-a-medically-induced-coma）。

儘管如此，近期一項研究發現，加護病房的許多患者都表示曾有類似經驗。在加護病房裡，幻覺經驗是很常見的現象，也被稱為「加護病房症候群[2]」。該研究訪問的患者當中，有八八%的患者表示曾在加護病房體驗到幻覺與惡夢的闖入性回憶，像是護士把患者變成殭屍、槍噴出血，或鳥兒們在大笑等等。而且即使已出院好幾個月，這些影像偶爾仍會侵入他們的意識當中。

## 昏迷的記憶 vs. 清醒後的現實

這一切對傑德來說都不是好事。他不只遭受創傷事件的折磨，記得所有相關的細節：腿被車輪輾碎、尖叫、流血、冰冷的地板、撕心裂肺的痛、梅根臉上的淚水。如今，他又多了一些難以抹滅的「怪夢」要處理。事情還沒完，醫療團隊準備把他從昏迷喚醒，他將發現自己從臀部以下的整條左腿都不見了。

傑德的家人非常擔心，因為他已經昏迷了六個星期。在這段期間，他的身體經過多次的治療與修補，承受了將近二十次大大小小的手術。除了截肢，傑德還做了氣管切開術與大腸重置。當他醒來時會發生什麼事？他會記得什麼？當他知道自己被截肢時會作何感想？家人們該怎麼告訴他這件事？他要怎麼面對創傷帶來的可怕折磨？

令大家驚訝的是，傑德早就知道自己失去左腿了。他不太確定自己是怎麼得知的，但他就是知道。或許是昏迷期間聽到醫療團隊的討論，也有可能是他或多或少知道整場手術過程中發生了什麼事；又或者，他一開始就知道這場事故對自己造成多大的損害。

「我知道自己的腳完蛋了，」傑德回憶道，「躺在地上，我知道狀況有多糟，也知道自己站在鬼門關外。所以某種程度上來說，我已經知道了。無論原因為何，醒來時確定真的失去左腿時，我並不驚訝。」

患者要從人工昏迷的狀態裡醒來，需要花上好幾天，這讓心靈有機會重置，也讓大腦有時間慢慢拿回對身體的掌控權。當患者醒來時發現自己置身於陌生環境，心靈的重置有助於減少他們的惶恐。傑德覺得他當時是以很「片段」的方式在感知周遭環境。「我不記得自己想著：『喔，我在加護病房。』不是這樣的。一切是循序漸進，緩慢地意識

註②：譯註。ICU psychosis。指加護病房患者出現類精神病的狀態，如譫妄、震顫、憂鬱等，其中又以譫妄發生機率最高。主要是因為加護病房患者身體狀況較差、使用的藥物較複雜，加上長時間與家屬親友隔離、病房中感受不到日夜節律等等，致使大腦無法承受壓力，出現急性意識混亂和其他認知功能異常，如幻覺、失去定向感等情形。

到每一件事情。我知道自己失去左腿，也記得自己低頭時看見腹部上的洞，以及插在我身上的管子，還有全部的傷痕。」

接著，他還要面對一連串的不良副作用。「我記得剛醒來時，發現自己不能說話。有人告訴我，得等移除氣切管才能說話。」

這一等，就是五天。在那段時間，傑德只能用動作或寫字與他人溝通，氣切管更是讓他的喉嚨乾得難受。

「醒來後最糟糕的事情之一，就是渴到不行。我的喉嚨乾得厲害，但他們不讓我喝任何東西。他們得先清理，我才能開始吞嚥。為了這件事，還出動了一個吞嚥小組。」

意識清醒後，傑德開始要面對一切，但特別想先見到梅根，因為他始終惦念著她能帶來的「撫慰感」。但漸漸地，他開始回憶起自己失去左腿的過程，接下來有好幾天，關於那場意外的回憶淹沒了他。

「當時的我還無法說話，那些回憶不斷在腦海裡重複播放，對情緒帶來極大的衝擊，那是深刻且強烈的創傷情緒。我開始想：『不會吧？我得面對這些事情嗎？』」

不僅如此，昏迷時的記憶也開始入侵他清醒後的生活，讓狀況雪上加霜。

「我試著不去回想那些夢境，因為實在太難以忍受了。大多數的夢充斥著迫害、侵犯、懲罰及背叛，挑戰著我對這世界的信任，而且力道都很強。」

但這一切的嘎然而止也令傑德很是錯愕。

那些闖入性的影像逐漸消退，然後就這麼停止了。他依然記得意外的所有細節，能迅速回想起那些栩栩如生的夢境。卻在幾天之後，那些記憶不再擅自入侵他的意識，創傷情景也不再重現。沒有可怕的影像窮追不捨，他可以在回憶時想起一切，也可以在想要獲得平靜時放下一切。

「最初幾天，那些回憶真的快讓我無法呼吸。但它們也很快就消退了，你知道的，真的很快。它們消失的速度之快，讓我覺得很有趣。也因此，清醒初期的那些激烈反應也不再出現。」

這個轉變令傑德印象深刻。

「我心裡冒出許多疑問，最常令我疑惑的是：『為什麼我沒有變得更糟？』這真的很奇怪。如果大家在這種情況下都會出現PTSD，我為什麼還好好的？我始終不明白這點，真的。我為什麼還好好的？」

## 為什麼他沒有變得更糟？

為什麼傑德還是好好的？

經歷過那麼恐怖的意外，怎麼還有人能好好的？

這個問題似乎難以回答。

但事實上，這是有解答的。當然，我們無從得知傑德的心理為何未因此受創。他有很長一段時間處於昏迷狀態，那段期間的經歷將是個謎。但我們可以解釋其他部分，不只是傑德，還包括其他曾經歷嚴重災難的人。

一切就從我們對創傷的想法開始。

就傳統角度來看，傑德的心理應該嚴重受創，而這些看似快速的轉變只是一種錯覺、一種暫時性的否認，只是為了避免碰觸內心深處那些更有害的心理創傷。過去半世紀來，這種觀點多半主導了我們對於心理創傷的理解。遺憾的是，它其實並不完整。

從以前到現在，我們對創傷的瞭解皆來自於針對嚴重反應的研究，像是PTSD。我們當然應該盡己所能理解嚴重創傷可能會有的狀況，但如果只把焦點放在有嚴重受創反應的人，那些反應不那麼激烈的人又是怎麼回事呢？我們越來越能理解為什麼會有創傷，卻不明白同樣經歷可怕災難，為什麼有些人的受創反應不會那麼嚴重，甚至對這些人所知甚少。到最後，我們開始說服自己，認為出現創傷才是合理的反應，充滿創傷的經驗一定會造成永久性的損傷與PTSD症狀。

這種論點奠基於「本質主義」（essentialism），認為創傷事件是一種「本體」（natural

kind），帶有不可變與肉眼不可見的「本質」（essence），會造成特定的感覺、引發特定的行為[3]。我們用這樣的角度在思考PTSD症狀，等同把它本質化，表示它不是人類發明或創造出來的，而是一直在那裡，等著哪天被發現。

本質論者的假設並不全然是錯的，狗與貓本來就不同，石頭與水在本質上也不一樣。但本質論的概念有時會忽略某些特質，當它與人類心理狀態有關時更是如此。接下來我們將會看到，創傷的傳統觀點其實忽略了人類心理狀態特有的部分。**無論是創傷或PTSD症狀，皆不是靜態且永恆不變的存在。它們是一個動態的過程，有著模糊的界線，會隨著時間消長與變動**。

是的，確實會發生PTSD症狀或類似的情形。而且很不幸的，只要它出現，就會令人痛苦與感覺耗竭。但是像PTSD這種比較極端的反應，並不會一接觸可能造成創傷的事件後就馬上出現。暴力或生命遭受威脅的事件確實令人難以承受，遭遇這些事件的人們多少也會經歷驚愕、焦慮等某種形式的創傷性壓力，或是為了處理那些惱人的想法、

註③：本質主義認為任何實體，如一隻貓、一個人、一只杯子等，都有一些必須具備的本質。這種觀點認為，無法對現象做出最終解釋的理論都是無用的，因為無法反映客觀事實。

景象及回憶而痛苦不已。這些反應會因人而異，也會隨事件而有所不同，但通常不會持續太久。有時是幾個小時、幾天，也許是幾個星期。在這段過渡期，因為創傷而有所壓力是極為正常的反應，但這並不代表你有PTSD。

**當創傷造成的痛苦久久無法退去，更惡化與擴散到生活各個層面，形成持續性的痛苦時，才能被視為PTSD。這種狀況其實不如我們以為的常見。**過去數十年的研究發現，曾經歷暴力或威脅到生命事件的人，絕大多數都不會發展出PTSD。這意味著，那些事件本身並不具創傷性。事實上，沒有任何事件，也沒有任何暴力或危及生命安全的事件必定會造成創傷。它們充其量只是「可能造成創傷」，剩下的，就看我們的決定與造化。

這個「剩下的部分」能帶來的變化，比一般認為的創傷標準概念還要多出許多。雖然多數人沒有發展出PTSD，卻仍有些人以不同的方式在受苦。他們可能在逐漸康復之前，苦苦掙扎於創傷帶來的痛苦之中；或是一開始壓力反應沒那麼嚴重，卻隨著時間慢慢加劇。就算把各種不同的反應樣態都納入考量，依舊會發現大部分的人（甚至是絕大多數的人），都能合理且良好地適應創傷帶來的壓力與痛苦。

**多數人在遭遇可能造成創傷的事件後，能相當快速地回到原本的正常生活中，沒有出現任何長期困擾。也就是說，多數人都具備強大的心理韌性與適應力。**我自己的各項研究顯示出這樣的結果，其他學者進行的研究亦是如此。綜觀當前各種針對令人嫌惡的情況、可能造成創傷事件的所有研究，都能從中瞥見心理韌性的存在。

## 成為「有彈性」的人

然而，即使許多臨床研究已證實人類具有高度心理韌性，卻仍有極大的未解謎團：**為什麼？為什麼發生了那麼可怕的事情，我們還是可以適應良好？還是可以擺脫一切並繼續生活？是什麼造就了我們的心理韌性？**

諷刺的是，這正是傳統創傷觀點最致命的缺陷。如果光是遇上創傷事件就會造成PTSD，那麼套用本質主義的邏輯，只要具備心理韌性就能承受創傷。也就是說，傳統觀點讓我們只能假設這些具有心理韌性的人們，肯定帶有某些讓他們不受創傷影響的本質。

接下來就進入本質主義的陷阱了：心理韌性是因為擁有正確的特質，而擁有高度心理韌性的人身上具備五到七種特質。如果你擁有這些特質，就會是有心理韌性的人；如果沒有這些特質，你可能就不具備良好的心理韌性。這觀點既簡單又明瞭，吸引許多人贊同，更帶來希望——人們可以透過發展這些特質，讓自己成為有心理韌性的人。

但只要仔細觀察，就會發現這個邏輯有問題，因為重點並不在於擁有多少與心理韌性相關的特質。

我在研究中已發現許多與心理韌性相關的特質，只要有心，肯定還能找到更多。但這根本不是重點。如果只想列出一張與心理韌性有關的特質清單，並希望套用到所有人身上，最終肯定是徒勞無功。我把這種情況稱為「心理韌性悖論」（resilience paradox）。我們可以透過統計發掘出心理韌性的存在，得知具備心理韌性的人擁有什麼特質。但矛盾的是，真正發生不幸時，這些數據幾乎無法告訴我們哪些人會出現心理韌性，哪些人不會。

因為心理韌性和創傷一樣，都是動態的。潛在創傷事件所引起的壓力會隨時間改變，即使處心積慮地處理，它仍會有所變化。而這些事件也因為創造出新壓力與新問題影響到我們的生活。舉例來說，它可能造成身體上的損傷或暫時性的失業、失去住所，而適應這些改變需要時間，也不是單純擁有一種固定特質就能全部解決。

事實上，多數研究指出，沒有哪個單一或特質組合永遠有效。本書後續篇章也將提到，任何特質或行為皆有其優勢和弱勢。簡單來說，在特定時間點及情境下非常有用的特質或行為，到了另一個情境或時間點就可能一無是處或甚至造成傷害。就算是看起來很有益處的表達情緒、尋求他人支持等，也不是總能派上用場。在某些情況下，被認為會導致問題的壓抑情緒，反而正是當時所需。這表示面臨痛苦時，需要能不斷尋找當下最適合的因應方法並滾動式調整。換句話說，我們得成為一個「有彈性」的人。

聽起來好像很簡單，但「彈性」這件事可沒那麼簡單。

由於在適應逆境時，彈性扮演著極關鍵的角色，因此本書將設法透過大篇幅的說明來拆解和闡述。身為初學者的你，一定要先知道「彈性」並不是一個被動的過程。潛在創傷事件令人痛苦與不安，讓我們只想抹滅它們的存在。因此，要適應創傷事件需要主動積極且系統性地去思考：「我們到底經歷了什麼？事情為什麼會如此變化？」為了有效達成目標，需要滿懷動力並實際參與、需要擁有我所謂的「彈性心態」（flexibility mindset）。

憑藉著這樣的心態和信念，我們才會願意面對挑戰，然後進入到一系列的「彈性程序」（flexibility sequence）。在這個程序中，我們將能開始理解發生什麼事，並試著找出因應策略。期間，為了判斷這些策略是否有效或需要變換，也會使用一些重要的方法。彈性程序有助於靈活運用自己擁有的工具。無論我們擁有哪些特質、行為、資源，都能透過這樣的方式幫助我們適應得更好，然後逐步往前邁進。

當我在公開演講時提及上述這些內容，總有人很難相信創傷領域過去的許多觀點和想法其實是錯的。或許你也這樣想。這並不令人意外，畢竟先前談及的諸多想法，可能與你成長過程中不斷被告知的觀點背道而馳。當然，傳統觀點並非都是錯的。對於理解創傷，這些觀點一直有著不可或缺的重要性，尤其在PTSD的部分更是如此。但我們需要與時俱進。既然舊觀點看待創傷的方式啟人疑竇，隨著越來越多證據的出現，我們也漸漸瞭解到傳統觀點不可行之處。這在在都意味著，我們需要重新調校視角。

在本書接下來的章節裡，將會提供一個更新、更有條理的框架。不僅能解釋更多創傷之後所出現的狀況（如心理韌性與PTSD），也能說明各種不同狀況的來龍去脈；我們會深入探究，引領出此新觀點的相關問題和想法，同時詳盡瞭解背後的相關研究。隨著章節推進，傑德也會一起同行，在本書各處回顧他的狀況。此外，我們也有機會聽見更多曾經歷嚴重逆境者的故事。

然而在啟程之前，我們需要先回到原點，回到人類首度試圖理解創傷的那一刻。

PART. 01

# 人人都有心理韌性

The End of Trauma

# 01 PTSD的起源

## THE INVENTION OF PTSD

紐約自然歷史博物館的人類起源館裡，有座一見難忘的實景展場，寬闊到爬進去可以輕鬆站直身子走動。不僅如此，它還非常逼真。

展場內的燈光刻意調得昏暗，需要一些時間適應。首先映入眼簾的是距離玻璃櫥窗最近的那尊模型。外表近似人類，看來像是身形矮小的古老人類始祖一絲不掛地蹲著。

這座實景模型呈現的是更新世的情景，約莫是一百萬年或甚至更早之前的世界。而蹲著的那位，正是直立人。他蹲在一條小溪旁，正以雙手掬水，長滿毛的赤裸身體看起來很放鬆。這是一條位於山腳下的小溪，時值黃昏，水想必沁涼無比。

隨著雙眼越來越適應暗淡的光線，開始能看到這裡還有近似動物的模型。那是一群土狼，豎直了耳朵，貌似警戒，要從後方悄悄靠近我們的祖先。細看其中一隻土狼，會發現牠正蓄勢待發，準備要攻擊。接著，出現另一隻土狼，牠更加靠近，弓起身子、鼻子往前、耳朵向後，距離攻擊目標僅差咫尺。史前時代的土狼體型龐大，是非常強悍的掠食者，但我們的祖先一副不曉得危機迫近的模樣，手無寸鐵、毫無防備，想來應是脫離不了悲慘的命運。

如果他遭受攻擊後得以倖存呢？他會回憶起被野獸撲擊的恐怖過程嗎？獠牙、咆哮、掙扎、逃跑、淌血、痛苦等創傷情景再現會困擾他嗎？他會不會反覆想起被攻擊的當下？會不會苦於侵入性的創傷回憶與惡夢？

以上問題，我們永遠不會知道答案。更新世遺留在世界上的是已成化石的骨頭，僅能透過考古學線索勉強拼湊出當時的某些生活情景。關於那個時代的任何隻字片語、藝術創作、思想或經驗完全沒有流傳下來。

又過了許久，約莫來到四萬年前，人類才開始透過製作小型雕像和洞穴裡的壁畫來記錄生活的點點滴滴。在這些早期的藝術創作中，最常見的就是與動物、狩獵、武器相關的主題。這些事物顯然在人類當時的生活裡占據了極其重要的地位。人類很脆弱，生活又危機四伏。但自那時起，人類開始嘗試反擊，開始試著保護自己，生存的平衡逐漸有所轉變，獵物慢慢變成掠奪者。

在那個時代，人類是否會有心理創傷呢？

打獵與武器意謂著危險，這自不在話下，但要如何把創傷畫在洞穴的壁畫上？我們可以畫下武器的模樣，畫下打獵或遭到攻擊的情況，然而創傷是心理反應，用語言傳達是最簡單的。換句話說，我們必須等到約莫五千年前，那時與現代更加接近，人類也差不多開始發明可書寫的語言。因此，我們可以期待此時或許能發現某種持久性的心理創傷。即使不是在五千年前就有這方面的紀錄，至少在過去這五千年總有些機會吧。

但是審視這五千年來的書面紀錄時，我們有了一些令人驚訝的發現——心理創傷似乎是現代才有的概念。

## 在創傷出現之前

所有文字記載裡，最有可能找到心理創傷的最早紀錄應該是荷馬（Homer）描寫特洛伊戰爭的作品《伊利亞德》（*Iliad*）。這首史詩以口耳相傳的方式發展和流傳，直到公元前一千年左右才首度以文字寫下。其內容多半是神話故事，但敘述中提到幾個世紀以前邁錫尼人與赫梯人之間的實際戰爭，他們通常都被稱為「特洛伊人」。《伊利亞德》對戰爭場景有著鉅細靡遺的描寫，士兵們受創、傷殘、遭殺害，人人充滿恐懼、痛苦及勇氣。雙方皆損傷慘重，流下沉痛的淚水；他們哭泣、呻吟，即使戰火不斷，敵我相距不遠，也未見他們試圖掩飾任何悲痛。

精神科醫師薛伊（Jonathan Shay）驚訝地發現，《伊利亞德》裡提及的「痛苦戰爭經歷」與他從越戰士兵口中聽到的敘述不謀而合。然而，薛伊也指出，荷馬在作品裡並未描寫戰爭結束後，希臘人與特洛伊人在情緒上可能受到的創傷。是的，關於哀慟，作品中對於士兵失去夥伴、朋友、家人的強烈悲傷有諸多描述，但戰爭後可能會出現如惡夢、闖入性回憶等狀況卻隻字未提。

歷史上記載了許多悲慘事件，若以今日的眼光來看，這些事件毫無疑問地會被視為創傷。但過去的紀錄裡從未用「創傷」「創傷性」等言詞來形容這些事件，也不曾提及任何與PTSD有關的症狀，更未描述任何因苦難事件引發的心理問題。直到非常近期，這些東西才開始漸漸出現。

只有極少數的歷史記載曾隱微地談及類似的長期心理創傷，其中最有名也最可能是首度談及心理創傷的作品，是莎士比亞於十六世紀晚期寫下的《亨利四世》（*Henry IV*）。其中有個場景是波西夫人（Lady Percy）擔心國王疑似因為戰爭導致的惡夢及揮之不去的影像，讓心理狀態越來越扭曲。但也很難說這些狀況就是PTSD，因為除了這一幕，波西夫人或國王都沒有再次提到相關話題。

到了十七世紀，英國貴族皮普斯（Samuel Pepys）在日記裡以第一人稱寫下較為清楚的描述。身為知識分子，皮普斯是國王查理二世的知己，同時也是牛頓的好友。他生平顯赫，熱愛藏書，成就非凡。但他最為人所知的是二十七歲到三十六歲這十年的日記，不僅如實寫出他的生活與想法，也偷偷記下他對朋友、皇室及每日事物的觀察。

由於皮普斯從未主動對外透露他在日記裡曾提及那些個人創傷反應，因此外界完全不曉得倒也不令人意外。加上他的日記是以古英語和速記碼寫成，在世時也並未揭露日記的內容。所以直到過世後，他的日記連同大量藏書一起捐贈給劍橋大學，擱置在圖書館裡超過一世紀之久後才被發現、解碼及出版。

皮普斯的日記當中，最重要的一段記載就是一六六六年摧毀倫敦的那場大火。根據他的描述，半夜他被遠處的火光擾醒，當下判斷應該不嚴重便回到床上繼續睡。直至隔天才得知大火肆虐整夜，燒毀數百間民房且尚未停歇。震驚之餘，他開始檢視大火所造成的損害。先是到倫敦塔上瞭解全況，再搭船四處巡視。由於火勢並無趨緩的跡象，他連忙趕去向皇室報告此事。

在這場倫敦大火中，皮普斯的慌亂程度與其他同為十七世紀的貴族差不多。他睡得極少、吃得也不多，忙著看顧自己的家和大量的藏書。當然，還有他的黃金，已被重新安置到安全的地方。基於自身的商業所需及皇室要求，他得定期調查駭人大火的最新情形。可以的話，他盡量搭船前往，但多數時候都是徒步進行調查。

「行進在被大火燃燒的城鎮中，我們的腳底彷彿也燒了起來。」他在日記裡抱怨道。

身為日記作者，雖然皮普斯維持著一貫的冷靜，卻也毫不掩飾地寫下他面對這一切時感受到的痛苦。他常會忍不住哭出來，甚至屈服於恐懼之下。其中他更提到：「整個夜空都被火焰吞沒，看起來非常可怕，我們都嚇壞了，真的太恐怖了，它看起來像是衝著我們而來，連天堂也陷入火海。」

經過漫長的五日，大部分的烈火皆已撲滅，這段經驗卻如影隨形地跟著皮普斯。大火的最後一晚，他寫著：「睡得非常好，但心裡仍害怕著火災。」幾個月後，他的日記裡出現這麼一段話：「晚上仍常常因為害怕火災而不安，時至今日，依然如此。」半年後，皮普斯再度提到，他很訝異自己晚間仍會感到不安。

「詭異的是，到今天為止，懷抱著對火災的恐懼我才睡得著；但這一晚，我卻因為想著火災，到凌晨兩點還睡不著。」

## 與「心理創傷」初見面

皮普斯在日記裡從未使用過「創傷」這個詞。根據《牛津英語詞典》（*Oxford English Dictionary*），這個詞在十七世紀雖然已經流通，但僅在醫學領域中用以指稱身體突然受到損害的情形。直到十九世紀中期，才漸漸較常有「身體創傷」這樣的說法。當時正值工業革命，出現越來越多造成嚴重傷害的工安意外，而負責治療的醫師們偶爾會在倖存者身上發現一些怪異或神祕的、無法解釋的症狀。只是當時認為這些症狀是因為身體受損所誘發，即使兩者之間並沒有找到任何關聯。

若要論及十九世紀中葉與創傷最有關的例子，大概就是由丹麥籍醫師艾里克森（John Eric Erichsen）提出的鐵道脊髓病（railway spine）。當時西方國家陸續新建鐵路，然而早期搭火車四處跑動並不是件太愉快的事。火車上的環境既髒且臭還很危險，動不動就發生嚴重意外。加上木造車廂沒有太多安全措施，相當脆弱，一旦出事，對乘客幾乎起不了任何保護作用，後果往往慘不忍睹。

即使只是經歷輕度意外的鐵道乘客，也有越來越多人向醫師提到他們出現奇怪的心理症狀，包括記憶困難、缺乏食欲、做惡夢、知覺混淆、焦慮、沒來由的暈眩和易怒等等。最令人困惑的是他們的身體通常沒有任何傷害。艾里克森將此種狀況解釋為：這是因為患者的脊髓受到非常輕微、幾乎無法察覺的損傷，以至於干擾到傳至大腦的訊息，進而影響情緒。

艾里克森的論點引起極大議論，尤其在他承認部分患者其實是為了獲得鐵路局的賠償而裝病之後，他的說法就更難說服對此原本就抱持懷疑態度的醫學界。加上當時正好開始出現所謂的責任險，此般巧合實在很難不令人多做聯想。

無論人們相信與否，工業災害的倖存者陸續帶著各種奇怪的症狀出現在醫師面前。有些倖存者走進知名神經學家歐本海姆（Hermann Oppenheim）位於柏林的辦公室。歐本海姆逐漸開始相信，這些奇奇怪怪的症狀已非身體創傷能解釋，底下顯然潛藏著心理上的問題。到了一八八九年，他在《創傷性神經疾病》（*Die Traumatischen Neurosen*）一書裡發表一篇頗具爭議的論文。這本書並未帶來深遠的影響，事實上，除了對思想史有興趣的人，很少有人記得歐本海姆。但無論如何，他在書中首度以「創傷」一詞來描述單純的心理反應，這在醫學史上可是頭一遭，也是重要的里程碑。

## 他們拒絕回到前線，是因為心理的傷

隨著心理創傷的概念逐漸發酵，世界甫邁入二十世紀旋即烽火連天，歐洲陷入大規模戰爭，也就是眾所皆知的第一次世界大戰。無論從哪個角度來看，這都是一場可怕的戰役，充滿大規模、致命且極度無用的壕溝戰，死亡人數極其可觀。最後，那些在戰火中倖存的士兵返回家園時，有許多人出現奇怪的狀況：他們無法克服在戰場上所經歷的一切，也難以言述是什麼困擾著自己。

第一次世界大戰為世界帶來一個新名詞：「炮彈休克症[1]」，比起單純描述生理上所受到的傷害，這個詞更強調精神上遭受的損傷。但它依舊被人們對於創傷概念的矛盾想法所箝制。原文中的「休克」意謂著高強度但短暫的衝擊，也就是說，這並不是長時間持續的狀態，也同時預設陷入這些狀態的士兵們只要「克服」這一切就沒事了。此外，即使這個詞不帶有侮辱的含義，卻很明顯帶著一絲懷疑。像是，造成這種失能背後的原因是什麼？純粹是太過脆弱嗎？還是更糟，是懦弱使然或裝病？

這股懷疑是相當有殺傷力的，尤其對身受其害的士兵們而言更是如此。隨著戰爭陷入僵局並持續到嚴冬，陸續出現成千上百起炮彈休克症的病歷。只是身在生死交關的壕溝戰中，大家無暇顧及其他事情。士兵們對心理狀態不佳的抱怨往往被忽略、被質疑，甚至招來更糟的後果——被懲罰。數以百計的士兵因為在戰場上退縮而遭到處死，即後來惡名昭彰的「黎明槍決」（shot at down）。也因此，有人索性逃兵，有人乾脆拒絕服從命令，或是陽奉陰違。毫無疑問地，有太多人因戰爭而受創。

二十五歲的英國軍人法爾（Henry Farr）就是其中一位。

註①：譯註。shell shock。早期譯為「炮彈休克症」，亦有人譯為「炮彈恐懼症」。為貼近本書作者後續解釋的內容，並讓讀者更易理解，本書中皆採用直譯「炮彈休克症」。

他打了足足兩年的壕溝戰，精疲力盡，幾乎沒有喘息的空間，索姆河一役時還被派到前線。在第一次世界大戰中，索姆河戰役是規模最大也最慘烈的一場，為時將近五個月，數百萬士兵死的死、傷的傷。

法爾覺得受夠了，他身心俱疲，拒絕回到前線。他的長官當然不會就這麼放過他，便以「大敵當面，竟退縮懦弱」為罪名起訴他，要他到軍事法庭接受裁決。法爾相當不明智地選擇代表自己出席聽證會，短短二十分鐘判決就出爐，他在隔天被處決。

如今，心理創傷的概念已大有進展，回顧當時那些作為，包括軍方對士兵家屬所做的事情，似乎只能用野蠻來形容。幾十年來，那些遭處決士兵的親屬及好友不斷努力抗爭，要求軍方改正加諸於已逝者的罪名。直到二〇〇六年，多數人終於追授為無罪，此時距離戰爭結束，業已相隔九十年。

法爾的女兒葛楚德（Gertrude）因為活得夠久，終能見證她的父親洗清罪名。

「我不斷告訴大家，」她說，「我父親之所以拒絕回到前線，是因為炮彈休克症。我相信不只父親，還有許多士兵皆受此所苦。」

## 恐懼的所在

第一次世界大戰在一九一八年畫下句點，整個歐洲終於鬆了一口氣。這場戰爭是有史以來最血腥、最多人喪命的戰爭之一，人們樂得想忘卻炮彈休克症的存在，卻發現它說什麼都不願消失。

其中一個讓人們驚覺炮彈休克症陰魂不散的，就是詩歌創作的內容。許多年輕的英國知識分子皆曾參戰，其中不少是新生代詩人。當時戰爭詩歌皆以歌詠愛國意識為主題，浪漫化軍人間的羈絆，頌揚為國捐軀的無上榮譽。

其中一名新生代詩人歐文（Wilfred Owen）於第一次世界大戰剛燃起戰火時的作品還充滿情感：

噢，相遇是甜蜜的
和平相處也是甜蜜的
但為兄弟戰死沙場
遠比這些都還要甜蜜

但很快地，他的作品產生劇烈變化。

歐文加入英國軍隊，接受七個月左右的訓練後便被分派至海外。起先，他寄給家人的信件內容都還相當輕鬆，但現實的殘酷迅雷不及掩耳地向他襲來。

他被送到前線，直接面對索姆河戰役的大屠殺。在給家人的信裡，他向母親坦露自身的恐懼：「我無法瞞著不讓妳知道過去這四天的狀況，我感覺自己在第七層地獄裡受苦[2]。」

四處都是死亡與毀滅。對歐文而言，最糟糕的事情無疑是讓他見證到「世間的醜惡」！

「醜陋的風景、刺耳的噪音、粗鄙的語言，即便是從自己口中說出來的亦是如此，因為所有人都受到惡魔驅使，所有東西都失去原本的模樣，一切都是破碎的、被炸毀的。尋獲的死者遺體扭曲，由於無法下葬而被日夜擱置在外，那真是地球上最可怕的景象。」他如此寫道，「在詩歌當中，我們將戰死沙場視為最大的光榮，但與這些死者併肩而坐，日復一日，歷經一周之後發現他們依舊坐在原地，紋風不動，這對『戰士精神』無疑是最大的消磨。」

歐文被送到更前方。「不是前線，」以他的話來說，「而是在前線的前方。」亦即所謂的「無人區」，那是交戰雙方的鐵絲網與戰壕之間的荒蕪之地。

歐文對他的母親說：「德國人，他們知道我們在那裡，決定要鏟除我們。」德軍反覆轟炸該區，為了躲藏，歐文與另外二十五名士兵擠進一個防空洞。說好聽點是防空洞，但充其量不過是地面上的一個大洞罷了。

一顆炮彈落在附近，將洞口埋了起來。在無法自其他出入口逃脫的狀況下，一行人別無選擇，只能躲在洞裡等待。

在等待的過程中，水逐漸灌入洞裡，深達幾英尺。

「那五十五個小時是我幸福人生中最痛苦的時光。我幾乎精神崩潰，當洞裡的積水漸漸淹過膝蓋，我差點想乾脆自溺而死。」歐文在後來的信裡寫到，「我沒有洗臉，沒有脫下靴子，也沒有好好入睡。我們在洞裡躺了整整十二天，隨時可能被落下來的炸彈擊中。」

果不其然，一顆炸彈落得極近，與睡夢中的歐文只距離了幾碼。他整個人被炸飛，

註②：譯註。應是出自但丁《神曲》（*The Divine Comedy*）。作品中提及地獄像地底下的漏斗，共有九層，每層皆囚禁犯下不同罪名之人。第七層罪名是「暴力」，關著對他人施暴者（如殺人犯、強盜）、對自己施暴者（如自殺的人），以及對上帝、自然和藝術施暴者（如褻瀆上帝、毀壞藝術品的人）。

跌出洞外。也不知怎麼地，他及時尋獲另一個可供藏身的洞穴，一個「恰好能躺進一個人的洞穴」，然後他用找到的一片瓦楞狀鐵皮作為掩護。最可怕的是，同隊的高克羅傑少尉（Hubert Gaukroger）與歐文一起被轟出洞外，卻不幸喪生，而他毫無生氣且殘缺的遺體就半埋在土裡，躺在歐文附近。

歐文與高克羅傑的遺體一起被困在無人區裡多日。當他終於被夥伴尋獲時，發現他的人如此形容：「他看來神智不清、渾身顫抖，行為怪異。」與遺體共處多日，讓歐文崩潰了。

「擊潰我的既不是德軍，也不是那些爆炸。」歐文寫道，「而是老知更鳥。那是我們對高克羅傑少尉的稱呼。與可憐的他一起共度那麼多時光，他不只離我很近，還散落在各處。如果你懂我在說什麼的話。但願你不會懂！」

歐文只煎熬了四個月，就被診斷出患有炮彈休克症，被送往蘇格蘭的一家醫院治療與休養。

在蘇格蘭的那段期間，他寫下流傳至今的戰爭詩作。新作品已不若往昔，極盡浪漫之能事舖陳戰場上的士兵情誼，他轉而敘述戰爭的黑暗與地獄般的景況，寫下惡夢、寫下死去的士兵伸出手想將他帶走、寫下人們瀕死之際臉上淡漠的表情，這全都是他心裡繚繞不去的。

歐文大可以留在大不列顛島上直到戰爭結束，但稍作歇息後，他自願回到前線。他覺得自己有個使命、內在有個聲音，認為寫下士兵在戰場上的經歷是他的道德責任。

遺憾的是，他的回歸以悲劇收場。

就在戰爭結束前幾天，他不幸殞落。他的母親在停戰日當天收到這個令人心碎的消息。

另一位偉大的戰爭詩人沙遜（Siegfried Sassoon）確保歐文的作品得以出版。其作品的影響力之大，至今仍為人所銘記。不僅僅是因為文情並茂與極富真實感的書寫，對士兵們毫無保留的共情也令人動容不已。

歐文的詩雖然動人，但終究不是廉價小說。詩歌作品在當時屬於精緻文學，是需要透過學習才能懂的品味，普遍性有限。隨之而來的，是更多以戰爭之苦為題且較易為人接受的大眾作品。

一九二八年，雷馬克（Erich Maria Remarque）出版了至今仍聞名全球的小說《西線無戰事》（*All Quiet on the Western Front*），以虛構故事描述塹壕戰在心理上的折磨，以及參戰軍人重返文明生活所遭遇的困難。這本小說疾如雷電地成了當時的暢銷書。

## PTSD就這樣登場了

第一次世界大戰摧毀了歐洲，戰後的領土問題讓國際間的政治情勢再度浮現火藥味，並於短短二十年內再度爆發世界大戰。隨著科技進步與戰爭策略的運用，這次的戰爭更加慘烈，帶來更多痛苦。心理創傷再次成為不受歡迎卻又無法避免的問題。

第二次世界大戰期間，人們對創傷的概念已有些許進展。從正向的角度來看，士兵因創傷出現的行為，不再被視為是需要受到懲罰的軟弱行為；但看待創傷的模式卻只著重於心理層面，將因為戰爭而受創的結果，視為個體內在心理過於脆弱，「精神官能症」就最常用來指稱這種狀況。

更令人不安的是，創傷被認為是暫時性的問題，只要稍作休息就能緩解。

第二次世界大戰還促成首部《精神疾病診斷準則手冊》（*Diagnostic and Statistical Manual of Mental Disorders*）的發行，即當今為人熟知的DSM手冊初版。該手冊被視為心理疾病的聖經，第一版DSM—1裡收錄了模糊的類創傷診斷：嚴重壓力反應。但它之所以從其他心理疾病被區分出來，單純是因為它被認定為短暫且可逆的。

特別需要注意的是，DSM—1建議，如果嚴重壓力反應持續存在，就應該要放棄這個診斷，轉以其他更明確的疾病來作為診斷，才能捕捉到更深層的潛在問題。

第二次世界大戰持續了六年，造成毀滅性的損害。在戰爭後半期，美國扮演了重要的角色，卻也很快地捲入後續的其他戰爭——一九五〇年的朝鮮衝突。心理創傷的案例源源不絕地出現，第二版的DSM手冊（DSM—II）發行於一九六八年，嚴重壓力反應被另一個同樣模糊的診斷名稱所取代：對成人生活的適應反應。

說穿了，其實是換湯不換藥，新診斷名稱對於創傷反應仍舊缺乏正式的診斷標準，而且同樣假設這只是個暫時性的問題。

在一九六〇至一九七〇年間，政治和文化出現大規模的變革，越戰和電視的快速發展成為影響人們看待創傷的兩大因素。永無止盡的越戰遭人民唾棄，美國國內也受其所累，充滿抗議和緊張的政治情勢。

在這樣的背景下，受難者與戰爭的恐怖都透過晚間新聞直接傳送到美國境內每戶人家的電視。這些呈現出來的畫面及訊息，很快就讓許多從越戰返回的士兵發現自己難以重新融入社會或好好發揮功能。為這些士兵提供治療的人，也發現自己跟著迷失。他們大聲疾呼，認為需要一個解答，或者至少有一個診斷，來幫助他們辨別到底在治療這類患者時，最需要做到什麼。

戰爭結束數年後，終於在一九八〇年出版DSM—III。在這個版本中，首度針對持續的心理創傷反應提供一組正式的診斷準則：創傷後壓力症，簡稱PTSD。

與過去那些診斷截然不同，ＰＴＳＤ的診斷並不假設這個疾病只是短暫且可逆的狀態，也不認為它是源於個體的懦弱或內在強度不足。相反地，ＰＴＳＤ被認為是人們遇到極端事件之後所出現的反應，且大部分人都會因此感到痛苦。

ＰＴＳＤ的症狀分為好幾種類別，其中最重要的一組症狀就是反覆出現的侵入性回憶（intrusive memories）——突如其來的、不由自主地、高度令人不愉快的回憶侵入意識，令人因為再次回想起創傷事件的細節而痛苦。就像皮普斯記憶中那揮之不去的倫敦大火，這些侵入性的回憶常以栩栩如生的夢境或惡夢形式出現。但最麻煩的是，這些回憶或景象也會在平常清醒時，突然侵入意識。由於它來得太突然也太強烈，會牽動直覺，誤以為創傷事件又再度發生。一般而言，我們把這些經驗稱之為「回憶重現」。當它們再度出現時，會令人覺得極其逼真，彷彿一切都是真的，而且同樣會引發不安的感受。

無關緊要的一個詞、聲音或影像，都有可能誘發侵入性回憶，讓人回想起創傷事件。這些創傷回憶一旦被勾起，就會變得很棘手。以神經科學的語言來解釋，這個問題被視為是「以脈絡線索調節恐懼的能力」出現全面性的損害」。更直白地說，就算不處於當時的創傷事件或情境中，而且明明置身非常安全的環境（例如坐在家裡的椅子上、坐在餐廳裡，或者是在安靜的街上散步），突如其來的侵入性回憶也會讓他們感覺極度真實。這些回憶會覆蓋他們周遭的「脈絡線索」，將他們拉進過往的回憶裡，認為那些事情正在眼前發生。ＰＴＳＤ

患者會為了控制這些侵入性的回憶，避開那些有可能令他們想起創傷事件的人事物。儘管如此，效果也往往不如預期。

這種無預期的侵入性回憶會造成過度警醒，令人無時無刻都處在緊張的狀態下，並且提高警覺，彷彿危機四伏。而危險的迫近感會令人開始想逃離，從而陷進回憶入侵與逃避的無限迴圈裡，不知不覺中持續消耗心神。

這一切是那麼地耗竭心力，以至於顯得患有PTSD的人經常易怒。因為他們覺得自己越來越難專心，睡一覺也無法修復心神；他們覺得沒有喘息的空間，一直處在好像有什麼事要發生的恐懼不安之中，有時則會出現罪惡感或覺得自己被疏離、遺棄，並出現空虛的感覺。

## 無限上綱的診斷準則

PTSD診斷準則的出現激起許多漣漪。在第一線工作的心理專業人員花了許多時間爭論心理創傷的存在，PTSD的診斷一出，意味著他們終於能將獲得官方認可的「心理創傷」四個字正式說出口。刻不容緩，他們幾乎在一夕之間架構出全新的治療方案。研究者也沒閒著，迅速發展相關的衡鑑工具以利鑒別診斷與追蹤病程和變化。

然而這一切從一開始就有嚴重的問題。

PTSD診斷是源於醫學疾病模式。身體疾病涉及生物學問題，像是病毒感染、基因異常可以透過生理檢測（如腦部掃描或血液檢查）加以確認，所以能用症狀來解釋疾病。但這樣的醫學疾病模式無法套用於心理問題，因為沒有任何一種病毒或生物機制會造成大多數的心理疾病，包括PTSD在內，所以也沒有任何一種生理檢測可作為診斷工具。

嚴重創傷是「暴露於可能誘發創傷反應的事件」中，因而造成的一種心理反應。或許生理上比較脆弱的人，比較容易受影響而發展出PTSD，但為什麼會這樣，則沒有任何明確的生理因素能加以解釋。

以醫學疾病模式來看PTSD，難免落入僵化的本質主義——世界上只有生病的人與沒病的人，沒有中間地帶。然而就心理問題而言，包括對於潛在創傷事件的反應皆是因人而異。

我們可以發明各式各樣的分類，這並不難，但任何分類都無法代表一個人的本質。例如，我們會分年輕人、中年人、老人，但老化是個歷程，年齡只是個逐漸增加的數字。PTSD的症狀也是如此。

**暴露於潛在創傷事件中的人們可能經歷的症狀非常廣泛，有些人症狀很少，有些人**

**則同時出現多個症狀，甚至有人幾乎出現所有症狀。因此比較合理的做法，應該是以連續性的概念來看待這些症狀**。畢竟統計分析也顯示，無法用全有或全無的概念，來清楚標示出一個人的疾病何時出現與何時消失。事實上，大多數心理疾病皆是如此。

之所以會產生這些狀況，是因為心理疾病的診斷準則發展並非奠基於經驗，而是在會議中討論出來的。一群專家不斷辯論，有時長達數月，有時甚至數年，直到全員同意某個疾病看起來應該要是什麼樣子。整個過程極其迂迴，不見得會有一致的共識，只能在眾多不同的意見中取得妥協與折衷，更不用說可能產生一些非常複雜、與現實相去甚遠的診斷內容。

PTSD擁有許多子類別，是最複雜且異質性最高的診斷。多年前，我的同事格拉瑟里維（Isaac Galatzer-Levy）和布萊恩（Richard Bryan）試著將符合PTSD診斷的症狀進行排列組合。利用比較早期的診斷準則比對，發現可以得出將近八萬種不同的症狀組合，而每種組合皆符合PTSD的診斷。若是以目前的診斷準則來看，可能的症狀組合會大幅增加至六三六一二〇種。也就是說，有六三六一二〇人，就可能有六三六一二〇種PTSD的症狀表現，而且各自都符合診斷。

即使撇開這些令人擔憂的想法不談，PTSD仍面臨著其他難題。

隨著診斷的普遍化，反而難以確定「誰罹患這種病」或「誰可能會發展出這種病」。因為PTSD診斷需要當事者曾暴露於具創傷性的事件當中。

在一九八〇年代，此診斷刻意將創傷的定義狹義化，符合以下描述的事件才具有創傷性：「所經驗事件已超出一般人類可觸及範圍，且幾乎所有人都會因此而痛苦。」時光荏苒，心理專業人員發現臨床上有越來越多案件需要此診斷，卻被排除在外。他們認為診斷準則太過狹隘，許多人遭遇的事件雖然不符合定義，卻飽受PTSD症狀所苦，而且每個人的創傷反應都不同。同樣的遭遇可能只會引起某些人些許不快，卻可能對其他人造成嚴重創傷。這些受創的人也需要被視為符合診斷，才能獲得相對應的治療。

最終，DSM手冊也納入這些聲音，讓創傷事件的定義擴展至更多可能會造成痛苦的經驗。延伸後的新定義讓更多人有機會獲得正式診斷，但不幸的是，修訂後的診斷準則引入個人主觀感受，使得內容變得更加模稜兩可。甚至可以說，任何令人極度不愉快的經驗都可以視為一種創傷經驗。

## 人人都有PTSD？

並非所有人都樂於見到PTSD診斷準則的改變。哈佛大學的心理學教授邁耐利（Richard McNally）在極具公信力的期刊《心理學年鑑》（*Annual Review of Psychology*）發表了一篇針對創傷的回顧文獻，認為該定義的擴展是種「概念上的架空」；創傷專家羅森（Gerald Rosen）則抱怨，擴展定義後的診斷準則，會造成未來可能形成的創傷都有機會符合診斷，難保不會出現「創傷前壓力症」（pretraumatic stress disorder）。如此一來，創傷後壓力症的診斷就形同虛設了[3]。

不斷擴增的診斷內容不僅在學術及臨床實務上造成問題，也影響了日常生活。突然間，整個世界都在談論PTSD。媒體和新聞定期報導戰後士兵的故事，以動人心弦的方式描述他們無法脫離戰爭的心境；遭到襲擊的受害者，回想到加害者時會全身僵硬；龍捲風肆虐過後，倖存者總是無助地回想起被暴風捲至半空中的可怕記憶；車禍生還者，仍會因為聽到剎車聲與警鈴而害怕得僵在原地。

每每聽到這類故事，我們總會不自覺地靠過去聽。我們天生就是會偵查危險的存在並做出反應，這是一種生物本能，因此特別容易被這些故事吸引。雖然我們已不像自然

註③：此篇文獻內容談及創傷後壓力症的診斷準則A中，不斷擴大對創傷事件的定義，只要當事人有嫌惡感，就能將該事件定義為創傷事件。換句話說，很可能事件本身不具創傷性，但因為當事人預期自己未來會出現創傷症狀而覺得不愉快或有負面情緒，致使該事件成為創傷事件，從而符合創傷後壓力症的診斷。

歷史博物館展場裡的人類祖先般赤身裸體奔跑，但從許多層面來看，我們依然與他們相去不遠：在某地停留片刻，喝個水，毫無防備，渾然不知稍遠處有群掠食者虎視眈眈。確實，現在的日常生活看起來安全多了，但我們很清楚自己絕非堅不可摧。各地依然會發生可怕的事情：暴力傷害、攻擊、災難。即使是最保守的估計，多數人此生至少都曾經歷過一次可怕的事件，且往往會多於一次[4]。

PTSD的故事不斷警告我們：危險就在外頭，如果稍有鬆懈就會有後果等著我們。投注如此多注意力在PTSD上，難免會矯枉過正。在皮普斯的時代，這是一種不能彰顯的疾病，是可恥且令人困惑的存在，只能用密碼寫在日記裡，如今卻成為二十一世紀的主題曲。

創傷再也不是不能說的祕密。它大膽地在電視劇和網路遊戲裡嶄露頭角[5]；成為網頁和部落格熱議的話題[6]。

「創傷」出現在專業組織和學術期刊上，成為我們日常生活的一部分且越漸茁壯，如同記者莫里斯（David Morris）所說：「創傷幾乎就像病毒，不停地複製，然後散播到各地，直到全世界只剩下它。」

這是一句引人深思的話。但事實的全貌是什麼？

有這麼多PTSD，心理韌性會出現在哪裡？心理韌性又究竟是什麼？

註④：所謂的保守估計，通常是只採用回顧型報告並採用嚴格的條件來定義創傷，只納入最明顯可見的創傷事件。這些研究的限制在於人們有可能會忘記曾經歷的創傷，其經歷的創傷事件也可能並未包含在研究列表中。以敏感度較高的評估法所進行的研究（例如過去多年來的每周評估），則發現人們暴露於潛在創傷事件的頻率會高出許多。

註⑤：美國全國廣播公司（NBC）於二〇〇九至二〇一〇年間曾製作與播出一系列名為《創傷》（*Trauma*）的影集（www.nbc.com/trauma）。克里斯登・馬皆斯基（Krystian Majewski）則曾製作一款名為《創傷》（*Trauma*）的網路遊戲（www.trauma game.com）。譯者補充：遊戲《創傷》為一款AVG冒險遊戲，二〇一一年八月九日於美國發行，遊戲內容是一名年輕女子在發生車禍被送至醫院，甦醒後，開始經歷一段奇特的冒險故事。

註⑥：讀者不妨前往《今日心理學》（*Psychology Today*）雜誌官網「Trauma」參觀，就能明白我的意思：www.psychology today.com/basics/trauma。

02

# 尋找心理韌性

FINDING RESILIENCE

心理韌性的概念並非源於創傷事件。它既不是出於可怕的車禍、暴力攻擊，也不是戰爭傷亡，甚至與人類無關。

心理韌性的概念，是來自於樹木。

一九七〇年代早期，環境生態學者荷林（Crawford Stanley "Buzz" Holling）首度以「韌性」（resilience）一詞，來描述森林及其他生態系統如何在充滿威脅的環境裡存活那麼長的時間。荷林強調復原系統的存在。以森林為例，這裡經常遭受無預警且突如其來的事件，像是森林大火或昆蟲數量暴增等等，這些隨機發生的事件會影響林木分布與健康。森林看起來雖然不穩定，這份不穩定卻也是整個生態系統得以維持的關鍵。

舉例來說，森林大火會造成嚴重損害——降低林木密度與面積——但經過長期火燒之後，也能為森林帶來不少利益。大火會清除許多地面的灌木叢，讓林層下方的新樹苗有機會曬到更多陽光、受到雨水滋潤，而新生的植物則能提供更多食物給動物和益蟲；大火也能滋養土壤，移除老樹弱木，消滅疾病或害蟲，有些樹甚至演化成仰賴大火來作為繁殖的一部分。

就在荷林開始撰寫與森林韌性有關的主題不久後，韌性的概念也出現在兒童發展的文獻上。關注弱勢兒童福利的理論學者和研究者，開始發現有許多孩子雖然成長於弱勢環境，在生活中吃足了苦頭，卻似乎能撐過挑戰，過著正常、健康的生活。

早期針對人類心理韌性進行研究時，會把重心擺在可能影響長期發展的議題上，諸如貧窮、長期虐待或剝奪。以經濟困境為例，通常會導致惡性循環：貧窮與營養不良往往造成早期就學困難、輟學及行為問題，連帶影響未來發展（如就業的選擇），而這又會回過頭來成為另一段貧困生活的開始。同樣地，不當教養與虐待也會摧毀孩子對世界的看法、信任感及自尊心。這些缺陷會導致社交退縮、疏離、暴力或魯莽的行為，往往在日後人生造成更多損耗及自我傷害。

發展心理學學者們察覺，儘管弱勢兒童面臨諸多困境，卻意外地具有韌性。許多弱勢兒童後來也能正常發展，成年後亦能經營健康的社交關係、勝任工作，更能在成人生活的其他領域有良好表現。

這項消息相當震撼人心。不意外地，媒體也注意到了，開始在專題報導上使用

「無敵的孩子」「堅不可摧的小孩」等名詞，或是把孩子當奇人異事般，用「神童」（superkids）來形容他們。雖然每個克服逆境的人都值得被嘉獎，但這些用詞會造成極大誤解。克服這些困境的孩子既不無敵，也非堅不可摧，更不是神童，這些名詞根本不該套用在他們身上。

這些研究的先驅之一馬絲汀（Ann Masten）說得極好：「研究兒童如何面對困境時，最大的驚喜，莫過於發現**克服逆境的能力是極其普遍的**。」她以極富詩意的「平凡的魔法」（ordinary magic）來描述兒童都能適應困難的這種本質。當然，並不是所有身處困境的孩子都過得很好，但正如馬絲汀與其他學者們發現的，能在逆境中茁壯成長的孩子，其實比傳統觀點所認為的還要多。

## 預期自己被擊垮

針對弱勢兒童的研究證實了：人類心靈具有克服困境的能力。

然而，若是在原本正常的生活中發生嚴重的、獨立的及潛在的創傷事件呢？有趣的是，雖然有越來越多證據闡明，兒童在長期遭受剝奪的情境下仍可茁壯成長，研究者們卻對創傷後的心理韌性顯得興趣缺缺。幾乎所有人（包括人類發展專家），都認為會造成生命安全的緊急事件應自成一個類別，並得出這樣的結論：「在身處極具威脅性的情況或是剛歷劫歸來時，多半沒有人能保有良好的心理健康狀態或反應能力。」很明顯地，創傷事件就是預期個體被擊垮。

上述假設仍有值得討論的空間。急性創傷事件發生後，我們預期自己會痛苦不已，然後再慢慢復原，就像遭受極度剝奪後仍會逐步適應、恢復健康那樣。確實，一九八〇年代與一九九〇年代的專家對於經歷過潛在創傷事件的個體，會以「是否出現韌性」來作為痊癒的指標，至今也依然如此判斷。

要是如每個人所想的那樣，急性創傷事件會帶來不可避免的痛苦，經歷創傷後再處心積慮地尋找心理韌性，又有什麼意義？因此，創傷研究者確實沒把重心擺在這上頭。無論對象是兒童或成人，他們關注的都是事件帶來的長期影響。或許正因如此，首度證實人們在創傷事件後會出現心理韌性的研究證據，反而不是來自創傷事件，而是針對哀傷與失落的研究。更正確地說，是來自「我」對哀傷與失落的研究。

## 哀傷的樣貌

一九九〇年代初期，我在加州大學舊金山分校擔任博士後研究員，並展開針對喪親之痛的研究。當時對於哀慟的主流看法，與對創傷的主流看法不謀而合。所有事情、所有人都把重點放在心理病理學上。

創傷理論支持者預期人們遭逢創傷後，必會產生PTSD，而處理喪親之痛的專業人員也假定，失去所愛之人會帶來長期的痛苦與哀傷，並認為最好且最有可能的結果，就是在漫長且痛苦的過程中慢慢復原。

當時我在這領域裡還是個菜鳥，至於為何會來到這個領域，就是另一個故事了（我在上一本書《悲傷的另一面》〔*The Other Side of Sadness*，暫譯〕裡曾提過）。儘管資歷尚淺，我對那些悲觀的看法始終抱持懷疑的態度。失去至親之人當然是痛苦的，這無庸置疑，有些人會有很長的一段時間都飽受折磨。但認為多數人皆會因為失去所愛而崩潰是不合理的，不然人類怎能存活如此之久？

更令我困惑的是，當時幾乎沒有太多研究著眼於「喪親之痛是否還可能出現其他反應」，反而只關注那些在失落中痛苦掙扎多年的人。在焦點高度集中於長期哀慟的狀況下，根本無從得知沒有難過這麼久的人，面對失落時又會有什麼反應，以及他們是如何調適的？如果我們不瞭解人們如何有效因應失落，又怎能瞭解什麼才是真正的「痛苦到極點」？

才剛開始學習的我畢竟既年輕又無知，我的意見自然沒什麼影響力。然而，有少數幾位比較知名的心理學學者已經開始表達類似的想法。

我心想，是時候付諸實行，去尋找這些問題的答案了。我與伙伴們進行的第一項研究花了好幾年才完成，結果與過去對於失落的觀點大相逕庭。

這些曾有喪慟經驗的參與者們，絕大多數顯然都具有面對哀傷的韌性；一部分的人出現比較長期的症狀，尤其在剛失去親人的最初幾年，都處在強烈的悲傷與憂鬱狀態裡；其他人則經歷較為多變與逐步復原的過程。令人印象深刻的是，在我們追蹤的參與者中，有極大一部分的人即使在剛失去親人的前幾個月，也未曾出現悲傷或憂鬱的情形，並且在接下來的整個研究過程中依然維持著這種健康的狀態。

**他們的韌性並非是因為痊癒才出現的，而是一開始就已經顯現，這說明「心理韌性」本來就存在**。當然，他們還是曾經痛苦與傷心，也有過些許掙扎。重要他人的離世勢必會帶來傷痛，只是這些走過哀慟的參與者，似乎可以在與痛苦共存的狀態下繼續面對日常生活的挑戰。在訪談的過程中，我們觀察到這些現象、看見他們的生理反應、他們的臉部表情，以及他們如何處理自己的情緒反應。

由於面對哀傷的心理韌性是個新穎的概念，我們需要確定自己是對的。於是，我們安排某些參與者單獨會晤專門處理哀傷的治療師，透過特定工具來加以評估。這些治療師不會從我們的研究中獲得任何資料，也不知道我們的發現。最後，他們的評估結果與我們的研究結果相符：這些參與者們是具有心理韌性的。

起先，許多喪慟專家都很懷疑我們的研究，也有些同行認為我們的發現只是僥倖。但隨著研究繼續進行，即使有時候採用不同的研究方法，依舊發現可將參與者們的情況分為：出現長期症狀、逐步復原、心理韌性三種。而且這種模式越來越清晰可見。

我成為紐約哥倫比亞大學教育學院的教師後，雖然依然埋首於喪慟研究中，對創傷反應的興趣也再度浮上檯面。

職涯早期，還在博士班培訓時，我完成了為期一年的臨床實習，主要與患有PTSD的退伍軍人一起工作。我發現當中有些人雖然被診斷出PTSD，卻並未出現相關症狀。當時的我還不曉得該怎麼辦，加上自己還只是在接受訓練的階段，只好把這些事情記在心中，繼續往前進。十年後，來到紐約，我開始回想起那時觀察到的現象。

我已經從喪慟者身上發現強大的心理韌性，如果我將觀察對象改為那些經歷過創傷事件，例如遭遇自然災害或暴力襲擊的人呢？會不會也能看到同樣的模式？心裡有股強烈的預感告訴我：肯定會。

但要從哪開始著手呢？雖然我曾針對不同的潛在創傷發表過一些研究，但那都是與其他研究者共同合作的，我需要建立自己的資料庫。但該去哪裡找到這些資料才好？要去哪兒才能找到創傷？正當我還在思考這個問題時，創傷自己找上門來。

## 當世界崩塌

九一一恐怖攻擊震驚全世界，所有想像得到的可怕狀況都出現了。大規模的傷亡、媒體上充斥戲劇性的圖像與報導，不難預料後續出現PTSD的人數會大幅上升。紐約市的衛生專家甚至預言會出現「大眾心理健康危機」，危機熱線也嚴陣以待，迎接勢將來臨的「洪水」電話。市府官員更將全國各地的創傷專家找來，準備開始培訓治療師志工團隊。

倒不是紐約市沒有充分準備，《紐約時報》（*The New York Times*）發現：「整座紐約市每平方英里內的心理師和心理健康專業人員，比全美國任何地方都還多。國際知名的創傷專家任教於當地大學，市府官員也曾經歷過一九九三年世貿中心爆炸事件與八〇〇航班墜機事件的洗禮，必定能在如此動盪不安的時期迅速動員及提供創意性的思考。」儘管如此，這些官員們仍想知道他們該如何照顧「一個飽受創傷的社區」，並滿足「必定會出現的需求」。

在恐怖攻擊發生後，一篇文章迅速發表於廣受歡迎的《科學人雜誌》，預測國內接下來將迸發焦慮相關的疾病，尤其是身處紐約、直接受到影響的人。這起駭人的創傷事件發生在紐約，因此紐約市民被視為是接下來出現PTSD的高風險群。確實，因為恐攻帶來的情緒張力如此強大，許多官員認為即使是習慣靠自己因應困難的人，或許也會需要尋求專業人員的協助。美國緊急災難管理署（Federal Emergency Management Agency, FEMA）肯定也是這麼想，因此在襲擊發生後，撥出前所未見的鉅款給紐約市用作精神健康援助，數億美元將用於提供民眾免費的災難心理諮商。

由於這場恐怖攻擊過於殘忍且早有規畫，因此認為大眾出現PTSD的機率特別高。正如一名創傷專家所言：「一架飛機因為視線不良墜毀並撞上世貿大樓，會是很悲慘的一件事；但今天是有人刻意為之，企圖殺害大樓裡的所有人，這不只是悲慘，是慘絕人寰。」當然，隨著陸續揭露更多關於恐攻當日的相關資訊，人們越來越清楚那天發生的事並非單純的意外，而是恐怖分子精心設計的攻擊。面對如此殘酷的惡意，很難想像不會出現PTSD。

但經歷這場災難的人是否都注定因此痛苦？PTSD是無可避免的結果嗎？當時，幾乎所有心理健康方面的專家都會說「是」，即使是保守謹慎的學者，也都認為出現PTSD的機率很高。

## 我們有壓力，卻不見得生病了

最早期的研究似乎證實了這些預測。恐攻發生後的三天內，蘭德調查研究團隊（RAND Survey Research Group）開始調查來自美國各地的代表性樣本。其結果成了頭條新聞，因為接受調查的總人數裡，有四〇％的人（即將近半數的受調者）出現一項或多項與遭遇極端壓力有關的症狀。若將範圍限縮至紐約市方圓百哩內，有症狀者的比例會攀升至六一％。蘭德團隊以研究方法嚴謹而備受尊崇，並且向來審慎看待調查的初步結果，不會過度推論或濫用。他們指出：多數針對創傷所進行的研究，都只報告疾病的盛行率，未曾考量出現的症狀數目。如果沒有比較症狀多寡，其實很難明瞭在極端壓力下，只出現一個或多個症狀的差別與意義。但他們對自己的發現仍然頗具信心，並在該份研究報告的結論裡表示：「這場恐怖攻擊所帶來的心理衝擊，短期內不太可能會消失。」

不久之後，其他支持蘭德調查報告的研究也相繼露出，其中最嚴謹的是蓋利亞（Sandro Galea）與其同事在紐約醫學院所做的研究。

他們把焦點放在紐約。在恐怖攻擊發生後的五到八周內，針對曼哈頓居民進行調查。由於紐約是個在種族和文化上都非常多元的城市，因此他們特別在意參與者的代表性是否充足。其初步結果呼應了蘭德的調查報告，約莫有五八％的曼哈頓居民因為出現一個或數個ＰＴＳＤ症狀而痛苦。

出現ＰＴＳＤ症狀與生病是兩回事，因此，怎麼樣才稱得上是真的生病呢？以下這個故事相當有意思：

曼哈頓的居民中，大約有七．五％有ＰＴＳＤ，運河街以南的居民反而沒這麼多。但相較之下，後者比前者還靠近世貿大樓。這場恐怖攻擊事件讓ＰＴＳＤ的盛行率提高至二〇％，當研究者針對遭受直接攻擊者進行調查（如飛機撞上世貿中心時身處大樓中的人），結果發現ＰＴＳＤ的盛行率提升至三〇％。

九一一恐怖攻擊事件後僅僅一個月內，直接受到影響的人裡，有三分之一的症狀強度已達可診斷為ＰＴＳＤ。這些擺在眼前的事實都證實了之前各種可怕的預測。

然而從另一個角度來看，也有許多倖存者沒有因此罹患ＰＴＳＤ。事實上，這場恐怖攻擊堪稱是美國史上最慘烈的一次，但直接暴露於攻擊中的多數人此時都尚未出現ＰＴＳＤ。也許是時間點未到，因此許多觀察者預測患者人數會持續攀升。

令大家跌破眼鏡的是，ＰＴＳＤ患者的人數居然不升反降。蓋利亞的團隊六個月後再次進行調查，發現曼哈頓居民患有ＰＴＳＤ的盛行率由七．五％下降到低於一％。雖然直接受攻擊事件衝擊者，罹患ＰＴＳＤ的比例依然很高，但相對也有變少。這個改變讓蓋利亞與其團隊認為：紐約居民可能快速因應大部分的PTSD症狀。

同樣地，出現長期創傷症狀的人也出乎意料地少。美國緊急災難管理署提供數億經費，讓紐約市進行免費危機諮商彷彿是多此一舉。簡單來說，幾乎沒有人去使用。即使在攻擊剛發生的那幾天，提供此項資源的精神科急診室與診所都是門可羅雀。

起先，提供免費諮商的心理師志工們以為是偏見所致。人們可能覺得來諮商是種脆弱的象徵，不然就是人們害怕面對自己的創傷，或是單純不知道有這樣的資源。捷運、建築物上都張貼著免費諮商的宣傳廣告，鼓勵有需要的人使用這些資源，卻依然無人前來。立意良善但飽受挫折的心理師們開始自己去找個案，主動提供服務。有些打給受攻擊影響的公司，有些則晃進消防局或偷偷溜進災區裡詢問救災人員是否需要幫忙。對特別心煩意亂的倖存者來說，或許會喜歡這種主動提供協助的做法，但強迫人們接受治療往往會適得其反，甚至弊大於利。

該怎麼思考這一切，才能有比較合理的解釋呢？這麼多人在恐攻發生後出現「一種或多種PTSD症狀」，又代表什麼呢？

看似簡單的研究數據及其引發的反應，顯示出心理韌性的存在有多麼容易被忽略。「PTSD症狀」聽來可怕，但它其實沒有任何實質或科學上的意義。它可以指稱一種症狀、數種症狀，或是許多症狀，也很可能僅是日常生活中隨處可見的問題。

以皮膚出現輕微的紅疹為例，它可能令人不舒服，也可能是許多嚴重疾病的前兆（包括幾種危及生命的疾病，如毒性休克症候群〔Toxic Shock Syndrome〕、落磯山斑疹熱〔Rocky Mountain Spotted Fever〕），甚至是癌症。基於這些理由，皮膚上的紅疹不該等閒視之。但換個角度看，紅疹其實也是極為普遍的狀況，通常是短暫性的，且往往只是單純的發炎或過敏反應。在未合併其他症狀的情況下，通常問題不大，只有同時出現其他關鍵指標，如發燒、疼痛、腫脹、噁心、頭痛、腹瀉、嘔吐等，才需要特別注意。

心理症狀也是如此。

蘭德調查報告指出，許多人至少出現一種因極端壓力引發的症狀。會得出這個結論，是因為他們詢問參與者是否出現以下五種症狀：覺得煩躁易怒、難以集中注意力、難以入睡或睡眠品質不佳、看到勾起攻擊事件回憶的人事物時會感到不舒服、會出現與攻擊事件相關的夢境或記憶而感到痛苦。

其中只有兩種症狀直接與九一一事件相關：看到可勾起回憶的人事物時會覺得不舒服、經歷令人痛苦的夢境或記憶。九一一事件發生於星期二，該調查於當周星期五進行。僅僅相隔三日，攻擊事件在人們心裡還留有極深的印象，各大報紙、電視及網路也都有報導，因此有如此高比例的人出現這些壓力相關反應，其實並不令人意外。而事發當周的星期五是進行調查的第一天，也是第一個周末，布希總統將其訂為「全國哀悼日」（National Day of Mourning）。在這樣的背景脈絡下，有多少人看見勾起回憶的人事物卻沒有感到不舒服？又有多少人完全沒夢見與恐怖攻擊有關的事呢？我想這也是件耐人尋味的事。

蘭德調查報告裡曾提及的煩躁易怒、難以集中注意力、睡眠問題等其他症狀呢？這些是PTSD診斷裡列出的症狀，卻也是日常生活中常見的問題。蘭德調查團隊指出，幾乎沒有任何資料能用來解釋他們的發現，因為所有研究分析皆是針對有無症狀來診斷，所以不符合PTSD的人，不會特別記下自己出現了多少症狀。多年後，我和我的研究團隊決定，在研究過程中應該要蒐集這方面的資料，用以瞭解這些症狀有多麼常見。結果我們發現，九一一事件的多數相關調查裡，雖然受訪者提到的狀況聽起來符合部分PTSD的症狀，卻也都是日常生活中本來就可能出現的情緒反應。

舉例來說，我們曾於一項研究中，針對近期未接觸過任何創傷事件的一群人，進行PTSD的症狀評估。果不其然，出現症狀數可診斷為PTSD的人極為稀少，與全國「未暴露於創傷事件但符合PTSD」的人數比例相符。但若針對各別症狀來統計，就會出現不同的結果：大約有四〇％的受訪者至少出現一項PTSD症狀。換句話說，即使沒有發生創傷事件，也幾乎沒有出現PTSD，仍有四〇％的人出現一種或多種可在患者身上觀察到的症狀，如煩躁易怒、難以專心、睡眠困擾等等。這不表示他們有輕微的PT

SD，反而呈現出**我們在面對日常生活中的問題時，隨時都有可能出現與PTSD相同的反應，但我們不見得真的生病了。**

## 心理韌性的盲點

二〇〇二年九月十一日，九一一事件周年紀念，美國心理學會（American Psychological Association）發表了一篇短文，名為〈九一一之後，我們學到什麼？心理學家分享從中獲得的教訓與接下來該何去何從〉。為這篇短文背書的心理學家們，並不是人人都願意承認自己做了錯誤的預測，或是誤判人們對壓力的反應。他們甚至轉移話題，討論起像九一一這種恐怖攻擊事件，未來會如何帶來新型態的創傷或新的焦慮來源。

最深刻也最真誠的反思，則是來自於密蘇里大學創傷康復中心主任瑞西克（Patricia Resick），她同時也是非常有名的創傷研究專家。她毫不避諱地說：「我們以為這次攻擊事件會影響全國人民的心理健康，這看法真是錯得一塌糊塗。」她寫道，「哪有獲得什麼教訓？出現強烈的情緒又不代表生病。」

瑞西克這席話極其重要，直接指出九一一事件的最大教訓。

多數人遭遇討厭的事件，或是足以威脅生命的情況後，可能會在短期內出現一些揮之不去的反應：長達數日甚至數周的沮喪憂鬱、令人不快的夢境或惡夢、再度回想起事件時的恐懼。這些都是再正常不過的反應。事實是，**這些反應都是我們正在努力調適自己的證明。即便這些創傷帶來的壓力持續了幾周，但短期的創傷壓力反應並不等同於PTSD。唯有這些壓力始終沒有緩解，才會形成PTSD**[1]。

這些在早期出現的短暫性壓力反應，似乎讓我們看不見自己的韌性，因此我將之稱為「心理韌性的盲點」。因為它就像每個人都有視覺上的盲點，只是我們不曾注意到。

我們雙眼所見到的影像，其實是由眼球後方視網膜內的無數感光細胞創造出來的。這些感光細胞連接到其他中間神經元，聚集成束形成視神經，再從視網膜離開。抵達大腦後，便產生視覺上的知覺。由於視神經離開視網膜後，不會有任何感光細胞，該處即成為眼睛的盲點所在。因此我們幾乎不可能真的「看見」自己的盲點，除非我們閉上其中一隻眼並進行一定程度的練習。但即使如此，察覺自己的盲點仍是難如登天。那是大腦認定該處有訊號，自動填補盲點處缺漏的訊息以產生完整的知覺。

心理韌性的盲點也是同樣的原理。潛在的創傷事件幾乎總是帶來痛苦，讓我們恐懼與脆弱不堪，進一步啟動對危機的本能反應：**我們只看得見威脅，不斷想像自己有多痛苦。在這樣的脈絡下，根本不可能考慮到自己擁有韌性。**

強化心理韌性盲點的聲音，往往來自於心理健康的領域，這倒是不令人意外。

心理健康的專業在第二次世界大戰後開始蓬勃發展，心理學、精神醫學、社會工作曾一度被視為奇怪又不尋常的專業，如今卻是再正常不過且頗受崇敬。學校、職場、大學、政府機關裡都可以見到心理專業人員的身影。多年來，我們變得仰賴這些專家的協助，讓自己能度過現代社會裡看似永無止盡的挑戰。心理學專家幫助我們學習，讓我們更有生產力；對飲食習慣、物質使用、睡眠、關係提供建議；警告科學帶來的影響；昭告什麼能帶來快樂、什麼不行等等。幾乎什麼事他們都參一腳。

由於PTSD的概念迅速崛起，專門研究創傷的心理學專家成了權威。但對潛在創傷事件會產生什麼反應，我們都才剛開始理解與覺察，所知仍非常有限。因此出現類似

註①：許多創傷專家認為，潛在創傷事件發生後頭幾周的極端創傷壓力會造成PTSD，這樣的信念造就出另一個診斷類別：急性壓力症（acute stress disorder, ASD），以便於能在嚴重創傷壓力反應早期就加以區辨和治療，預防患者演變為PTSD。然而研究發現，ASD無法顯著預測PTSD的發病與否。暴露於潛在創傷事件的人當中，只有二〇%的人會出現ASD，但這些人多半都不會發展為PTSD。換句話說，ASD不能用來作為辨別個體是否會出現PTSD的有效指標。部分證據也指出，針對被診斷為PTSD的人進行早期介入和治療，仍有助於他們從極端創傷壓力裡恢復。只是這些研究僅針對尋求治療的個體進行調查，卻未曾關注那些符合ASD但自行復原的人，也忽略有些個體可能反而因為不必要的臨床介入而受到傷害。

情況時，我們很自然地會求助於創傷專家，請他們提供指引與建議。也因為我們能依靠的資源不多，因此當創傷專家說：「到處都有創傷」，我們毫不懷疑；當他們說：「創傷出現在每個人身上、出現在世界各處」以及「沒有人不受創傷所擾」，我們也深信不疑。

我們相信專家提出的「創傷無所不在」，也認同他們把創傷描述為「我存在，故創傷存在」「創傷以任何形式存在，不會放過任何人」。在這樣的狀況下，發生像九一一恐怖攻擊這麼可怕的事件，創傷專家說接下來將會出現心理健康危機，我們也只能相信。

問題不在於我們為何如此輕易接受這麼可怕的預測，而是我們對於創傷及PTSD的瞭解明明如此有限，卻從不懷疑這些預測。

## 摸透了創傷，卻看不見韌性

戴克曼醫師（Jennifer Dyckman）在中西部郊區的一間心理健康診所工作（她身上混合了我實際見過的數名治療師，但我更改了關鍵細節以隱藏她的身分與診所地址）。那是一間相當活躍的診所，不只提供個人和團體心理治療，還會定期提供教育活動和培訓工作坊給附近的治療師參加。

戴克曼醫師是診所的創辦人與心理創傷專家，也是資歷超過二十年的治療師，過去十三年都在這間診所執業。她的典型工作型態是在一天當中，先為四位患者個別看診，然後參與一到兩個團體的療程、參加組織會議，以及與她的受督者進行個別督導。行程很緊湊，但戴克曼醫師熱愛工作，從不覺得無聊，也不覺得累。

如同她的多數同行，她試著追上所有專業文獻的進度，閱讀期刊與參加研討會。但她漸漸發現，幾年過去後，新的研究越來越無法吸引她；研討會的重點變成社交寒暄大會，不是學習新知；她閱讀的文獻與實務關聯似乎越來越少，對她與患者的工作並沒有實質幫助。但這並不令她困擾，她對自己的能力很有信心，而且也被承認為是診所的領導者之一。

她把創傷摸透了。當飽受創傷的患者走進診所大門，她知道自己絕對可以把那位患者照顧得很好。她非常專精於自己的工作，因此無論如何，她有自信的權利。

換個角度來看，像戴克曼醫師這樣的治療師在工作過程中，也很少有機會見到曾經歷潛在創傷事件卻沒有任何症狀的人，畢竟沒發展出PTSD的人沒理由去尋求專業的心理協助；像戴克曼醫師這樣的創傷治療師，也通常不會看見受創者身上的心理韌性，因為他們認為心理韌性極其罕見。也就是說，他們會出現心理韌性的盲點。

這會是個問題嗎？如果戴克曼醫師很擅長治療PTSD，她哪會需要在意這個？只要她是在協助真正需要幫忙的患者，那麼她評估心理韌性是否準確，會有什麼影響嗎？事實上，只要走進診所大門的都是嚴重創傷的患者，其實完全不會有任何問題。唯有出現模糊地帶時，狀況才會變得複雜。倘若有一天，有位個案不是那麼確切符合PTSD的診斷，就會凸顯出心理韌性盲點造成的問題。

在模稜兩可的狀況下，創傷性壓力（traumatic stress）很可能會被誤診為PTSD。或者更糟的是，個案的問題（像是寂寞、暈眩或憂鬱）明明與創傷反應無關，卻都可能被視為是PTSD的變形，然後以錯誤的方式治療；有時則是像九一一恐怖攻擊之類的潛在創傷事件，會讓一個人在生活中頓失方向、感到迷惘或單純覺得困頓，不盡然是很創傷性的反應。然而這些問題也很容易被視為PTSD，進而影響後續的處理方向。

最糟糕的是，這種盲點會讓我們懷疑心理韌性是否真的存在。我們會開始疑神疑鬼，把痊癒視為假象，把優勢看成弱勢，把樂觀當成否認，判定這一切都只是表面的防衛，底下其實還隱藏著許多創傷症狀與絕望。心理韌性盲點會讓我們默默地懷疑自己與生俱來的能力，更將這種疑心發揮得淋漓盡致。甚至有個治療師團體為此發表了一篇論文，將心理韌性斥為是「心理健康的錯覺」。

## 容易受騙的大腦

上述反駁看來雖然極端，卻也不難理解。治療師不是沒有腦袋，美國境內所有持照心理師都必須擁有高等學位，並且在經過認證的培訓機構裡受訓。所以心理韌性盲點與智商或訓練其實沒有太大關係，只要是人都有可能會犯這樣的簡單錯誤。畢竟無論是專業治療師還是外行人，只要是人，都很容易受影響。

特沃斯基（Amos Tversky）與康納曼（Daniel Kahneman）這兩位心理學家的職涯都在研究這類錯誤，並獲得可觀的成果。康納曼還因此獲頒諾貝爾獎（特沃斯基在確定獲獎的幾年前過世，很遺憾的是，根據大會規定，他無法列名其中）。他們研究的重點在於一系列稱之為「直觀捷思」（intuitive heuristics）的思維捷徑。

由於我們每天要面對的事情太多，因此思考時，大腦會想辦法抄捷徑。每人每天平均要在訊息不夠完整的狀態下，做出成千上百個迅速且實質的決策，因此極仰賴思維捷徑來將一切合理化。這些思維捷徑通常運作得非常好，卻也常會將我們引導到錯誤的方向上。

所有思維捷徑裡，最常見的就是「代表性捷思」（representativeness heuristics）。也就是當某個人事物的特徵與我們對特定類別的刻板印象相符時，我們往往會假設該人事物屬於該特定類別。例如，我們可能會假設某人是大學教授，理由是對方的穿著和言行舉止符合我們對大學教授的既定印象。但正如特沃斯基與康納曼所指出的，代表性捷思會使人們做出錯誤的判斷。就上述例子而言，大學教授其實並不是一個非常普遍的職業，因此這種思維模式很可能會造成誤導。

另一個常見的思維捷徑是「可得性捷思」（availability heuristic）。在需要確定一件事發生的頻率與可能性時，就會啟動這樣的模式。重點在於我們有多容易從腦海中提取該事件的相關資訊，因為我們可能會將腦海中的資訊可取得性與真實生活中的發生機率混為一談，進而影響判斷。最明顯的例子就是害怕搭飛機。許多人乘坐飛機時常常會很不自在、難以放鬆，這倒不完全是非理性的恐懼，畢竟確實偶爾會墜機，一旦發生此種事故，死傷往往非常慘重。更不用說墜機事故的相關報導也會出現令人怵目驚心、難以忘懷的畫面。

尤其當我們坐在飛機上，突然遇到亂流時，如果近期正好有墜機新聞，我們就會陷入「定錨捷思」（achoring）的模式。在這個例子中，我們根據近期的資訊片段來定錨自己的判斷，卻忽略發生墜機的機率其實非常低。是的，飛機確實偶爾會因故墜毀，但每天在空中的飛機那麼多，相較之下，發生事故的機率可說是微乎其微。

這些思維捷徑出錯時，我們都很容易受到影響，但受過高度訓練的專家，如醫師、律師或心理健康專業人員呢？受過訓練的他們，是不是也許比較不會誤判？答案是「並非如此」。而且令人驚訝的是，心理治療師反而更容易依賴這些思維捷徑來進行判斷。

那麼，思維捷徑的誤判會怎麼影響創傷與心理韌性呢？實際狀況又應該是如何呢？

## 你我都有心理韌性的證明

你我或多或少都聽過所謂的「分配」。在學校裡，當我們大範圍測量某件事物（如身高），都知道要計算出「常態分配」。這也稱為「高斯分布」（Gaussian distribution），或依據其形狀描述為「鐘形曲線」（bell curve），因為常態分配的外形看起來就像一座鐘。大部分測量集群都很接近常態分配的中點，亦即統計上的平均值，然後沿著鐘頂往兩側延伸（見下頁圖1左側）。於是，我們會得到一個身高的常態分配。由於多數人的身高相去不遠，因此會集中在常態分配圖的中央，兩側則是特別高或特別矮的人。

過去一般認定心理健康狀態應該也會呈現常態分配：大多數人都處在合理的健康狀態，因此假設大家應該出現在分配圖的中央，然後有相對少數的人處在極端的心理不健康，或是心理特別健康的狀態。事實不然，心理健康不是常態分配，而是所謂的

**圖 1. 分配曲線**（Distribution Curves）

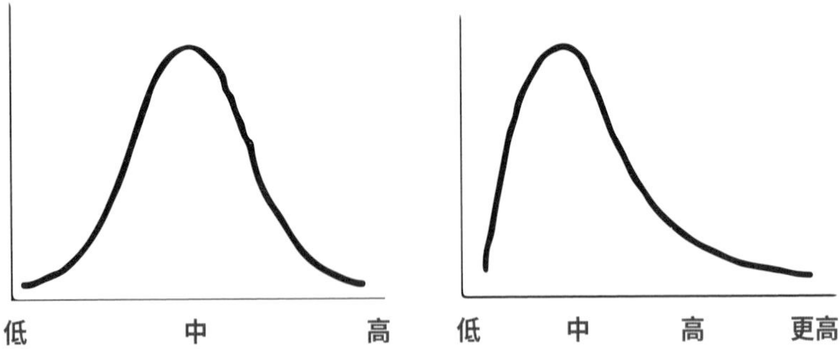


常態分配：「鐘形曲線」　　　　正偏態分配

「正偏態分配」（positively skewed distribution）（見圖1右側）。

以憂鬱為例，具有其症狀的人數通常會形成一個不對稱的鐘形曲線。因為多數人僅出現些許憂鬱症狀，因此會有較多人集中在量表得分較低的這一側；較少人處在嚴重的憂鬱狀態，因此量表得分高的這一側，人數會越來越低，就往右拉出一條長長的尾巴，形成正偏態分配[2]。

發生潛在創傷事件時，心理健康得分會怎麼分配呢？從傳統觀點來看，既然多數人會嚴重受到影響，分配曲線應該會往有較多症狀的方向移動。但事實證明這個假設是錯的。即使發生潛在創傷事件，曲線變化也極其輕微，只會稍微扁平地往右側多延伸一些些，多數人仍集中在分配曲線的左側。也就是說，大部分的人並不會出現較多症狀。而且不管是憂鬱、哀傷或PTSD，狀況都是一樣的。

依我看來，這無疑是人類具備心理韌性的最佳證明。

我根據症狀出現頻率比例的離散程度，重製了多種不同潛在創傷所引發的症狀實際分配圖（見下頁圖2），便可以更清楚地看到這種模式。這些圖來自於我們針對各種真實日常生活事件所進行的研究，包括失落、身體損傷、大規模槍擊，然後再予以評估不同的症狀，包括PTSD、悲傷、憂鬱、痛苦。就潛在創傷而言，這些事件無疑都是極大的挑戰；但從各圖中，明顯可見多數人都集中在症狀得分較低的一端。也就是說，從簡單的分配圖裡就能看出**多數人都具有心理韌性**。

仔細觀察這些圖形，會發現它們並非完美的流線形。事實上，它們根本稱不上是曲

註②：當次數分配不是對稱的形狀時，就稱為偏態（skew）。偏態分配的典型特徵是分數多半集中在低分或高分某一側，另一側的分數與次數則慢慢減少。若分數多集中在低分側，稱為正偏態，圖型高峰靠左；若分數多集中在高分側，則稱為負偏態（negatively skewed），圖型高峰靠右。

**圖 2. 潛在創傷事件發生後所出現的症狀分配**

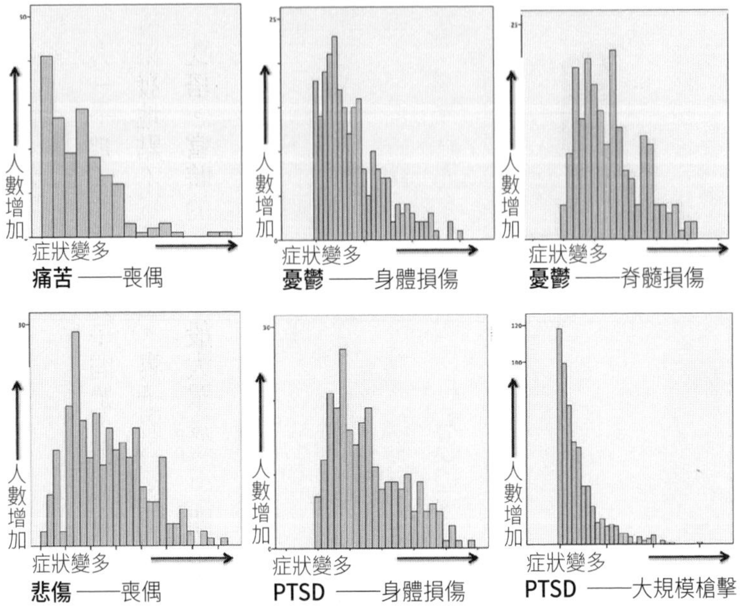


線，而是崎嶇不平、起起伏伏的。各個突出點代表此分配的多樣性，並有著極重要的意義。說白了，就是人們會特別集中在不同的點上。每張圖都有些許不同，但整體來說：在低症狀端的人似乎自成一個集群，那些人就是被我稱為具心理韌性的人；另外一到兩群人也各自集群，大致位於分配曲線的中央；然後還有另外一群症狀較多的人，位於分配曲線較右側。在不同時間點繪製這類圖型，也會看到類似的分組。重要的是，某些族群的分配位置還會有所改變。這帶來另一個重要的線索：這些群體會隨著時間有所改變——他們有著自己的軌跡。

## 心理韌性的軌跡

九一一那天，恐怖分子開始攻擊世貿中心時，我人正在哥倫比亞大學的辦公室裡，距離事發地點不過幾英里。妻子寄給我一封電子信件，簡述飛機撞上世貿中心的一號大樓，北塔。當時的我與一般大眾無異，開始想像一架小小的私人飛機，因為駕駛搞混方向造成悲慘的錯誤。而且不用說，一定有人因此喪命，可能一個、兩個或三個。總之，我並未多想。

過了一會兒，我走出辦公室，意外發現同事們聚集在走廊上交頭接耳，臉上寫滿驚恐，空氣中瀰漫著一種氛圍，彷彿大家都知道有什麼重大的事情發生，卻不知詳情為何。

我打算前往校園裡最高的建築物，從那裡或許可以看到世貿中心。抵達時，那幢建築物已開始疏散人群，電梯也被關閉，但樓梯還能通行。我決定徒步上樓，迅速瞥個一眼再離開。正當我爬上樓梯，幾位正在下樓的職員與我擦肩而過。他們神色匆忙，默不作聲。其中一位看了我一眼，然後搖搖頭，彷彿在說：「實在太慘了。」我加快腳步，來到頂樓，走出陽台。

一見到眼前的情景，我整個人頓時跪倒在地。

我可以很清楚地看見世貿中心的北塔正在冒煙，一大團灰黑色的煙霧聚積天際，往東飄移。

與當天的許多人相同，我呆愣在原地，說不出話，全身動彈不得。

我記不得自己在頂樓陽台待了多久，幾分鐘嗎？還是半個小時？

直到某刻，我跑下樓梯去尋找正待在附設幼兒園裡的兒子。老師們正在等待家長，我拉起他的手，迅速前往附近的公園，我知道妻子和女兒會在那裡。

等我們都回到家，覺得安全了，我也開始像許多紐約市民一樣，試圖想要盡一己之力。我盡可能往市中心去，當起志工，與我的同事組織了一個公共論壇，並確保我們的診所全天候開放，以防有人需要幫助。

過了幾天，我心裡漸漸清晰地感到自己需要把握這個機會。九一一恐怖攻擊是場令人痛心的悲劇，也是史無前例的事件，能讓我們一窺人類遭受如此大規模的創傷後可能會出現的所有反應。我還是想按照原訂計畫研究心理韌性。儘管在那當下我不曉得是否能得償所願，但這不重要，我的目標是盡可能從這場攻擊事件裡汲取任何能學習的東西。

我的研究團隊全心投入，盡可能聯繫曾直接經歷整起攻擊事件的人，訪問並評估他們的行為、面部表情、生理反應，也對他們進行詳盡的心理健康評估，並於接下來的兩

**圖 3. 不同時間點的心理韌性軌跡**（資料引用自波南諾，2004）

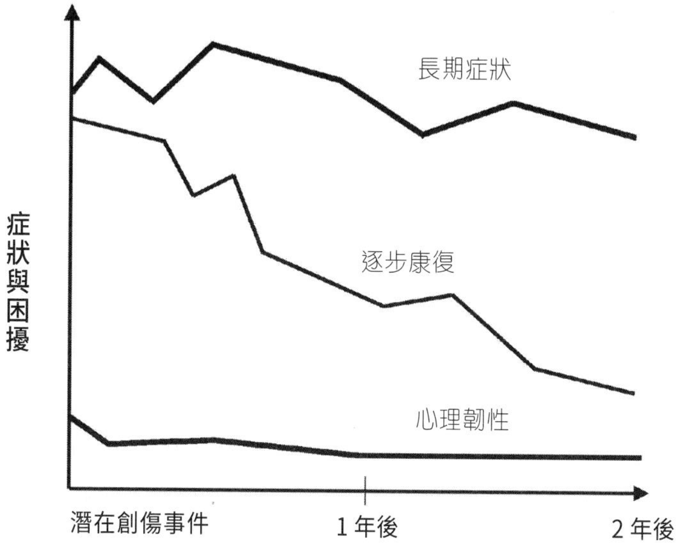


年重複進行相同的評估。我後來也與先前曾提及的流行病學家蓋利亞合作，他系統性地收集了整座城市的資料。

這些研究帶來許多發現和值得學習的東西，我們從中看到恐怖攻擊的倖存者們出現三種軌跡：長期症狀、逐步康復、心理韌性。

早期研究中，我曾在經歷悲傷的人們身上見過這三種軌跡，如今又在經歷大規模恐攻的人身上看到相同的軌跡。很顯然地，這三種軌跡可說是人們面對各種潛在創傷事件會有的反應原型。最重要的是，心理韌性軌跡再次成為這些反應原型當中最為常見的存在。

這些發現有助於澄清我的定義。根據研究結果，**我認為心理韌性軌跡就是：當人們在原本的正常環境中，經歷具有潛在高度剝奪感的單一事件後，卻仍有「總是保持健康功能的穩定軌跡」**（見上頁圖3）。

接下來的二十年裡，我的研究團隊與我持續尋找支持這些軌跡反應的證據。一路走來，也有其他研究者開始繪製類似的軌跡圖。漸漸地，證據越來越多。我的同事格拉瑟里維、我的學生黃珊蒂（Sandy Huang）與我在二〇一八年計算了六十七種不同軌跡，分析結果非常一致：幾乎所有分析當中，都能看到最常見的就是心理韌性軌跡。

心理韌性的出現率有時相當高。例如，在軍人準備出發至戰場前及後續幾年裡，反覆進行評估後都會出現令人印象深刻的心理韌性。

我曾參與一項類似的研究，那是被稱為「千禧年世代調查」（Millennium Cohort Study）的大型計畫，以前瞻性研究的方式追蹤軍人上戰場前後的狀況。事實上，這是美國軍事史上最大規模的群體前瞻性研究，涉及超過十萬名美國士兵。當我們根據這些資料畫出PTSD的軌跡，會看見八三％的士兵身上出現心理韌性的軌跡，這些人當中僅有些許徵兆或完全沒有PTSD症狀。為什麼？可能的原因有很多，但最有可能的原因是軍人在參與部署行動前已接受扎實的訓練。當我們越瞭解可能造成創傷的情況，例如創傷事件可能會如何發生、發生時會是什麼樣的狀況、之後會造成何種影響等等，就越能事先做好面對它的心理準備。

但這種程度的準備並非常態。一般民眾遭遇身體上的創傷（如車禍、嚴重意外或槍擊），通常都是突如其來且沒有機會事先準備的。那就是既如往常的一天，沒有什麼特別不同，可能吃著差不多的早餐、在差不多的時間出門，忽然間就發現自己身在疾馳的救護車上，正要前往距離最近的急診室。正因為這類事件會引發恐懼，許多人因此出現PTSD症狀的長期軌跡是很正常的。儘管如此，心理韌性軌跡仍是最常見的結果，在這類研究裡約莫占了六二％到七三％。

在針對其他種類的嚴重事件，如自然災害、性侵害、身體遭到攻擊，甚至是大規模槍擊等研究裡，也能見到大致相同的心理韌性軌跡。其出現的比例，與經歷危及生命的急性醫療事件（如被診斷出罹患癌症或心臟病發作）等情況相似。再者，遭遇喪親、離婚或失業等不同失落型態的個體身上，也出現約略同等比例的心理韌性軌跡。

在眾多不同的研究裡，心理韌性軌跡始終是最常見的結果，大約占據所有參與者的三分之二。換句話說，這三分之二的心理健康者是真正的多數。

## 他們是怎麼辦到的？

心理韌性如此普遍存在於各種可能帶來創傷的事件中，好像有點打破傳統觀點，卻也同時衍生出新的疑問。

**除了探討創傷事件的內容、創傷發生後會有什麼不良反應，如今也應該從另一個角度去瞭解：是什麼讓人們即使經歷可怕的事情，也不見得會出現創傷反應？**

絕大多數的人具備心理韌性。我們可以試著瞭解研究中那三分之二的人，看看他們如何面對創傷事件、做了什麼才得以適應得如此良好。但這並不代表可以就此忽略對創傷出現嚴重反應的人。相反地，將具備心理韌性的人納入研究反而可以拓展視野，從他們身上發掘有助於面對逆境的元素，並將其運用於協助他人，像是那三分之一的人，或是對創傷事件有嚴重反應的人。

唯一的問題是：這些有心理韌性的人究竟是如何辦到的？他們做了什麼？這將是最需要進一步探討，卻也是最難以捉摸的部分。

PART. 02

# 難以想像的創傷經驗

The End of Trauma

03

# 九一一生還者這樣說

MORE THAN MEETS THE EYE

自昏迷醒轉後，傑德試著整理事情的來龍去脈。他被足足重達二十五噸的垃圾車輾過，身上動過大大小小的手術，還失去左腿。這無疑是他遇過最糟糕也最可怕的事，他卻只出現短暫的創傷反應，沒有任何長期的創傷症狀。

經過前兩章的說明，可以知道面對潛在創傷事件時，心理韌性是人們最常出現的反應。若然如此，傑德呈現出來的堅毅勇氣似乎就不那麼令人訝異。假使他一開始就知道這些研究結果，大概也不會對自己的反應感到那麼驚訝。

撇開驚訝與否不談，我們仍然需要答案。

我們依舊需要知道為什麼傑德能夠適應得這麼好。他是如何辦到的？他有什麼樣的特質？還是他做了什麼？如果仔細檢視他的經驗，或許能從中尋獲些許指引，包括他說了什麼，或是在意外發生的過程中他為自己做了什麼，因而對他產生有益的影響。

意外發生那晚，有段短暫卻令人印象深刻的插曲。

傑德被送進手術室之前，曾一度像是克服了恐懼。雖然他當時已意識不清，時而昏迷，時而清醒，但他清楚記得女友梅根來到他身邊的那刻。當她現身為他打氣時，他變得非常樂觀，也記得自己被推進手術房前感覺「非常有信心」，彷彿他已經知道自己「一切都會沒事」。

樂觀與自信是很關鍵的情緒，稍後篇章也會加以探討。但現在，我們先捕捉住這個小小的跡象。它可以告訴我們什麼嗎？如果可以，那又會是什麼？

傳統的創傷觀點肯定不會把這個曇花一現的小插曲當回事，畢竟那是一場極其殘酷的可怕意外，如此短暫的一瞬間哪能造成什麼影響？此時，心理韌性的盲點已介入干預判斷。不僅如此，持懷疑態度的人可能也會堅持：過去研究明明就證實極度嚴重或極具創傷性的經驗，會產生極端嚴重的創傷後果，而不是心理韌性（例如嚴重暴力的創傷事件，會帶來較多的心理損傷與較少的心理韌性，科技災難帶來的損害則比自然災難還嚴重）。在我們針對九一一事件的研究中，也發現暴露於災害中的程度會影響心理韌性的出現。像是事件中身體受到傷害的人，展現的心理韌性強度是最低的。

如果像這些研究所指出的，創傷的嚴重度會有如此明顯的影響，就更無法解釋傑德為什麼能如此迅速恢復心理平衡，更不用說他還昏迷了那麼長一段時間。我們對醫學誘發的昏迷所知甚少，而且這樣的昏迷似乎並未帶來任何明顯的心理效益。相反地，許多被誘發昏迷的人常會自己製造出具有創傷性的記憶。不過，傑德似乎也相當快速地擺脫了這些記憶。

其他也曾經歷過嚴重潛在創傷事件的人呢？如果我們探訪這些人，或許會看到更多心理韌性或長期的創傷反應。只是，大概很難找到像傑德這樣，能以第一人稱栩栩如生且詳盡描述造成創傷的壓力事件。幸運的是，進行九一一事件相關研究的過程中，我們有不少機會與倖存者進行訪談，其中有三名受訪者的經驗特別令人震憾。

在恐怖攻擊發生當下，他們都正好置身於世貿中心裡，差點逃不出倒塌的建築。當時除了無窮盡的壓倒性恐懼、害怕及困惑，再無其他。他們所經歷的是極其罕見與難得的經驗，光是這點，就很值得進一步探索。他們談及的內容不僅讓我們知道許多隱藏於潛在創傷背後的訊息，還讓我們有絕佳的機會探索心頭的疑惑。例如：倘若一個人可能會出現長期的創傷反應或PTSD，我們會在他經歷事件後不久就看出端倪嗎？心理韌性到底又是什麼模樣呢？在早期重要關鍵時刻所講的話、所做的事，能讓我們預見好結果的出現嗎？

## 恐怖攻擊當下，他們都在現場

才剛到職不久的伊娃，工作地點位於南塔，也就是世貿中心二號大樓。當時她坐在大樓中央的辦公室裡，早上八點三十分左右，突然傳來爆炸聲，她不確定發生什麼事。在這種大樓中，三不五時會聽到一些噪音，大家多半聳聳肩不當一回事，回到座位繼續工作。但伊娃很快就發現這聲音與平常會出現的那些噪音不一樣。

威爾也聽到了。他才剛走出地下鐵，正穿過擁擠的人群前往世貿中心底下的主要轉乘層。這時間人山人海，互相擦肩而過，沒在彼此的生命裡多做停留。

然後。碰！

通勤者們被這聲音嚇得撞上彼此，停下腳步，面面相覷。威爾看得出大家臉上的擔憂。他也覺得不安。他記得自己當時想著：「若非建築內部發生不測，絕不會有那麼大的聲響。」

蕾娜與衝擊處的距離更近，她是在北塔的較高樓層工作。她正走出辦公室來到走廊，彷彿被雷擊中般的爆炸令她嚇了一大跳，忍不住放聲尖叫。起先，她還對自己的失態有點尷尬，但恐懼隨即蓋過一切。

「我跑到大廳，有些同事站在那裡。」她說，「每個人都在東張西望，困惑地我看你，你看我，所有人都同時開口講話。」

蕾娜搞不清楚大家在說些什麼，有人大喊著要所有人冷靜，有人大吼著要往哪個方向走，有人扯開喉嚨說應該要移動到辦公室中間，有人講著與炸彈有關的事。」

接著，冷不防地，所有人都因窗外的景象而震攝。

「我們看到了火球。」蕾娜說，「辦公室有著很大片的窗戶，可以看到橘色與黑色，煙霧和火焰，就在我們上方。火球從上面呼嘯而出，從上面某個地方衝向南塔。就像電影裡會出現的，那種類似能發射火球的機器。你知道的，很巨大的武器……一個火焰噴射器，就像電影裡會看到的那個東西。」

## 「到底發生了什麼事？」

起先，伊娃還未察覺自己正置身險境，和許多同事聚集在窗戶前，試圖尋找巨響來自何方。那天氣候極佳，湛藍的天空萬里無雲，很難相信在如此美好的日子裡會發生什麼不好的事。那些被爆炸炸飛的紙緩緩飄落到他們窗前，看在伊娃眼裡，彷彿是遊行時拋彩帶的歡迎儀式。

其中一位同事認為大家應該要撤退。伊娃思考片刻，雖然沒有任何廣播，沒有任何警報，但大樓顯然哪裡出了問題，她決定走為上策，打算走去逃生梯。

但，樓梯在哪兒？

伊娃遍尋不著樓梯，腦袋一片混亂，接著就發現自己與其他同事走散了。她開始恐慌，看到有些人正穿過走道盡頭的一扇門，便連忙跟上。幸好，門後就是樓梯，她開始快步下樓。但走沒幾步，就因樓梯擠滿了人而被迫慢下。前方的人實在太多了。直到此時，伊娃才開始意識到狀況不妙，周遭卻沒有任何熟悉的面孔，她因為孤單與害怕而哭了起來。

在北塔的較高樓層，蕾娜還未離開辦公室，正在掙扎求生。

「那天花板甫受到一架大型噴射機的衝擊，建築物先是一陣震顫，然後開始傾斜。股衝擊的力道真的很強。」她後來提到，「我想著：『天哪，大樓要倒了，我們會被甩到南塔去。』這一切實在發生得太快了，我的心跳加速，實在太可怕了，因為，你知道的，畢竟我們在那麼高的地方。」

蕾娜抓住一張桌子。她也不清楚自己為何要這麼做，她依稀記得當時也曾覺得這似乎不太合理，如果大樓倒了，這張桌子根本幫不了她，但她就是覺得自己需要抓住一些東西，什麼都可以。

直到人們開始大叫，跑向樓梯，蕾娜這才放開桌子跟著大家狂奔。她轉過一條走廊，映入眼簾的是難以想像的情景：整間辦公室已被摧毀殆盡。不久前這裡還是整整齊齊的辦公室，有著潔白的牆壁和木板門，現在全成了焦黑的破爛，木頭與電線凌亂懸垂於半空，各處都有變形突出的金屬片，人們頭上與衣服上有著天花板的碎片，臉上沾著血漬與灰塵。穿過一道門後，熊熊燃燒的大火近在咫尺。

她覺得心臟快要從胸口跳出來了。

一大群人試著擠進逃生梯。蕾娜不斷告訴自己保持冷靜，不要推擠，但她的內心早已在尖叫。她拖著腳步，終於踩到樓梯，踏上逃生之路。

「我沒有想太多，幾乎是依本能在行事。但我非常害怕，拚命地跑。你知道的，越快越好。我衝下樓梯，我身體狀況向來不錯，我要逃……我想要離開，我知道自己離出口還很遠，心裡隱約知道這件事，但我不覺得自己有把這放在心上，當時一心只想著：『趕緊用最快的速度逃離這鬼地方！』」

但隨著樓梯上的人越來越多，蕾娜被迫慢下腳步，與恐慌搏鬥。「看著那麼多人，我突然想到，這麼多人，逃生梯會塞住，而且溫度越來越高，真的很熱。再這樣下去，我們都會被困住。」

蕾娜花了不少時間才拼湊出她在逃生梯裡待了多久。一路往下時，她幾乎無法判斷自己現在是在大樓何處，也不知道究竟發生什麼事。高溫令人難以忍受，空氣變得沉重混濁，到處瀰漫著強烈的化學氣味，很像是汽油。蕾娜的雙眼刺痛，她試圖用襯衫衣領遮住臉部。樓梯上滿是玻璃和水，越來越多的水，形成一灘灘水窪，而且很難不踩到散落的碎玻璃，但她依舊堅持前行。

最令她難以忘懷的，是下樓時遇見的人大部分都安靜地走著。有些人不斷想推開別人搶先下樓，有些人似乎還處在震驚中反應不過來，有些人則是已經恐懼到崩潰，有些人的身體狀況很糟。有些女性發現穿著高跟鞋幾乎無法在瓦礫間行動，不得不脫掉鞋子，光腳踩過滿地的玻璃、金屬、積水。蕾娜為自己今早選擇穿了雙舒服的鞋出門而感到謝天謝地。

過程中，她幾度遇到一些被嚴重灼傷的人們，但因為完全無從得知事情的來龍去脈，內心更加惶惶不安。「每個人都會退開，讓燙傷的人先走。」她邊回憶邊說，「他們的狀況很不好，我看到有人的皮膚糊成一片，彷彿被膠水黏住一樣。他們的衣服破破爛爛，根本只剩一些布料掛在身上，就像……我沒看過燒燙傷的人，所以不知道實際看起來是什麼樣子，也不太確定自己看到的究竟是什麼。我一直記得其中一個女人的臉，燒傷很嚴重，而她的眼神一片茫然。」

過了一會兒，蕾娜遇到一群正在往上爬的消防員，這些畫面在她心中久久無法散去。

「樓梯間很熱，但那些隊員帶著沉重的裝備，一步一步往上走。他們一派鎮定，像戰士般，你知道的，那種要上戰場的感覺。我記得他們冷靜的表情，這是他們的工作，是他們在做的事。那個景象帶給我很大的安慰，但我知道他們都如今不在這個世界上了。你知道，我的意思是他們不可能生還，他們肯定都死了，一個也不剩。他們在往上走，他們不可能成功，因為沒人知道大樓將會倒塌，他們只是想盡力搶救一切。」

伊娃與蕾娜在為離開大樓努力的同時，威爾也在想辦法面對這場災難。

地下鐵的整個轉乘穿堂層開始陷入混亂。威爾逗留了片刻，試著想瞭解到底發生什麼事，但很快地，他決定先走為妙。怪異的是，他失去了方向感，不確定自己身處何方。平常習慣走的出口塞住了，奔跑的人們讓一切看起來變得很不同。對於接下來到底發生了什麼，威爾的記憶變得很模糊，他不記得也找不到還有哪條路可以離開。他陷入焦慮，然後發現自己一直在繞圈圈，似乎經過了很長一段時間，才終於找到一條通往街上的路。

重見光明的那刻，威爾詫異地發現自己正位於災難現場。四周聚集著圍觀的群眾，到處都是警察，有些地方已被封鎖。

他努力想瞭解眼前的一切，隨著困惑與不確定感開始消散，對事件的恐懼反而油然而生。他發現圍觀群眾的視線都往上看，手也指指點點。他跟著抬頭，瞧見大量濃煙，卻看不太清楚實際狀況。他想辦法移動到視線較佳的地方，過程中聽到一些沒有太多意義的零星對話。

他繼續往前走，然後抬起頭，現在可看得一清二楚了。大樓上有個可怕的大洞，大到令人難以置信，火舌肆虐其中，大量的煙升起，往東飄移。怎麼會這樣？無法理解眼前究竟發生何事的感受令威爾停下腳步。他不曉得接下來該做什麼，就只是目瞪口呆地看著一切，久久不能自己。

終於，他回過神來，意識到自己尚未脫離險境，有一部分的建築物正在崩毀，身邊許多人似乎也被此情此景嚇到。正當他想著應該要離遠一點比較安全時，突然有人開始尖叫。威爾再次抬頭往上瞧，看見有東西正從大樓上落下。他的身體想要拔腿就跑，實際上卻無法動彈。除了眼睜睜地看著物體從高空落下外，他什麼事都做不了。他從未見過任何東西從那麼高的地方掉下來，雖然體積不大，但還是很危險。詭異的是，威爾發現那個掉下來的東西會動，且東西上頭還有一些更小的部分也在蠕動。這時，他才駭然意識到那是人類的手臂。方才掉落的不是建築物的碎片，而是一個人！

這到底是怎麼回事？威爾找不到任何東西能解釋這一切。到目前為止發生的一切都不合邏輯。現在居然還有人從天而降，慘死在地。為什麼？為什麼會有人從那麼高的地方掉下來？為什麼是現在？他是被爆炸噴飛的嗎？大樓上究竟發生了什麼事？

不久後，威爾花了些時間才終於搞清楚事情的前因後果。那些人在北塔較高樓層工作，由於位於飛機撞擊處上方，因此被困住了。沒有路可以避開熊熊燃燒的烈火，外界也無法從空中給予救援。飛機撞上大樓時，炸成一大團火球，導致大樓溫度升高且逐漸崩塌。對那些困在撞擊處上方的人來說，燃燒的熱度很快就變得難以忍受。他們聚集在打開的窗戶旁呼吸空氣。最後，當他們越來越清楚自己是死路一條，開始有人一躍而下，結束自己的生命。一個接一個。這超過一百層樓的高度，或許在著地之前，他們的心臟早已停止跳動。而在底下的人們，只能看著怵目驚心的一切發生。每跳下一個人，他們就會尖叫，而後陷入恐怖的靜默，然後再次尖叫。

威爾無法面對這一切。

「我沒有辦法解釋。我從未有過這種感覺，真的從來沒有。我人生當中，從沒看過這樣的事。」

伊娃所在位置不若蕾娜那麼高，所以她比較快抵達地面。但她對於發生的一切依然所知甚少。她體力透支，驚恐不已。她以為磨難應該到此為止，只要走到世貿中心廣場，那裡會有許多商店和人群，一切就會結束。但事情並不如她所想。樓梯出口的位置依然還在大樓裡，而且是在她不熟悉的地方。她不知道自己在建築物的什麼地方，迷迷糊糊地轉了一大圈後，她終於看到一個眼熟的地標，走到一扇通向廣場的玻璃門前。但那裡的出口被堵住了。透過玻璃，伊娃瞥見外頭正在崩壞的一切。廣場上滿是灰燼，有火在燒、有東西掉下來，還有人們的驚聲尖叫。

她轉過頭去。她看不到大樓的其他地方，也不知道發生什麼事，以至於到處變得可怕至極。這一切的不合理不只嚇壞了她，也令她迷失方向。她變得茫然無措，開始遊盪，不知道自己該去哪兒。莫名地，她發現自己站在正在移動的手扶梯上，聽見一個男人對著手機大聲說話，講到有架飛機撞上一號大樓，也就是北塔。這個消息聽起來太過荒誕，她完全無法消化——怎麼可能會有這種事？

她繼續漫無目的地在建築物內遊走，思緒毫無意義地發散。她注意到所有商店都是關著的，平常這個時間，商店都是開著的而且熱鬧不已。它們為什麼都關店了呢？她看到有一小群人聚集在角落，那裡有兩台電視正在直播。她走了過去。

就在那時，她突然清醒過來。

「我猜那兩台電視原本是用來看股票的，但當時，我看到螢幕上是CNN在一號大樓的現場直播。那是我第一次看到。我們當中有些人，我不知道有多少人，一些人圍著電視而站，像呆子一樣。而當我看到電視畫面時，腦袋忽然驚醒，有點像：『天啊！這太可怕了！這是多麼恐怖的事啊！』」

伊娃的身體也跟著醒轉，她以最快的速度前往地下鐵。一名港務局的警衛告訴她入口已無法通行，然後將她帶至可通往自由街的出口。她終於離開大樓，來到街上，走進還在蔓延的混亂。

街道上到處都是灰燼，人們呆立著仰望高處。伊娃不記得接下來還發生了什麼事，只知道她最後來到位於南塔正前方的三一教堂（Trinity Church）旁。當她正好抬起頭時，第二架飛機毫無預警地撞上南塔。一切就發生在她頭頂上。

「在我所見過的事情裡，那是最可怕的一件事。那就好像，我不知道，我正好抬頭，就看見一個速度極快且龐大的白色管狀物直直穿進大樓。我完全不知道那是什麼。是飛彈嗎？很大的飛彈？所有事情都發生得太快了！我一邊想著：『怎麼會發生這種事？』一邊試著想搞清楚狀況。這些意外肯定互有關聯，但到底是什麼事呢？我想，這大概是我第一次有置身於戰爭的感覺，我腦海裡的警報器開始大響。」

群眾開始邊跑邊尖叫，伊娃也轉身就跑，一個身形高大的男人從她旁邊跑過，以前臂將她撞開。她摔倒在地上，嚇傻地坐著。

「這是我第一次覺得自己死定了。我以為自己會被踩死。我以為他們把我撞倒後會直接從我身上踩過去。神奇的是，從頭到尾沒有任何東西擊中我，那麼大的飛機撞上大樓，卻沒有任何東西擊中我。現在回想起來，還是很難以置信。」

伊娃站起身，深吸口氣，然後繼續奔跑。她不知道該做什麼或往哪裡去，就只是拚命地跑。

**「大樓要倒了，我會被壓死。」**

蕾娜抵達最底層時，兩幢大樓皆已遭飛機撞擊。她在極度惡劣的狀況中奔下八十多樓，早已精疲力盡。和伊娃相同，她以為出了逃生梯，這場災難就結束了；和伊娃相同，她訝異於廣場上的混亂和破壞；然而與伊娃不同的是，她是一直等到走出街道，才曉得造成混亂與破壞的原因。

「走出大樓時，我鬆了一口氣。外面很亮，如你所知，太陽很大，天很藍，一切都很燦爛。我終於出來了！我終於解脫了！」

她馬上想到家人一定很擔心自己的安危，因此打算撥電話給丈夫和孩子的學校報平安。但她的解脫感很快就被一大群人、警察和車輛給沖散。她想盡辦法穿過人群，到離世貿中心遠一點的地方，好讓自己能集中精神。

然後，她回頭望向世貿中心。

「我甚至不知道該怎麼說、該如何解釋。我的意思是，該有什麼感覺。我不是很確定……那種感覺就像『哇哦，什麼？』世貿中心陷入火海，冒出許多黑煙，非常非常多煙，黑色的煙，橘色的火焰，兩座大樓都被煙霧覆蓋，煙不斷冒出來。」

她看到身旁人群臉上的害怕與惶恐，匆忙地詢問附近的每個人：怎麼會發生這種狀況？發生什麼事了？她這才曉得飛機的事，同時得知華盛頓的五角大廈也遭到襲擊，而這一切似乎都是恐怖攻擊的一部分。她又重新看向世貿大樓。

「那是，我猜……那時我瞭解到……就是這樣，就是……說真的，我不知道，然後我想到：『它會倒下來！大樓會倒下來，我會被砸死！』」

蕾娜的疲憊頓時煙消雲散，她使出渾身解數地逃跑。

威爾正努力想辦法讓自己振作起來。那些從北塔墜落的遺體實在太駭然了，這肯定發生了什麼可怕的大事，他知道自己最好快點離開。但眼前的情景過於恐怖，一時間無法別過頭去。他只好先倒退著離開，然後側著身走，視線卻始終無法移開，好不容易才強迫自己轉過身去。他開始奔跑，不知道自己身在何處，跑過好幾個街口，迷失了方向，直到他覺得自己已經與災難現場有了相對安全的距離才坐下來，但仍舊不知所措。

此時此刻，他聽到一陣深沉的怪聲，像是金屬發出的嘎吱聲響。他感覺得到，其中一幢大樓已經從內部崩裂了。

他看到許多巨大的碎塊從大樓落下，接著，建築物的主要部分也裂開了。威爾知道那代表什麼，他站起身，卻無法移動，只能站在原地觀看。他整個人僵在原地。他可以看到建築物開始下沉，他可以聽見大樓正在倒塌。

「我一直看著，站在那裡看著。然後地面開始震動，人們開始大叫與奔跑。耳邊充斥著尖叫聲，我終於明白：『就是這樣了，大樓要倒了，我會被壓死。』然後我也開始狂奔。」

一切陷入混亂。威爾跑過破碎的窗戶，看到一群人擠在通道處，他跟著擠進去。其他人也都跑來。他整個身體被擠得扭曲，原想繼續奔跑的，現在卻變得動彈不得。轟隆聲越來越大，震耳欲聾。而擠在這裡的人，開始一個接一個跑回街上。威爾傾身向前，看向崩塌中的世貿大樓。那是他永世難忘的光景。

「我看到了，像驚人的雪崩，也像一頭發出嗥叫的怪獸。到處都是濃煙、塵埃，然後，出現一團巨大的烏雲。那是……我不曉得，那看起來好不真實。它飛快地穿過建築物間的縫隙，滾滾而來，速度驚人地朝我們衝來。於是，我的大腦或心靈或……總之，我拔腿就跑。我是說，我只知道跑，越快越好。我想著：『這下完了。』我真的這麼想：

『我要死在這裡了。』」

他沒能跑得太遠，那團烏雲便追上並將他籠罩。他被推倒在地，捲入伸手不見五指的黑暗裡，幾乎看不見任何東西。身邊腳步聲雜沓，但他什麼也做不了，只好拉起襯衫來蓋住臉部，跌跌撞撞地前行，一會兒撞到人，一會兒撞到牆壁、車子或其他不知名的物體。世界彷彿只剩下塵埃與灰燼。然後，威爾的頭撞上某個東西，那是另外一個人，他聽到一股呻吟，然後失去平衡、摔倒在地。他在灰燼裡掙扎著往前爬，但他對自己說：「起來，繼續往前走就對了，不逃出去不行。」他奮力站起，蹣跚步行，最後又奔跑起來。

一扇看起來像門的東西映入眼簾，半開著，他沒多想什麼就閃進那道門裡，而這個決定救了他一命。世界頓時安靜下來，威爾開始咳嗽並試圖好好呼吸，那裡頭有光，可他卻見不著東西，他的臉與眼裡滿是塵埃。他開始乾嘔起來。

漸漸地，威爾看清楚自己處在一個相當大的空間裡，像是建築物大廳之類的。雖然還看不太清楚，但有其他人也在這兒。他們情緒高張地對話，說這幢房子不安全，應該要離開；他們大吼大叫地爭論，威爾很難聽清楚或看明白正在發生的一切。他心跳得厲害，而且依然咳個不停。他開始試著調整呼吸，接著，他又迅速做了一個決定：轉身離開，跑回街上。

威爾無從得知自己在那幢建築裡待了多久，感覺好像只有幾秒，但當他再度回到街上時，原本漫天的煙塵已消散許多。

「我依然驚魂未定，你知道的，但思緒有變得比較清晰。我在想，或許我可以去河邊，但我不知道自己現在到底在哪裡，我說不出話，感覺自己應該是一路往東移動。倘若如此，那麼最後應該會走到東河，你知道的。我腦袋裡的警報聲還未停歇，大概是啟動了恐慌機制使然，我心想：『我可以游到布魯克林，我可以浮在水面上，我會游泳。』」

與此同時，蕾娜開始恐慌。她跑到富爾頓街，那兒滿滿都是人，但她想辦法擠了過去，從兩幢建築物中間瞥見布魯克林大橋。她腦袋快速轉動起來。

「我在想：『我應該要過橋，我要穿過那條河，離開這裡。』但我有點遲疑，停下腳步，站在原地，許多想法冒出來，把我團團圍住，我……我想著，也許走到橋上並不是個好主意，因為肯定會變成顯眼的目標。於是我變得好像上了發條的馬達，朝不同方向移動。你知道的，像發條玩具那樣。我不停地改變心意，先是往市中心跑，大概是北邊的拿騷街，又或是威廉街？我不記得了。然後我又繞回來，再次改變主意，往布魯克林大橋跑去。」

蕾娜抵達市政廳公園後，停了下來，那裡也是一片混亂。圍觀的人群將公園擠得水泄不通，有人用擴音器大喊：「場地淨空！」消防車邊按喇叭邊緩緩前進，想通過人群。警察辛苦地指揮，現場群眾卻動也不動，有些人正在哭泣，有些人在拍照，還有人在攝影。

蕾娜佇足回望世貿中心。

「一直到這個時候，我才第一次有機會好好看看到底怎麼了。我看到火焰與濃煙，而我才剛從那裡逃出生天！我試著想弄懂一切。你知道的，對這一切。我一直想著：『怎麼會這樣……？』你知道，我完全無法消化發生的事。我試著整理思緒，也許還打了通電話。然後我想仔細瞧一瞧。

「那是我所見過最難以置信的情景。我的意思是，那似乎是不可能發生的事，一切看起來都很不真實。我對自己說，不可以停留太久，在這種狀況下停下來是個瘋狂的行為，這可是恐怖攻擊，市政廳公園肯定也會是目標，對吧？畢竟它隸屬於政府單位。但我不得不停下來，我需要回頭看，這會讓我覺得安全一點。你知道的，那裡有人，我可以感覺自己身邊還有其他人，即便那不是真的。這麼做很蠢。我的想法不停變換，搞不好我其實一直在原地奔跑也說不定。」

一位老人對蕾娜露出一抹淺笑，遞上一罐水。她被對方的溫柔給觸動，喝了一些水後，將瓶子遞回，他以手勢示意她留著就好。於是她澆了一些水在自己頭上後，開始有更多人圍到她身邊提出詢問。蕾娜這才意識到，她看起來應該糟糕透頂，衣衫凌亂，滿身髒汙。人們快速地講著話，蕾娜無心聽他們在說些什麼，她走到街上尋找更好的視野。就在那時，她經歷了與威爾相同的所見所感。

「可怕的轟隆聲傳來，其中一幢大樓開始搖晃與崩塌。」蕾娜說，「北塔，呃……南塔，它從內部炸開來了，你知道的，它就是……開始碎裂、崩塌、倒下。那是我見過最可怕的事情。我是說，那麼龐大的一幢建築，那麼多水泥、鋼筋與玻璃。如此巨大的建築物搖搖欲墜，還有人們，這……我開始哭，我記得，然後我又開始狂奔。它倒塌得如此之快，我不停地跑，腳上彷彿裝了彈簧。直到今天，我都不確定自己會不會被那滾滾而來的黑雲給追上。我不想等到搞清楚發生什麼事才行動，我就是一直跑。」

威爾也在奔跑。他發現自己在布魯克林大橋和曼哈頓大橋之間的某處，並認為自己最好趕快離開此地。他推測曼哈頓大橋可能會是比較好的主意，但他偏偏離布魯克林大橋比較近。於是他慢慢跑上橋，跟上已在坡道上的人群。

他覺得自己彷彿加入一群幽靈大軍，許多走在橋上的人們也都才剛經歷那場席捲而來的灰煙塵埃，臉上與頭髮都覆蓋著白色的灰燼，與廉價殭屍電影裡的角色無異。

人們移動的速度非常緩慢。威爾有點按耐不住，試著想往前擠，有人看了他一眼，也有人對他大吼。他不想搭理，也不想知道對方是誰。想過河的決定令他焦慮不已。此時，他感覺自己是恐怖攻擊的目標。雖然他的腦袋還有點混亂，也知道站在橋上很容易成為目標。這是座堅固的大橋，但在那當下卻是脆弱不堪，可以輕易垮下，令他跌進東河裡。而他知道，他肯定會被困在橋上好一段時間。

他注意到有不少人停下來，回頭看著曼哈頓。他往前走了幾步，忍不住催促：「你們是有什麼問題？」但沒有人搭理他，威爾覺得自己被人牆給擋住了。他們的表情從淡漠轉為痛苦，然後僵住不動，接著有些震驚或懷疑的情緒浮現。威爾也轉過身回望。

「我到那時才看清楚是怎麼了。世貿中心所在之處除了一大團黑煙，什麼都沒有，只剩下一幢大樓，另一幢……已經不見了，完全夷為平地。我可以聽見自己的心跳聲。我轉身繼續走，比一開始更想離開這座橋。然後，有人開始尖叫，我又轉過去，看見第二幢大樓也倒下了。『天啊！』我不要看，不要了。我轉過身，想辦法穿越人群，擠開所有阻礙我的人。『滾開，別擋著我的路！』我要離開這裡，你們閃一邊去。」

伊娃沒有目睹大樓倒塌的那幕，因此並未感受到那種震驚，但她的狀況也沒好到哪裡去。親眼見證一枚難以想像的巨型導彈（第二架飛機）在她頭頂猛烈撞擊南塔之後，她好不容易逃離現場，陷入以為會被踐踏而死的險境，並再度奮起奔跑。她完全不知道自己該往哪裡去。

跑沒多遠，看見一扇金色的旋轉門。她在心裡想著：「我要進去，我要進到那扇門裡。」雖然幾個月後，伊娃重新走過當日她跑過的路線，才發現那扇門其實並不是金色的。但在那當下，它看起來很安全，於是她走了進去。

「我不記得有爆炸聲。我很確定自己有聽到，我一定有聽到。只是我唯一記得的聲音是尖叫聲。人們不停尖叫，每個人都在尖叫。除了我之外，我嚇到叫不出來。我叫不出來。我覺得呼吸困難，我實在太害怕了，無法吸進足夠的空氣。」

伊娃走進的是一間學校。她心裡覺得自己不會被允許留下，一定會有警衛來要求她離開。但放眼所及，沒有任何警衛，她走過大廳，來到電梯前，靠著牆跌坐在地，把自己蜷縮成胎兒般躺在地上。

過了一會兒，伊娃注意到大廳裡有另外一名女性不停抽泣，旁邊還有另一個人——也許是看門的人，正在安慰她。此情此景帶給伊娃一種奇特的安慰感。後來，又出現了一些人。伊娃站起身來，有人催促他們進到一個像是禮堂的地方。

在場所有人都不知道到底發生了什麼事，伊娃盡力從大家的對話中拼湊出事情的樣貌。她始終認為攻擊南塔的是一枚大型導彈，而且她知道自己離世貿中心還很近，約略只有半條街左右的距離。恐懼爬滿全身。每隔一段時間，會有其他倖存者陸續進到禮堂。每開一次門，外頭的煙就會灌入，群眾中就會有人喊道：「把門關上！那是防火門，要保持關閉！」

最後，有人決定——伊娃不知道是誰——要將禮堂裡的人都疏散到附近的砲台公園。伊娃與方才在大廳裡啜泣的那位女性結為夥伴，對方已冷靜許多。她們稍微談了一下，決定不要離開。

「我們非常堅決，如今想來很奇怪。我們有點像在打游擊戰，你知道，我們在想：『要去哪裡才安全？要去哪裡才不會被敵軍發現？』是的，我們覺得砲台公園太無防備了，敵人可以從空中襲擊我們。」

但接著，令伊娃出乎意料的是現場出現了一群孩子。他們手牽手，排成一列地走進屋裡。伊娃不曉得他們是從哪裡來的，但他們的出現令她倍感安慰。有人要她跟在孩子後面，她不知還能怎麼辦，只好答應。於是伊娃回到外頭，回到混亂之中。

「我們回到街上，每個人都在跑。然後，我一定有聽到什麼。不，我不記得了。但我有看到，我看到南塔倒下。應該說，我是直到發現它不見了，才意會到它已經倒塌。我不知道，但是，我的天啊，那實在太可怕了。那是那天最糟的一件事。」

越來越接近公園時，伊娃與夥伴再度拒絕待在公園裡。

「我們說，我們不想進去，因為這不是個好主意。最後，警察終於出現：『拜託，我們需要請你們進到公園裡。』在那當下，什麼都看不到，也無法呼吸，所有人都在跑動。我不知道現在究竟是什麼情況，我以為會有人從煙霧裡走出來，拿著機關槍大肆掃射。我真心以為會發生那樣的事。每個人都在尖叫與奔跑，那一刻除了恐懼，再無其他。」

恐懼令伊娃手足無措，她倚在建築物上，試圖想躲藏。她依稀記得當時心裡想著，只要能讓自己看起來像建築物的一部分，偽裝一下，她就會安全許多，不再是過於顯眼的目標。但另一個女人以「妳瘋了嗎」的眼神看了她一眼，拽著她的胳膊，要她跟上，她也照做了。

「四周變得一片黑暗，我不知道自己身在何方。我是說，我們在一片漆黑裡走著。我也不知道其他人在哪裡，視線可及之處只有幾英尺。最後，煙霧終於開始散開，清澈的藍天再現。我不記得了，太陽好像也出來了，我也不太有印象，只知道我真的很開心。一切都很瘋狂，我知道，但我突然覺得很開心。我試著拿出太陽眼鏡，但上面有厚厚一層灰。所有東西都鋪滿灰燼，整條街上滿是灰燼，每個人的肩上也都是灰燼。」

伊娃和同伴討論起她們是否該試著走上布魯克林大橋。談話之間，一位身穿西裝、提著行李箱的男人突然冒了出來，表示自己來自外地，只打算在曼哈頓待上一天。伊娃發現對方很平靜，甚至有點滑稽。「那種感覺有點像《綠野仙蹤[1]》。你知道的，我們說：『你何不與我們同行呢？』」很快地，一位老婦人也靠過來，他們也邀她同行。

於是他們總共四人一起前往布魯克林大橋，但他們都害怕不已。與威爾一樣，伊娃對於上橋的決定相當擔憂，畢竟布魯克林大橋是著名地標，想必很容易被當成攻擊目標。他們決定再走遠一點，前往曼哈頓大橋，相較之下，曼哈頓大橋感覺比較安全。但對伊娃來說，她依然覺得「非常、非常可怕」。

過橋時，她努力克制內心的焦慮，心裡卻有個念頭轉個不停：「我不明白為什麼會有人想要殺我，有人想殺我！我根本不認識的人想殺我！我實在想不透為什麼會發生這種事。」

最後，感覺像是過了一輩子，他們總算從台階下橋，來到布魯克林的傑伊街。令伊娃有些訝異的是，那裡已經有一台市立巴士在等候。「就坐上去吧！」他們一上車，許多問題便朝他們湧來。

---

註①：編按。*The Wizard of Oz*。美國童話故事，描述一名小女孩在奧茲國與獅子、錫人、稻草人四人踏上旅程，尋找勇氣、善心、智慧的故事。

「我講出我們剛從什麼地方來。這是事發後，我們第一次與不在事發現場的人交談。那種感覺很奇怪，因為在那之前，我們所見到的每個人都受到同樣的直接衝擊。但這時，我們好像瞬間來到一個全新的地方，那裡的人就像『天啊！』你知道的，大家都知道了。那時大概是上午十一點半，所有人都已經知道發生了什麼事。感覺一切差不多要到尾聲了。我心想：『也許已經結束了吧！也許這些可怕的經歷真的結束了。』」

## 創傷的影響力仍是個謎

進行訪談時，我們希望盡可能客觀與專業。但聽著這些人述說他們在恐怖攻擊事件裡的親身經歷時，也數度讓我們膽顫心驚。儘管如此，我們仍要提出問題：

根據他們對自身經歷的詳細描述，我們是否能預測事件之後，誰會經歷較多痛苦，誰又會具有心理韌性呢？

閱讀至此，諸位讀者或許也會有自己的假設，說不定還非常符合事實。但我要告訴你，要是你真的猜對了，也只是運氣好罷了。我曾找好幾組不同的人測試，請他們閱讀同樣的紀錄並預測結果，並發現他們的預測或多或少都是隨機的。因此不只對你，這對任何人來說都不是件容易的事。

這三人發生太多事了，因此可以從中想像各種可能的結果。每段故事所談及的經驗，都令人猜測當事人會出現長期的創傷反應。但在過程中，卻也出現許多有效因應的片段，多到三人都出現心理韌性的軌跡也很合理。

事實是，每個人的後續發展皆有其獨特性。

威爾是當中最痛苦也掙扎最久的人，有好幾年都深受PTSD所苦，而這些症狀符合了**長期症狀的軌跡**；九一一事件之後，伊娃也不好過，有一段時間，對她來說每件事都非常困難，但她在後續一年內慢慢回到常軌，走的是**逐步康復的軌跡**；蕾娜的結果是最好的，起先她有出現一些創傷相關的壓力，但並未持續很久，她走的顯然是**心理韌性的軌跡**。

如果在看這三位倖存者的故事前，先讓你知道他們正好分別對應到三種軌跡的其中一種呢？這會幫助你分析他們各自屬於哪個軌跡嗎？應該是有幫助，因為至少你會先明白有這個可能性。你會知道既然每個人對應到其中一種軌跡，就算是用猜的，也有三三．三％的機率可以猜對。

我讓其中一組受試者嘗試這個方式：我先說明三種可能的結果（長期症狀、逐步康復、心理韌性）然後告訴他們這三個故事的當事人，各自對應到其中一種結果，且三人的結果都不同。事實證明，這麼做也沒有造成太大的差異，結果還是很具隨機性。這個受測項目依舊太過困難。

如果讓受過專業訓練的醫師來試試看呢？臨床上的專業人員會不會有不同的表現？就我們所知，臨床上的實務判斷很容易受到捷思偏誤（heuristic biases）的影響，心理韌性盲點的影響力亦不在話下，因此我們或許能假設醫師將判定沒有任何一個當事人會出現心理韌性。不過，如果他們知道其實這三位當事人裡，有一位出現了心理韌性，也許能減少心理韌性盲點的影響，讓他們能更妥適地運用自身專業來判斷。

後來我嘗試與一群執業醫師在非正式的狀況下進行判斷，但他們多半發現這項任務非常困難。許多人的預測更是完全錯誤。真要說的話，勉強有較多人判斷蕾娜會出現心理韌性的軌跡，但為數亦不多，只有四五％。考量到隨機猜測也會有三三％的正確率，這樣的正確率實在不算高。從另一個角度來看，可以說即使他們知道三位當事人中，有一人符合心理韌性的軌跡，做出正確預測的概率也不會超過五五％。

那麼，我們如何整合這些資料與研究結果呢？與透過創傷嚴重度來預測創傷結果的研究相較，基於書面紀錄的臨床判斷為什麼正確率這麼低呢？其實，進一步瞭解那些研究中的統計關係時，會發現它們的關聯也出奇地低。

這時候，不妨暫停一下，好好思考統計學上的「關係」究竟代表什麼。

創傷嚴重度與創傷結果相關。但是當這兩件事的相關性大於偶然性時，只說明：其中一件事情發生時，另一件事情也可能發生。當然，這不代表它們總是相伴出現，也不代表多半會同時發生。

以暴力犯罪為例，研究發現氣溫較高時暴力犯罪的發生率會提升，但這並不代表只要在大熱天出門就會被搶劫，這兩者之間的關係並沒有強烈到這種程度。創傷嚴重度與創傷結果也是這樣。他們的相關性很弱，表示只有極少數的時候，嚴重的創傷會伴隨出現嚴重的創傷結果。

前一章曾提及的大規模軍事部署研究，發現高達八三％的軍人出現心理韌性的軌跡。當我們試著瞭解暴露於戰爭中的影響時，發現曾經歷激烈戰況的軍人（像是目睹傷殘士兵或平民等），統計上不太可能出現心理韌性的軌跡。

因此可以說：暴露於激烈戰況之中，會讓軍人較不容易出現心理韌性。但在這份軍事研究中，心理韌性的整體出現率落差其實非常小。絕大多數曾暴露於激烈戰況中的軍人，約莫有八一％仍出現心理韌性。這絕非單一發現。在其他研究中也都出現過類似的結果，某些研究甚至發現一併納入其他因素來考量時，創傷嚴重度的影響會大幅減弱，甚至完全消失。

當我們將這一切合併來看，可以清楚看到：**雖然創傷嚴重度與創傷結果有關，但其相關性與實際狀況之間仍有相當大的落差**，顯然其中還有更多未解之謎。

無論謎底為何，相信都能引領我們看見一些重要資訊，瞭解心理韌性是如何運作的。事實上，它的影響並不僅止於此，創傷嚴重度只是冰山一角而已。當我們把視野擴大到與心理韌性相關的特質和行為時，有了更令人吃驚的發現。

更正確地說，我們發現了悖論的存在。

# 心理韌性的悖論

**04**

THE RESILIENCE PARADOX

進到博士班後，過了幾周，傑德已逐漸適應，也開始思考自己的未來。因為那場意外，他的人生出現一百八十度的大轉變。

他的身體依然虛弱，無法久坐，但他知道總有一天，他得學會用剩下這四分之三的身體過日子，那不僅勞神費力，有時還可能令人沮喪不已。至於女友梅根呢？本該是段持續茁莊的浪漫愛情，一夜之間被憂慮和病痛給占了去。正如傑德所說：「這已偏離她原本期待的一切。」而且他還能擁有正常的性生活嗎？他們的關係能繼續嗎？還能完成結婚、生養孩子之類的人生大事嗎？這些會不會都變得遙不可及？

傑德知道接下來等著他的，是漫長的復健之路。他得增強上半身的肌肉強度，才能將枴杖運用自如，避免身體因為失去一隻腳而出現代價。但最令人難以承受的，是他得再進行更多手術。畢竟意外發生當下，醫療團隊的首要目標是先將他救活。為了保命，會先省略一些手術，待身體狀況恢復到一定程度後再安排時程進行。

這意味著往後還有更多痛苦得面對。聽起來雖然可怕，但傑德知道這已是不幸中的大幸，畢竟狀況有可能更糟。重大意外手術的預後其實相當不易，可能出現許多複雜且不良的身體反應，這些都是無法事先預期的。

隨著心頭蒙上新的憂懼，傑德開始感受到意外所帶來的衝擊。雖然他從未真的罹患憂鬱症，卻曾向我吐露，他有時會陷入「愁雲慘霧」之中，得費上九牛二虎之力才能再次振作。

他回想起在醫院裡，剛從昏迷狀態甦醒過來時，一度淹沒在創傷回憶帶來的焦慮之中。然而，那些症狀短短幾天就消失了。每個人對此都頗為訝異，包括他自己在內。他不知道這些症狀為何說消失就消失。起先，他萬般困惑，甚至非常好奇。如今，為了面對緊接而來的挑戰，他千方百計想找到答案。

為何他先前能那麼具有心理韌性？哪些做法可以幫助他？

他得要先瞭然於心，才能有備無患地迎接新一波磨難。

## 心裡韌性從小配角成為媒體寵兒

我的整個職業生涯中，幾乎都在探索遭遇潛在創傷事件後，為什麼有些人會出現心理韌性，有些人卻嚴重受創。最初，我只是單純想確認心理韌性是否真的存在，而那已經是三十年前的事了。由於當時普遍認為，經歷潛在創傷事件後很少會出現心理韌性，所以我得先證明自己的想法是對的。我與同事們很快就找到許多證據，證實心理韌性其實很常見，只是就像傑德脫離昏迷後那樣，發生得非常快，因此不容易捕捉到它如何出現。幾年後，**隨著證據越來越多，心理韌性軌跡的出現率幾乎占了三分之二，我們更有必要進一步瞭解是什麼造就了心理韌性**。而且為什麼是三分之二，不是全部？如果經歷創傷者當中有三分之二的人能自己回到穩定的健康狀態，那剩下的三分之一會繼續在痛苦之中掙扎嗎？

從過去的研究結果看來，創傷的嚴重程度會影響復原的過程，但影響並不大，顯然還有其他因素摻雜其中。多年來，我的團隊和我已發現許多與心理韌性有關的行為和特質。加上越來越多人投入這方面的研究，證據也越來越豐富。面對創傷時所產生的心理韌性，儼然從學術研究的小配角，躍上舞台成為暢銷書主角與媒體寵兒。人們列出各種能提升心理韌性的行為與特質，其中有些與研究者的發現結果相符，有些則不然，卻儼然構成一份可「提升心理韌性」的清單。曾幾何時，項目已經多到幾乎讓清單失去存在的意義。

若統整暢銷書、媒體或學術期刊中常提及的各種心理韌性相關特質、行為，會獲得這樣的結果：有心理韌性的人通常能控制自己的感覺、具有良好的自我覺察力，並且活在當下；他們會注意自己身體的感覺、能承受痛苦的情緒、允許自己悲傷、能面對自身的恐懼；他們能照顧自己、滋養自己、愛自己、有自信；他們具備好奇心、有極佳的幽默感與享受快樂的能力；他們樂觀、對未來懷抱希望、有耐心、不屈不撓、有毅力；他們有良好的問題解決技巧、能設定合理的目標、採取以行動為導向的方案並相信自己的能力；他們看事情的角度較廣、能將心理韌性落實於生活中、也有能力擁抱改變；發生不好的事情時，他們會將其寫下以思考意義所在，並把自己視為倖存者而非受害者；他們能夠化危機為轉機，有靈性、有信仰寄託、有道德感、懂得感恩，而且能夠獨處；他們能投入自己的人生、給出承諾、享受有目標的感覺；他們對自己的人生有明確的自主權和掌控權，但同時願意利他，對人懷抱接納、寬容、不評價的態度；他們深知自己的極限也願意承認犯過的錯誤；他們樂於助人，也能在自己有需要時尋求他人協助；他們有親近的家人與朋友，還有其他具支持性的關係；他們有良好的基因且有規律運動的習慣[1]。

上述這些無疑都是極好的特質，但有誰能同時全部兼具？再說了，這些特質中，哪些最有助於度過潛在創傷事件帶來的極端壓力？哪些又有助於在經歷創傷時展現出心理韌性？

有些特質光看就覺得與提升心理韌性有關，最常見的例子就是宗教信仰與靈性，許多廣為人知的心理韌性相關特質清單上都有它們的身影。當我以創傷和心理韌性為題演講時，總免不了會被民眾問到有關宗教和靈性的問題。這其實不難想像。有組織的宗教能提供穩定的信仰系統，個體可在團體中獲得支持，找到歸屬感。而且，似乎也沒有什麼證據否定人們能從靈性信仰中尋找力量。此外，創傷治療師也同意宗教與靈性能協助個人「尋求理解」，因為他們會把焦點放在「加強整合與創傷有關的知覺片段……因此能有效緩解PTSD的症狀」。

聽來還不錯，但有任何證據支持這樣的說法嗎？知名網站堂而皇之地寫出這樣的標題：「心理學家發現靈性能提升人們面對創傷時的心理韌性。」問題是，文章裡並未談

註①：此處提及的心理韌性預測因子，來自於許多暢銷書、網頁及多種媒體，詳列清單請見書末第四章參考書目。

及任何具有支持性的證據。

或許，是因為本來就沒有任何根據。

坦白說，靈性是最難測量的概念。一般來講，我們已知道宗教活動與良好的健康狀態有關，但這個概念相對是比較簡單的，其他狀況則複雜得多。例如，我們對於上帝或宗教的想法往往有很多面向，遭遇生命倍受威脅的事件時，也會影響對宗教信仰的看法及態度。有些人會因為遭逢不幸而找到信仰，開始相信神的存在；也有人會因此動搖，感到憤怒或甚至覺得被背叛，有種被神遺棄的感覺。威脅和衝突的出現常會令人懷疑神是否真為慈悲的存在。

想嘗試探索這類議題，得先確定一個人的宗教信仰或對靈性的態度，並在發生創傷事件後，測量其信仰與態度是否能預測心理韌性的出現。聽來雖然有些困難，倒也絕非毫無可能。事實上，多年前我曾參與一項針對哀慟的前瞻性研究。研究以已婚者為對象，在配偶過世前幾年詢問他們對自己信仰宗教的感覺，以及自己與神是否有所連結。結果發現，給出肯定答案的人往往有較好的心理健康狀態。然而，當這些參與者喪偶時，這些宗教相關因素卻無法預測心理韌性的軌跡。也就是說，無論是原本對自身信仰有正向感受，或是自覺與神之間有強烈連結，面對配偶過世，也沒有比其他人更具有心理韌性。

另一個相當好的例子就是正念冥想（mindfulness meditation）。過去幾十年來，正念冥想紅遍各地，成為可促進心理韌性的固定班底。雖然它與宗教、靈性有些異曲同工之妙，但從許多角度來看，要說它是心理韌性的促進因子，不如說它更常被拿來與心理韌性相提並論。

如同宗教信仰與靈性，問卷也能測量出正念的效果，而且通常與健康、幸福感有關；與靈性不同的是，還可以設計實驗來加以檢測。我們無法為了實施心理學研究，要求參與者加入某個宗教或發展靈性信仰，但可以邀請參與者加入一個為期十周的正念冥想課程，再比較他們與未參加者的心理健康狀況。透過這種方式進行的研究，一致顯示正念冥想可有效促進健康，像是改善心情、提高工作滿意度，甚至增加免疫功能。當以冥想作為治療的介入策略時，能為那些飽受嚴重心理問題所苦的人帶來不少正向的療效。

根據這些正向結果，可假設正念冥想有助於面對潛在創傷所帶來的挑戰。坦白說，我自己也有練習正念冥想，幫助我緩解了許多日常生活的壓力與疲勞，但個人經驗與科學終究是兩回事。

不幸的是，沒有任何科學證據支持正念冥想能預測心理韌性，卻反而發現它可能有害。一群正念專家在頗具公信力的心理期刊中發表文章，警告錯誤宣揚正念的效果會誤導人們，甚至造成傷害。大量研究報告指出，冥想會引發嚴重的副作用，包括焦慮、恐慌、定向感混亂、出現幻覺及失去自我感（感覺與自己失去連結），也可能令曾有潛在創傷經驗的人再次回憶起事發過程。這些反應多半都具有傷害性，對於剛經歷重大創傷壓力、身心狀態較為脆弱的人而言，更會造成嚴重的損害。

## 看似相互影響，卻又不完全相關

正念冥想明明看起來很健康，卻沒能有具支持性的研究結果，著實令人有些失望。然而，**還有其他特質是經研究實證與心理韌性相關的。其中一項最廣為人知的就是「人際支持」，另一個則是「樂觀」及「相信自己能好好因應」**。

展現出心理韌性的人經歷潛在創傷事件後，比較傾向於把重心放在解決問題，而不是尋找意義。他們能運用比較多種因應及情緒管理策略，也比較常經驗與表達出快樂、喜悅等正向情緒。在人口統計上，也發現有些因素與心理韌性相關。研究發現，在年紀較長的人、沒有過多壓力源的人、有較多資源的人（如高收入、高教育程度）身上比較容易見到心理韌性。此外，基因也有一定程度的影響[2]。

每項特質皆有其意義，也提供許多材料讓我們瞭解心理韌性究竟來自何方。但很遺憾地，我們仍未走出困境，眼前仍有阻礙。當我們更進一步檢視這些特質的影響力，卻出現與創傷嚴重程度相同的問題：雖然這些特質與心理韌性皆呈現出統計學上的正相關，但各自帶來的實質效益卻微乎其微。事實上，這些特質幾乎無法協助我們辨認出一個人是否具有心理韌性。即使將它們全部結合起來、全都放在一起，依然無法瞭解心理韌性的全貌。

我將這種現象稱為「心理韌性的悖論」。

就目前所知，經歷潛在創傷後，普遍會出現心理韌性，也知道與其有關的各種特質。即使如此，我們依然無法提高預測心理韌性出現的準確率（如果你不太習慣討論準確率，可能會覺得很怪。但在推論統計的世界裡，早就知道生活中有太多事物會影響我們，因此準確率有其存在意義）。

透過圓餅圖將這些描述加以視覺化，或許有助於理解。

如果潛在創傷事件後所出現的心理韌性是一塊派，每個可用來預測心理韌性的元

註②：在本書後續章節會花更多篇幅瞭解這些相關因素，欲進一步瞭解這些預測因子的相關研究，或明白基因與心理韌性及其他不同軌跡的關係，請見書末第四章參考書目。

素都是構成這塊派的切片之一（創傷嚴重程度切片、因應策略切片、社會支持切片等等）。由於研究證實，每個切片都與心理韌性相關，因此可根據相關程度的強弱，推測出每個切片的尺寸，而把這些切片拼起來，就能得到一塊完整的派。

下頁圖4左側就是這樣的一個心理韌性派。基於這是原先預期會發生的結果，所以將它稱為「理想中的心理韌性派」。但事實並非如此，實際上每個元素所占的分量都比想像中還要少，因此其切片也比預期的薄上許多，只占了整塊派的一小部分。即使將它們組合起來，也只會得到像圖4右側的圖，那才是「現實中的心理韌性派」。從圖中可清楚看見，我們不僅沒能拼出一塊完整的派，甚至連半塊派都沒完成[3]。

該怎麼做才能解決心理韌性的悖論呢？或許，問題出在研究的品質。一般都是透過問卷來調查心理韌性的預測因子。因此，也許是這些問卷太粗糙，或是研究本身就有缺陷。關於靈性和正念的研究中，也出現過一些阻礙研究的問題，心理韌性的研究也免不了出現這些狀況。但這並不足以解釋悖論存在的原因。即便只採用發展完善的問卷與嚴格的研究設計，依舊得到相同的結果。

有什麼可能的解套方法嗎？

一九六〇年代，我在哥倫比亞大學的同事米歇爾（Walter Mischel），透過研究發現大量類似的悖論。米歇爾因為他所進行的「棉花糖實驗」而聞名，讓我們對於延宕滿足

**圖 4. 心理韌性派**

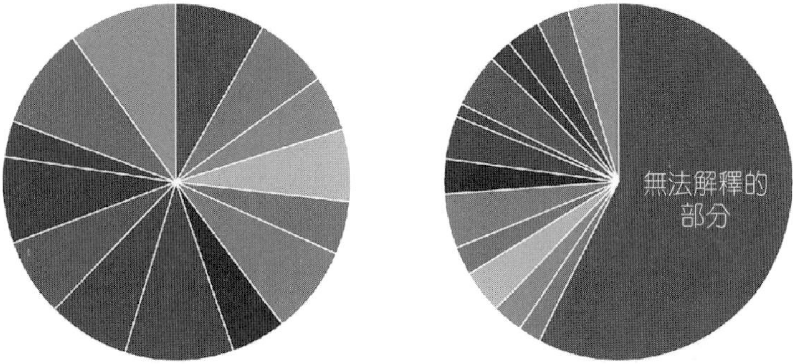


理想中的心理韌性派（Idealized resilience pie）

現實中的心理韌性派（Realistic resilience pie）

有更多洞見，但他在心理學上最大的貢獻是在研究人格方面的成就。

從以前到現在，心理學始終相信人格特徵既穩定又單純，即使在

註③：為了便於討論，此處簡化了統計學上關於效果量（effect size）的概念，實際上會比我所談及的要複雜許多。在某些類型的統計分析裡並不容易測出效果量，有時只能獲得一個約略的數值。此外，如果所涵蓋的預測因子只有一至兩個，效果量的多寡就沒有太大意義，因為或許還有未考慮到的其他因素。當我們以多變項分析來將許多可能的預測因子納入考量時，整體變項所解釋的效果量就會增加。因此，就能大略解釋誰將具有心理韌性，而誰不會有。然而，由於眾多因素之間互有關聯，所以每個因素的比例也會下降。

不同情境下，人們的行為都是一致且可預測的。但米歇爾和其他研究者，開始注意到人格特徵與行為之間的相關性其實非常低。即使大費周章地在多個情境下測量受試者的行為，仍會驚訝地發現一致性極低。也就是說，雖然人格特質似乎是穩定不變的，表現出來的行為卻不見得如此。此觀察因逐漸形成「人格悖論」（personality paradox）而為人所知。

米歇爾的團隊針對人格悖論進行了一項野心勃勃的研究計畫，其中一個子研究追蹤人們在日常生活中各個不同情境裡的行為。然後他們將情境加以分類，結果發現，人類行為在各種情境裡的一致性雖然不高，但在特定情境類別裡確實出現了一致性。例如，在外向問卷中呈現出外向特質的人，不見得永遠都很外向。他們可能在某些情境裡很外向，但其他情境裡卻不會如此展現。米歇爾和他的同事將此種模式稱作「情境依賴行為」（situation-behavior profiles）。

若以此邏輯來看潛在創傷事件，就可以理解與心理韌性有關的行為，其影響力何以如此微弱。因為那些行為會不斷變動，出現頻率也不定，也不是遭遇潛在創傷事件之後的必要行為。這解釋聽來合理，卻仍令人疑惑：為什麼人們不會一直尋求他人支持，或使用那些普遍有效又頗受歡迎的策略呢？

這問題的答案將帶領我們走進悖論的核心，瞭解到即使是備受肯定的因應行為，也不見得總是有效。

潛在創傷事件所造成的壓力需要比較多時間消化，至少要好幾天，有些甚至更久。更不用說如果還出現令人不舒服的沮喪想法、回憶及情緒，往往會造成非得立即處理的問題，像是難以適應日常生活、失去房子、工作，或是得處理身體受到的傷害。有時也會像傑德這樣，人生因此改寫，需要時間去面對和消化這些遽變。即使是有著高度心理韌性的人，也難免感到痛苦與挫折，而且掙扎過程中歷經各種不同階段，並沒有任何一項特質或行為能一體適用。人格特質的展現也是如此。舉例來說，人們不會在所有情境中都展現出外向的模樣，因為某些情況下並不適宜。可用來預測心理韌性的行為也是這樣。潛在創傷事件帶來的強大壓力變幻莫測，因此在承受這些壓力的過程中，沒有任何一個行為或特質會持續有效。

事實上，我們發現幾乎所有行為或特質都會有失效的時候。

## 好處與相應的代價

所有行為、特質皆有其好處與相對應的代價。至於帶來的是益處還是壞處，端視情境而定。在大自然當中，從最大型的哺乳動物到最小的單細胞生物，皆不脫此規則。

以孔雀為例，牠們擁有令人嘆為觀止的美麗尾羽。雖然我住在曼哈頓，我居住的社區裡卻有三隻孔雀出沒於街道上，就在我公寓到頗富盛名的未完成教堂：「聖約翰大教堂」（Cathedral Church of Saint John the Divine）之間。大教堂在曼哈頓占地極廣，橫跨好幾個街區。孔雀們住在教堂後方的小庇護所，但多半會到處閒晃。有一天，我步行經過大教堂時，其中一隻孔雀正巧跳上大教堂周圍的石牆展開尾羽，行經此地的機車騎士們都被這華麗的景象吸引，停下觀看。很快地，這兒便擠得水泄不通了。

演化論之父達爾文（Charles Darwin）對孔雀尾巴有著近乎偏執的興趣。一八五九年，達爾文發表關於演化的代表性論文《物種源始》（*On the Origin of Species*），在人類思想史上掀起莫大巨變。在那之前，人類對於生物多樣性的理解都僅止於神創論，認為地球上所有動物（包括人類），皆是神在彈指之間創造出來的。但根據多年來的細微觀察，達爾文認為動物的變化是來自於物競天擇。那是一個緩慢的演化歷程，卻能更加完善地闡述動物的多元性從何而來。為了生存，動物得想辦法適應環境，因而慢慢演化出有助於牠們在環境中存活的特質與行為。隨著時間推移，那些特質和行為就成了該物種的特徵。

但孔雀的尾羽令達爾文百思不得其解。在論文出版一年後，他寫道：「不管什麼時候，只要看到孔雀的尾巴，我都覺得惱怒[4]。」而他之所以如此討厭孔雀的尾巴，是因為不曉得如何解釋它的存在。為什麼一隻如此龐大的鳥，要演化出這麼引人注目的尾巴？畢竟以孔雀的體型來說，其含肉量相當高，這就足以令牠們成為掠食動物覬覦的對象。換毛期來臨，尾羽會掉光再長回來。全數長回後，牠們又會成為矚目的焦點，附近的掠食者可以輕易地發現牠們。而那招搖的大尾巴也嚴重妨礙飛行能力，如此一來，連脫逃的機會都大幅受限。集這些特徵於一身的孔雀，跟一隻坐以待斃的鴨子沒什麼兩樣。

對達爾文和他尚在發展中的理論而言，孔雀的存在是道難解的謎。一般而言，在物種演化的過程中，有利於生存的特質會不斷增加並留存下來。但一大把會妨礙生存的尾巴？它究竟是怎麼演化出來的？

雖然花了超過十年的時間，達爾文終究還是找到了答案。

在演化過程中，一項特質之所以會被保留，除了「天擇」之外還有第二個機制在運

註④：出自劍橋大學的「達爾文通信計畫」（The Darwin Correspondence Project），一八六〇年四月三日，達爾文寫給植物學家亞薩．格雷（Asa Gray）的信便這樣寫道。全文請見：www.darwinproject.ac.uk /letter/DCP-LETT-2743.xml。

作：「性擇」。與其他色彩繽紛的鳥類相比，孔雀尾羽仍特別搶眼，達爾文推論這種狀況與雌孔雀有莫大關係。「長期以來，雌性偏好與強者為伴，潛意識驅使牠們尋找最好看的雄性，也因此造就雄性孔雀成為現存鳥類中最絢麗的存在。」雖然達爾文始終未能想通性擇的所有相關細節，也不懂任何關於基因的事，但他的直覺已相當驚人。能吸引配偶的特質有助於提高繁殖的機會，而這些特質也會透過基因繼續流傳下去，此點在稍後提及的研究裡將可見一斑。

為了生存的「天擇」、為了繁衍後代的「性擇」，達爾文將這兩種互相消長的機制納入物種演化的觀點中，完美詮釋動物本質中如何內建著好處與代價之間的張力。巨大且繽紛的尾羽提高繁衍的機會，是很好的酬賞；但在有掠食者出沒的地方，那美麗的尾羽將招來滅絕的危機，這可就一點都不好了。

在其他動物身上，也能見到這種有一長必有一短的情形。以獵豹為例，涉及的不是繁衍問題，而是食物的取得。獵豹是非常神奇的物種，有著漂亮的外型與驚人的速度，是地球上速度最快的陸地哺乳類，能在短短三秒內加速到時速六十英里（相當於九十六公里左右）！牠們動作敏捷，且多虧那幾乎與身體一樣長的尾巴，讓牠們擁有可以瞬間轉向的能力；牠們也有絕佳的視力；當然，還有長牙與利爪。肚子餓了，就去打獵；吃飽喝足，就睡個覺。這樣看來，很難想像還有什麼掠食動物能演化得比牠們更加完美。

獵豹一天當中，多半都是躺著休息，但牠們的生活並不如表面看來悠閒。「速度」既是牠們最大的資產，也是最大的負擔。由於產生那麼快的速度需要消耗非常多的體力，因此牠們的耐力也相對很低，跑個幾百公尺就得停下來休息。許多觀察研究發現，獵豹的獵捕行動多半無疾而終，即使獵物原本是在狩獵範圍內亦是如此。牠們就是跑不動了。如果運氣夠好，很快就抓到獵物，也會因為追逐耗掉太多體力得先稍事休息，甚至得休息完才有力氣開始吃。在這段期間，已到手的獵物有時還會被其他動物趁隙而入或直接被搶走[5]。

## 好策略、壞策略，都是權宜之計

人類也是動物，我們的行為中自然也存有此長彼消的情形。以因應和情緒調節策略來看，又可以分為好的、壞的，以及有效的、無效的，甚至是有害的策略。按照邏輯來

註⑤：雖然長久以來，學者們都相信獵豹是因為身體過熱而停止跑步，但近期研究認為，牠們是在某種壓力反應下才停止繼續追逐。

說，自然會假設健康的人肯定都是採用好的、有效的策略；深陷痛苦的人則多半使用比較沒有用的策略。

其中一種被視為良好因應策略的，就是「**問題焦點因應策略**」（problem-focused coping）：把處理焦點擺在問題本身，試圖直接改變或修正可能造成壓力的事件或環境；另一個好策略則是「**認知重構**」（reappraisal）：強調改變看待情境或事件的方式。例如，遇上不講道理或充滿敵意的人時，我們會生氣，但試著去想對方大概過得很不順心，怒氣也許就會消退。

至於「刻意壓抑情緒」則是公認的不良因應策略。不去感覺或拒絕展現出某種情緒反應時，就是在壓抑。這樣的做法之所以被視為無效，可能是因為有時候這樣做根本幫不上忙，尤其在情緒強度很高的時候更是如此。壓抑有時則會造成人際之間的誤解，例如人們認為某些社會情境下應該會出現情緒，你卻相對冷淡，就有機率引來不必要的誤會。

早期研究一度為這種好壞之分背書，但隨著時代改變，狀況開始有所不同。首先，儘管多數人都相信自己知道怎麼應對，真正面對壓力時採用的策略，卻遠比自己以為的還要多樣化。一項極具說服力的研究裡，先詢問參與者通常如何因應壓力，之後再追蹤兩天，等參與者真的出現壓力後，接著詢問他們實際採行的因應方式。結果發現，一開始的回答完全無法用來預測壓力臨頭時的實際作為。由同一批研究者執行的另外一項研究裡，他們將順序對調，先記錄兩天內因應壓力的行為，再請參與者說說自己過去兩天使用的因應策略，結果發現一致性依舊不高。

從這些結果中，也能看到不同的因應策略並非只有好壞之分。例如，比起情緒焦點因應策略（emotion-focused coping），問題焦點因應策略被證實更有用，但在某些類型的壓力源下卻是恰恰相反。畢竟壓抑情緒如果會造成傷害的話，適時表露情緒反而更好。雖然也有研究探討壓抑情緒的副作用，結果仍有些模稜兩可。事實上，統合分析（結合超過三百多項情緒調節實驗，分析各種情緒調節策略的效果）發現，適度壓抑情緒其實有一定程度的效果，但也會因為事件類型而有所差異。

唯一合理的解釋是：在某些情境下，壓抑是有用的。像是公開演講時，你可能得隱藏自己的不安；處理衝突和紛爭時，要避免太憤怒的情緒。有時候（像是面對極度不幸的情境時），減少某些顯而易見的情緒是可以帶來一些好處的。雖然大部分的人都願意在親友看起來很痛苦或不開心的時候提供支持，即使他們自己也因此感到難過。但時間一久，這些情緒有可能會渲染給那些好意來幫忙的人，導致他們也陷入沮喪而紛紛離開。

換句話說，當你難過時，別人會來幫忙；但當你難過太久，別人就可能想離你遠一點。因此必要時，適度減少自己的情緒表達是重要的。進行潛在創傷研究時，我從許多接受訪談的父母身上聽到，他們在危機時刻常會需要掩飾自己的沮喪或痛苦，才能讓孩子們保持冷靜，不會遭受太多驚嚇或跟著害怕。

認知重構的因應策略也是時而有效，時而無效。儘管它是公認最有用的情緒調節技巧，卻不見得總是能發揮作用，在某些情境下，它甚至會讓一切更加惡化。像是在高強度的生活壓力下，認知重構就與低憂鬱程度相關，但前提是這些壓力是不可控制的。

研究者們認為，當情境的不可控因素較高時，代表我們能做的也不多，此時最好的方法就是透過改變想法來轉換心情；但是當情境的可控度高，可介入之處較多時，改變情境的做法就會比較有效。此時，只使用認知重構策略反而可能讓人更憂鬱。

在可能涉及認知重構的各種不同情境下，調查人們偏好使用的策略時，也會出現類似的模式。當預期壓力源相對較小且可控制時，大部分的人都傾向採用認知重構；當壓力源較大時，人們反而比較偏好使用分散注意力等其他策略。

上述研究都能得到一個初步的結論：因應與情緒調節策略其實無所謂好壞之分。**每種方法皆有其優勢和弱勢。策略的有效與否，取決於它是否有助於我們度過特定情境。**諷刺的是，這並不是什麼新消息。研究因應和情緒調節理論的先驅，早就強調過策略的有效程度會隨情境所需而變化。此外，時間點也是一個很重要的考量。有些因應策略在壓力事件剛發生時會非常有效，但隨著時間過去、隨著事件的後續變化，同樣的因應策略可能就不再那麼有用。

面對具有創傷性的壓力時，這個過程的動力會因此而突顯出來。極端狀況迫使我們將一般考量擱置在旁，進入所謂的「務實因應」（pragmatic coping）。在這樣的狀況下，為了突破難關，可以「不計代價」地將所有心神都只專注於活下來。正是這個「不計代價」讓我們使出平常不會想到的策略或行為，甚至不認為它們與健康有關係。也因此，我把這類因應方式稱為「權宜之計」。畢竟當悲劇發生並造成痛苦時，能用來幫助我們予以面對的才是重點。那不用是多麼華麗或正規的技巧，也不用管傳統上是否能接受這樣的做法，只要有用就好。

## 過度正向反成阻礙？

有些行為看起來好處甚多，所以很難想像會有幫不上忙的時候，正向情緒就是個好例子。

雖然在心理學的發展過程中，開心、幸福、光榮、愉悅等正向情緒帶來的好處並未獲得太多關注，近年來倒是開始嶄露頭角，更被認為是心理健康的組成分子。當然，正向情緒不只讓人感覺舒服，還有大量證據證實它們能為健康帶來許多好處。這些研究讓正向情緒成為演講主題，眾多主張能促進健康與幸福感的課程亦因運而生[6]。

但正如大多數的事物都是過猶不及，正向情緒也唯有在適量的狀態下才能帶來好處。適量的正向情緒能讓我們更有創意，太過量則將適得其反。過度正向會令我們失去危機意識，做出過度冒險的行為。此外，正向情緒能帶來的結果是好是壞，也取決於情境。例如：在需要彼此合作的狀況下，正向情緒能帶來正面影響；在需要挺身對抗或控訴某些事物時，正向情緒反而有可能成為阻礙。

在競爭的情境中，表現出正向情緒可能會造成相對應的社會代價。一項研究在觀看演員、體育賽事及遊戲節目中的獲獎者影片後進行評分，結果發現那些歡天喜地的獲獎人比較不討喜，也讓人比較不想跟他們當朋友。參與評分的人說，他們比較想與態度溫和的獲獎者為友，因為他們給人的感覺很謙遜。

在我們進行的九一一事件研究計畫裡，有一項研究特別請來紐約大學的學生，並讓他們分別觀看悲傷短片與娛樂短片，再接著邀請他們說說恐怖攻擊發生後的那幾個月裡過得如何。我們拍下訪談過程，藉由記錄眼部周圍的肌肉活動，來分析他們是否發自內心地笑。雖然過去的研究曾發現，真心的笑容能預測個體未來會有健康的心理狀態，但其結果會隨情境脈絡而變。

看過娛樂短片的學生有沒有微笑，與他們之後的心理健康並不是明顯相關的。由於看有趣的東西要露出笑容是相對簡單的，本來就不會有長期效益，因此出現這樣的結果也很合理。但心情低落時還要微笑，相對來說就比較困難。因此不意外地，觀看悲傷短片的學生會有比較多負面情緒。但他們談及九一一事件之後的生活時露出越多笑容，負面情緒就消散得越快。不僅如此，他們受訪時所露出的笑容還能有效預測兩年後的心理健康狀態。

然而，我們再次遇到相同的問題：沒有哪項行為適用於各種嫌惡情境，笑容也是。

在另一項研究裡，我們讓青少年晚期的女孩描述生命中最痛苦的經驗，然後測量她們笑容的真誠度。那些從頭到尾都發自內心微笑的女孩，兩年後適應社會的表現比較好。但這些效果會隨著研究中的某個關鍵因素改變：這些女孩當中，幾乎有一半的人在童年時期都遭遇過性暴力，只是她們不曉得研究人員們也知道。因此，請她們說說最痛

註⑥：這一切都要歸功於芭芭拉·弗雷德里克森（Barbara Fredrickson）優越的研究。此外，許多廣受大眾歡迎的網站上也都能見到這類資訊，例如全球知名心靈導師東尼·羅賓斯（Tony Robbins）在他的部落格上這樣描述正向情緒：「正向情緒是顆種子，當你在心靈花園種下它，就會為你實現願望與帶來富足。」

苦的經驗時，她們毋須揭露曾受到侵害的事。實際上，我們也發現並非所有遭遇性暴力的女孩都會提及過往的受虐經驗。但關鍵點是，倘若她們談到受虐經驗的同時也出現正向情緒，就能預測她們未來會出現社交障礙。為什麼呢？正向情緒或許不見得總是能帶來幫助，但為何會帶來傷害？

最有可能的解釋是：因為性侵已被標籤化，談到這類事件往往會造成人們的不安，甚至可能反過來檢討受害者。但在這麼沉重的情境裡表現得太正向，只會讓事情變得更糟，聽的人也會一頭霧水，甚至還可能感到惱怒。雖然不清楚這些女孩為什麼笑著描述過往的受虐經驗，或許她們難以察覺社交情境中的種種線索，所以無法合宜地表達情緒，但這勢必會造成她們無法適應社會。這件事非常重要，之後的篇章會再回來討論。

## 你有正確的危機感嗎？

如果反過來呢？會不會某個幾乎被公認為不好或不健康的行為、特質，有時反倒能幫上忙？

對威脅的感知就是非常好的例子。就我們所知，創傷的嚴重程度雖然會降低心理韌性，但影響程度極其輕微。潛在創傷事件的嚴重程度不只取決於客觀事件本身，跟當事人如何看待事件對他們造成的威脅也有關係。「主觀威脅感」（subjective perception of threat）是創傷性壓力的基本要素，也是為什麼稱一個事件為「潛在」創傷事件，而不直接稱作「創傷事件」。

上述論點也獲得研究支持。一項針對創傷性損傷患者的大型研究發現，最能用來預測是否出現PTSD的原因，就是該損傷對當事人的生命造成多大的威脅。同樣地，在我們自己的研究裡也發現，因為疑似心臟病發作被送至急診時，強烈覺得自己會死掉的人，後續比較容易出現長期的PTSD症狀；越不覺得自己會死掉的人，越有可能出現心理韌性軌跡。而且不管患者最終是否診斷出心臟病，結果都不會變。換句話說，個體對威脅的主觀感受，與該威脅的客觀嚴重程度幾乎是一樣重要的。

在我們所進行的九一一事件研究裡，也出現同樣的結果。真實客觀事件的嚴重程度與當事人的主觀威脅感，皆能預測後續是否出現PTSD症狀。重要的是，同時測量這兩種因素的影響時，不管客觀狀況為何，事件發生當下主觀認為自身生命沒有那麼危險的人，最終都會出現心理韌性軌跡。

即使這些研究結果表面上看來一致，卻仍可能造成誤導。畢竟潛在創傷事件所誘發的個人危機很多元，而危機的出現、消退與高峰期也出現在不同的時間點。在這種狀況下，可以合理猜測「危機知覺」（risk perception）的效果，如創傷嚴重度所造成的影響其實少之又少，也很容易因情境脈絡與時間點而有所不同。反倒是主觀威脅感在許多情況下都占有一席之地。

更進一步瞭解危機知覺是如何形成的，可以幫我們更明白這一切。客觀評估危機是相對直接且明瞭的。危機專家已被磨練到能將此歷程分為四個基本步驟：確認危機或威脅是否真實存在、開始區辨危機的特徵、評估暴露在危機中的程度，以及判斷整體風險程度。

一般人則多半會憑藉自己的主觀情緒反應來衡量眼前的危機，即專家口中的「危機感」，後續的自動化反應迅速到幾乎是下意識為保存生命而做的。此階段不外乎是仰賴第二章提及的思維捷徑，只根據部分資訊下判斷，就是為了快速反應。我們會將有限的知覺訊息與過去的相關經驗進行比對，一旦符合，等於根據過往經驗判斷眼前情境是危險的，於是就跟著緊張起來。但如果與該情境的連結是好的，就很可能低估當下的危機程度，導致無法及時反應。因此，正確的危機感可說是健康適應的必要條件。

在性侵事件中，有許多危險來自於過度低估危機。雖然相關領域的專家極力避免檢討被害人，但依然認為教導女性辨認危險、適時採取行動，是最基本也最重要的一環。一位專家建議：「女性可用來降低遭受性侵風險的不二法門，就是學著及時辨認出那些可能令她們受害的危險情境，並採取有效的行為反應。事實上，能越早發現危機，就有越多方法逃離險境，或至少能為自己做出有效的防護。」

只是，當性侵行為人是被害者所熟識的人（例如約會強暴），狀況就會比較棘手。對伴侶或熟悉的人出現性欲，本質上是件愉快的事，加上性欲會帶來強烈的正向連結感，因此很容易讓人忽略可能的危險訊號。對於曾遭受性侵害的女性而言，在這些情境中更容易感到混淆。

一項研究邀請女性參與者聆聽一段錄音，內容是模擬一對異性戀情侶發生親密接觸時的對話。從一開始充滿感情的互動，到開始出現口頭上的強迫就範，然後是暴力威脅，最後發展為性侵。參與者的任務是：當她感覺錄音中的男性「太過踰越界線」，並且應該停止這場約會時，就得按下按鈕。結果發現，比起一般女性，曾重覆遭受性侵的女性較不易分辨約會情境中的訊息，也比較慢才決定停止互動。她們比較傾向直到錄音中的女性出現明顯的害怕或痛苦，才停止約會（例如女性開始用語言威嚇男性：「你不要碰我！」「走開！」之類的）。然而諷刺的是，曾遭受性侵的女性當中，出現較多PTSD的警覺症狀（包括對威脅過度警覺）的人，會比警覺症狀較少的人更快注意到危險訊號，並提前終止約會。

在親密接觸的過程中，因低估風險致使發生不幸的結果相當發人深省。在另一項同樣針對女性參與者所進行的模擬研究中，發現無論是否曾遭受性侵，對危機預測缺乏敏銳度、對危機行為反應較慢的人，未來成為性侵受害者的機率都比較高。

將其他類型的潛在創傷事件也納入考量後，情境脈絡就會改變危機知覺的結果。以遭到恐怖攻擊的都市為例，比起不把狀況看得很嚴重的人，那些認為很快就會有第二波攻擊的人，會採取比較多有用的積極主動行為，像是取消預定計畫、限制自己的活動範圍、聯繫自己的重要他人以及尋求支持。然而，這些反應仍會隨當事人居住處與事發地點的距離、當事人的年齡、性別而有所不同。另一項針對洪水倖存者的研究則發現，人們對於洪水的恐懼，普遍是因為他們認為未來還可能再次被侵襲，這也同時讓他們有動機為可能的水災預先做好合適的準備。但是這些因素也會隨著倖存者以往遇到洪水時的情緒反應、該次水災的嚴重度而有所變化。

在高風險的情境下，能否針對威脅採取足夠迅速的反應是生存的重要關鍵，這也是不爭的事實。以經常置身險境的專業人員為例，一項研究發現實習警察對威脅的知覺，可預測其成為正式警官後的表現。在研究過程中，會播放一部痛苦的訓練影片給這些實習生觀看，並同步測定他們體內產生的壓力荷爾蒙。壓力荷爾蒙分泌較多者，表示他們能感知到威脅的存在，在接下來的四年裡也比較容易出現心理韌性軌跡；對影片比較無感的人，表示對威脅比較沒有反應，在日後工作上較易呈現長期累積情緒的軌跡。

倘若是在一個原本平靜無波的情境裡發生了極度危險的事情，此時能把注意力放在威脅上是相當重要的。最簡單的例子就是：平民突然驚覺自己深受戰爭的可怕威脅。

以色列的學者們針對此狀況提出許多令人震撼的案例。在遭受飛彈攻擊期間，學者們針對兩個不同區域的住民加以測量對於威脅的注意程度：其中一個區域已遭到空襲，另一個區域則是備受威脅但尚未遭受直接攻擊。可以想見，後者居民沒有必要放那麼多注意力在威脅上，前者居民對威脅能有所警覺，將直接影響生死存亡，因此抱持高度警覺與良好心理健康狀態之間是明確相關的。更精確一點來說，時隔一年後，居住於空襲重創區的人較沒有PTSD與憂鬱的情形。當然，時間點也很重要。襲擊停止一年後，研究者再行測量，發現無論是哪一區的住民，對威脅都已不再抱持高度警覺。

在錯誤的時間點太注意威脅的存在，也會造成傷害。就像是處於生命安全無虞的情境裡，卻一直把焦點擺在威脅上是於事無補的。先前提及的心臟病發作研究就是個好例子。患者在急診室的當下，他們的身體已經對危機產生反應，所以才會在第一時間跑去醫院。一抵達醫院，能做的也就不多，只能盡量保持冷靜，交由專業人員處理。如果當下依然覺得備受威脅，讓自己處在無能為力的不安之中，就有可能降低心理韌性的出現。

## 對的時機、對的情境、對的行為

大部分的人都能面對創傷帶來的壓力，並且不會出現嚴重或長期的心理傷害。也就是多數人都具有心理韌性。

弔詭的是，正如我們所見，這些與心理韌性有關的特質與行為，實質上的影響力卻都很小，而且沒有哪一項特質或行為永遠都能發揮效用。每種行為、每種特質皆有其優勢和弱勢。它們也許在某個情境、某個特定的時間點上有效，但換到另一個情境或在不同的時間點上，效果便大打折扣。

整體來說，既然**多數人都具有心理韌性，表示大家能找到度過難關的方法，也都擁有彈性，能在當下評估情境、做出決策、採取因應行為並繼續往前邁進**。你應該發現這個彈性是多麼顯而易見，但是如同後續篇章將繼續討論的，彈性的內涵其實非常包羅萬象。

PART. 03

# 通往心理韌性的大道

The End of Trauma

05

# 首先，你得擁有彈性心態

A MINDSET FOR FLEXIBILITY

「彈性」這個詞通常會用來形容具有適應力的事物，有著能輕易調整、彎折，但又不會損壞的特性。這個詞也經常與其他同義詞交互陳述，例如可塑性、柔韌性、適應性、柔軟度等等，甚至有時候也會與心理韌性交錯使用。但在此，要先澄清「彈性」與「心理韌性」在概念上的不同。

本書會一直使用「心理韌性」來指稱在經歷潛在創傷事件後，依然能保持心理健康的一種模式。或者更精確地說，一個「隨時間過去，卻依然能保持健康功能」的穩定軌跡。

**彈性不等於心理韌性，卻在適應創傷壓力的過程中扮演著重要的角色，好讓我們能找到屬於自己的心理韌性，**而且過程中牽涉到一連串我稱之為「彈性程序」（flexibility sequence）的步驟。這可說是彈性的基本功，囊括非常多元素，我們將一一探索每個步驟的相關細節。但在此之前，我們需要先瞭解遭逢逆境時，該如何說服自己進入這個程序。

彈性不會無中生有，也不是一個被動的歷程。雖然我們常會用具有可塑性的材料來象徵彈性，但同樣是受到壓力，橡皮或竹子會因此彎曲，人類卻不僅彎曲，還會自我調整，只是需要投注心力、完成任務，才能順利辦到。

再有成就的人也需要鼓勵，才能有更好的發揮。就像體育選手和音樂家，他們的專業技術已達爐火純青，但如果沒有正確的思維、心態與動機，也無法好好運用這些能力，遑論能有好的表現。我們也是如此，得先讓自己準備好，並具備彈性心態，才能發揮自己的優勢。

遭逢潛在創傷事件後，能否具備這樣的彈性心態尤其重要。

潛在創傷事件發生後，身體就像遭受電擊，會因為感知到危急狀態而迅速傳遞壓力反應到大腦。九一一恐怖攻擊當天，威爾、伊娃與蕾娜就是活生生的例子。他們跌跌撞撞逃出迷宮般的險境，讓我們看見強烈的創傷壓力反應是什麼模樣。他們所感受到的壓力有助於專心，幫助他們找到力量來承受那些不得不面對的體能挑戰，並在需要的時候盡全力奔跑。但這些壓力也在某些時刻壓垮了他們，而且不幸的是，對某些人而言，即使事過境遷，創傷性的壓力仍是難以承受。威爾就是如此，恐怖攻擊事件的壓力對他的生活造成長期且持續性的痛苦與障礙，形成所謂的PTSD。

大多數時候，我們都可以承受來自創傷的壓力，不會遭受太過嚴重或持續的傷害。即使如此，仍有一些令人痛苦的想法及影像會糾纏我們好幾天，甚至好幾個禮拜。我們通常會很想把這些想法、影像從腦海中抹去，但為了這麼做，我們需要集中注意力、需要好好瞭解事情的來龍去脈及自己的反應，一直到我們明白自己還可以做些什麼為止。要順利推動這個過程，正是有賴於彈性心態。

## 彈性心態的出現

**基本上，彈性心態指的是：我們打從心裡相信自己能面對與適應眼前的挑戰，而為了度過難關，會做任何需要做的事。此心態的核心是三個互有關聯的信念：保持樂觀、相信自己應付得來、不畏挑戰。**研究也已證實，這三種信念都與心理韌性有關。

截至目前為止，我們不斷強調，許多與心理韌性有關的特質及行為，其影響力都極為薄弱，也不是每種情境下都能發揮作用。以此類推，彈性心態的三個核心信念也不會讓我們具備心理韌性，但彈性心態在某些時候依然是有幫助的。接著，不妨一起來看看它們究竟能幫上什麼忙。

雖然普遍認為彈性心態的三種核心信念也是健康的態度，但三者協力合作時，卻會產生不同的影響力，而且力量可能更強大。這是因為三者彼此的交互作用能補償各自缺乏的部分，進而增強原本的影響力，產生更不易動搖的堅強信任，形成一組心理運作的模式：「我不會失敗。我會找到方法來處理這些挑戰。」當然，並不排除還有其他方法能幫助我們產生動機，進一步願意面對困難、靈活應對。但就我所知，沒有哪個方法能像這三種信念結合時那麼直接、勇敢又強而有力。

彈性心態的出現，要歸功於諸多相關概念，例如由心理學家杜維克（Carol Dweck）提出的「成長心態」與「定型心態」。其實，這些概念原本只是用來促進學生的學習。

覺得學習新知識或新技能很痛苦的人往往會失敗，是因為他們相信，用來學習這些知識或技巧的能力是天生就內建的，所以能否學會是早已注定好的事，這就是所謂的定型心態。我們經常透過教育方式（如智力測驗），來增強這樣的心態。當學生具有定型心態且智力測驗表現不佳時，會更確定自己的想法是對的，因此常常很快就放棄，也不再繼續嘗試；他們會告訴自己：「何必呢？如果人有能力之分，那失敗的我肯定就是沒能力的人。」相反地，那些相信或認為能力可藉由後天習得與加強，例如勤奮不懈、有毅力，或是聽從有用建議的學生，就會發展出所謂的成長心態。隨著時間推進，這些學生的表現會越來越好，因為他們會不斷嘗試、努力，直到精熟一切。

彈性心態與成長心態並不完全相同，但也有許多相似之處，其中之一是兩者皆相信自己有可能克服挑戰。然而，杜維克也在第一時間指出：「人們經常搞混，以為保持彈性、保持開放、保持正向就是成長心態，但這些特質其實與彈性心態有異曲同工之妙。」她的重點倒不是這些特質與成長心態不相容，而是不應該假設這些特質是與生俱來，不是絕對全有或全無。

到這裡，又看見成長心態與彈性心態的另一個相似之處：雖然組成彈性心態的這些信念看起來很像人格特質，但其實正如下一個章節將提到的，這些信念可以透過後天培養及增強。

彈性心態跟「抗壓性」（stress hardiness）的概念也很相似。抗壓性曾盛極一時，如今卻幾乎快被遺忘。這個名詞最早是在一九七〇年代晚期由克巴莎（Suzanne Kobasa，現改名為歐萊特．克巴沙〔Ouellette-Kobasa〕）與其指導者麥迪（Salvador Maddi）所提出。該詞圍繞著三個信念：願意為自己的人生負責、有控制感、願意擁抱壓力及面對挑戰。前兩者與因應行為當中的樂觀及信心有相似之處，至於願意擁抱壓力及面對挑戰，則與彈性心態裡對挑戰的信念不謀而合。

隨著抗壓性這個概念的出現，人們開始思考面對困難的態度與因應行為會如何交互作用，研究者卻質疑它是否真能減緩壓力帶來的影響，導致抗壓性漸漸失寵。說來有點可惜，眾人之所以遺忘抗壓性，並不是因為它沒有用，而是因為它像成長心態一樣，太容易被誤解為一種人格類型，於是出現所謂的「抗壓型人格」。這種觀點是錯誤的，但很遺憾的是，人們不停誤解與誤用這個概念。

克巴沙與麥迪可沒那麼傻。他們並不把抗壓性視為人格類型，也不認為它可以緩解壓力或產生心理韌性，反而極有洞見地將抗壓性視為中間步驟，是一組信念，可以「提供勇氣與動機，讓個案願意努力將壓力情境從潛在危機轉化為成長契機」。他們認為這組信念將創造出一條通往心理韌性的大道。

彈性心態也奠基於相同的開創性思維[1]。**正如同抗壓性不能緩解壓力，彈性心態也不會讓我們變得比較有心理韌性，卻能激勵我們，讓我們更能面對壓力，打造通往心理韌性的路。它會讓我們願意努力付諸實行，變得更能面對挑戰。**

## 那些沒人注意到的初步線索

雖然目前還沒討論到彈性心態的細節，但稍早提過的傑德在進入手術室之前，其實已出現與彈性心態有關的跡象。當時的他超乎尋常地冷靜，而且他有短暫片刻對於手術結果極其樂觀與自信，這兩者皆是構成彈性心態的重要元素。

身為九一一恐怖攻擊事件的生還者，蕾娜身上也曾出現與彈性心態有關的跡象，但並不是在世貿中心被攻擊當天。那一天實在發生太多事情了，而且在那個當下，她所有心思都專注於想辦法活下來。根據我們對她以及其他倖存者的訪談，發現大家都是在攻擊事件發生後的幾星期，才漸漸出現這些跡象。

好不容易安全返家，蕾娜終於和丈夫、孩子相聚。蕾娜說，起先她幾乎快被創傷所帶來的壓力給擊垮，但透過不斷與前來關心的家人及朋友分享自己的經驗，他們的支持給了她前進的勇氣。很快地，她相信自己有能力可以面對那些闖入性的回憶。雖然她很頻繁地想到及夢到攻擊事件，但也確信自己能找到因應之道。「不知道為什麼，」她說，「我就是覺得自己應付得來。」

除此之外，蕾娜也出現不畏挑戰的跡象。雖然她覺得與人相處是舒服的，還是預想

註①：抗壓性與彈性心態有些決定性的不同。身為抗壓性提倡者之一的麥迪，試著闡述抗壓性與其他類似概念的細微差異，像樂觀就是其中之一。麥迪認為抗壓性所包含的三種元素都很重要，缺一不可。但我對彈性心態的看法比較不同，心態的整體運作比各別元素的出現與否還重要。欲瞭解更多，請見：S. R. Maddi and M. Hightower, "Hardiness and Optimism as Expressed in Coping Patterns," *Consulting Psychology Journal: Practice and Research* 51 (1999): 95–105, https://doi.org/10.1037/1061-4087.51.2.95。

自己接下來很可能會在社交情境上遇到一些困難。為了應付這些挑戰，她會事先計畫因應方式。她試著讓自己離開家，進到人群裡，測試自己的感覺與狀態。當生活漸漸回到常軌之後，她也越來越能夠自在地融入人群，而且不會有太多困難。

她也開始思考，如果需要出差或旅行時該怎麼辦。對蕾娜和其他倖存者來說，在恐怖攻擊事件之後，搭飛機成了一件困難事，畢竟留下來的記憶實在太過鮮明。但她後來還是搭著飛機去旅行了。正如她所說：「我並沒有因為這樣而特別開心，但我成功了，我克服這件事了。」蕾娜是如何辦到的呢？她再次利用自己的社交優勢，在飛機上與其他乘客談話。「雖然我喜歡與人互動，但以前搭飛機的時候通常不太會跟別人聊天。我喜歡保有自己的隱私。只是，經過九一一事件之後，你知道的，坐在飛機上實在是太焦慮了，所以我試著找人聊天、談話。跟誰聊都好，只要是聽得見我說話的人就可以。這對我來講是有幫助的。我也不確定為什麼，但既然這麼做能夠讓搭飛機這件事變得舒服一點，我就會繼續這麼做。」

訪談蕾娜的過程中，我們也發現她刻意讓自己看起來很樂觀。雖然我們並沒有特別針對這點而多問些什麼，但仍照慣例詢問倖存者是否能想像或期待一個美好的未來。

「我對未來有期待嗎？有啊，我通常都滿有期待的。我不斷告訴自己，一切都會沒事的，這一切都會過去的，只要記得曾發生在生命當中的那些好事。我也試著讓自己去想未來的我會做些什麼，即便是，你知道的，雖然在攻擊事件之後許多事情都變了樣，我也沒有很確定接下來到底會如何……但現在，我還挺忙碌的，而且對於新的計畫案非常興奮。基本上，一切滿順利的，我很開心，也很期待接下來會發生的每件事。」

接著，我們將進一步瞭解這些信念：保持樂觀、相信自己應付得來、不畏挑戰。並同時探討它們之間的交互作用，如何建構出彈性心態。其中，保持樂觀或許是這三者中最為人所知的，因此，就讓我們從這點開始看起。

## 保持樂觀

心理學將樂觀定義為一種「即便沒有證據，也相信未來一切都會好轉」的普遍信念。換句話說，樂觀是一種偏誤，是刻意以正向角度解釋未來。儘管有些人比其他人還容易保持樂觀，但幾乎所有人都至少能在某些時刻保持樂觀。

有好一段時間，多本暢銷書及媒體都不斷提到「保持樂觀能促進心理韌性」，也有許多研究證據支持這樣的說法。在樂觀量表得分為平均值以上的人，面對令人不舒服或潛在創傷事件時，確實有比較好的因應能力。在我自己的研究裡也發現，同樣經歷潛在創傷事件，樂觀的人會比不樂觀的人還容易出現心理韌性軌跡。其中一個研究更發現，潛在創傷事件發生好幾年前所測得的樂觀特質，能用來預測事件發生後的心理韌性軌跡。

但這些發現再度帶我們回到心理韌性的悖論，因為沒有人能永遠保持樂觀，或在所有情境當中都樂觀以對。世上不存在源源不絕的樂觀，除非是出現妄想症狀。而且就像所有能用來預測心理韌性的因子，樂觀也會有無效、甚至讓狀況惡化的時候。儘管如此，保持樂觀依然有助於面對潛在創傷事件。但並不是因為樂觀讓一個人變得有心理韌性，而是因為樂觀能夠產生激勵的效果，讓我們有動力為想像中的美好未來努力，而這就是彈性心態的一部分。

當然，要打造通往心理韌性的大道，除了保持樂觀，還需要其他元素的參與，後續章節將會看到它們的出現。

## 「我只想著會痊癒，而不是我傷得多重。」

瑪倫原本就是個相當樂觀的人。她在德國杜塞道夫一個非常典型的中產家庭長大，但她聰明過人又極有天賦，尤其在語言方面特別突出。因此高中畢業後，她就像自己的許多朋友一樣，準備出國度過上大學之前的「空檔年」（gap year）。她的英語早就學得非常好，因此有機會能到倫敦住上一年時，自然是迫不及待就接受了。在空檔年的尾聲，她決定申請進入頗富盛名的劍橋大學就讀。值得高興的是，她被錄取了。當時她正好滿二十一歲，眼前有著美好的未來。

大二那年的某個周末，一位男同學在擁有豐富歷史遺產的威爾特郡養了一匹馬，他邀請瑪倫一起去旅行，還說他們可以躺在床上吃早餐，接著再到鄉間探險，或是騎騎馬。在瑪倫的印象中，當時一切聽起來浪漫極了。

他們抵達首日，天氣非常適合騎馬，便決定直接前往馬廄，卻發現那裡只剩一匹馬。

但他們沒有因此沮喪，而是決定輪流騎乘來度過美好的一天。瑪倫的同學先騎，輪到瑪倫時，對方就改騎腳踏車跟在旁邊。

瑪倫一直都很喜歡馬。年紀很小時，她就修過騎馬的課程，甚至受過一些馬術訓練。雖然她不認為自己馬術經驗豐富，但應該掌握得還不錯。

只是，要駕馭一匹不曾騎過的馬通常是很有挑戰性的，更遑論這匹特別的馬正因骨科疾病所苦，已有好一段時間沒有運動。但瑪倫對這一切毫無所知。她唯一的想法就是那天天氣很好，而她與有機會發展親密關係的男性友人一起，輪流騎乘馬兒與散步。

他們的臉上都洋溢著微笑。

起先，他們悠閒地走著。後來瑪倫騎在馬上，男同學則是騎著腳踏車。兩人享受舒服的氣候，天南地北地聊。最後來到一處空地，瑪倫對馬兒下了小跑步的指令，未料悲劇就此展開。沒有人知道馬兒究竟是因為病痛帶來的不適，還是對新的騎乘者感到不滿，總之牠猛然一躍，將瑪倫給甩飛了出去。

一切就發生在電光火石之間。前一刻，瑪倫才感覺自己正在滑動；下一刻，她已經躺在草地上。她試著起身，卻發現自己無法動彈。

脊髓是中樞神經最重要的一個部分，負責將所有知覺及運動的訊息傳入大腦，也負責將相關訊息傳出大腦。脊髓與身體各部位的神經網絡相連，如呼吸、走路、消化、生理變化及性欲等等不會特別察覺的活動中，脊髓都扮演極為重要的角色。人體構造當中，除了大腦，脊髓是另外一個透過骨頭包覆來加以保護的神經系統，因為它負責傳遞的訊息極其重要。

因此，當脊髓遭受損傷時，通常會導致嚴重的後果。最好的狀況是只受到輕微挫傷，造成比較輕微的神經損傷，以及短暫失去像是手或腳之類的身體局部感覺；比較嚴重的創傷則可能造成脊椎碎裂，導致脊髓遭到刺穿甚至斷裂。發生這種狀況時，形成的損害通常是永久性的，而且有可能會造成各種程度的癱瘓：截癱（paraplegia）指的是喪失感覺或運動功能，但是程度沒有那麼嚴重的癱瘓；四肢癱瘓（tetraplegia/quadriplegia）指的則是手腳及軀幹全都處於癱瘓的狀態。其實一般很難針對嚴重的脊髓損傷進行分類，但患者的狀況會隨受損部位而定，受損的脊椎位置越高，影響的功能越多。

猶記得幾分鐘前，瑪倫還很愉快地在原野上享受著心花怒放的一天。此刻，她卻躺在地上動彈不得。她心裡肯定閃過什麼念頭吧？據她記憶所及，她表示自己始終不清楚到底發生了什麼事。

「我不太確定，也不太瞭解到底怎麼了。就我所知，我一直想辦法要抓緊，卻還是一直往下滑。接下來，我只知道自己背部朝下摔倒在地，站不起來，對事情的前因後果沒有任何頭緒。」

幸運的是，瑪倫並非獨自一個人。而且運氣更好的是，附近就有一間專門治療脊髓損傷的醫院。直升機將她載到那裡。

她試著想要保持冷靜，但抵達醫院的時候，恐懼還是席捲而來

「我覺得很可怕。我好像一直被移動來移動去，不知道何時才會停下來。我們在醫院的走廊裡來來去去，照了左邊與右邊的X光。我感受到劇烈的疼痛，大多數時候我都是在想著：給我一些藥吧，我不想再這麼痛了。」

瑪倫的家人都住在德國。母親一得知她受傷的消息，隔天馬上搭飛機來到英國。此時，瑪倫還不是很清楚自己的狀況究竟有多糟。

「我還不清楚自己的身體狀況，並沒有意識到自己的脊髓已經損傷。奇怪的是，我滿腦袋都還在想著一些很愚蠢的事情。例如，那個邀我出遊的男生，我一直想著我們也許有機會展開一段新戀情，不曉得他對我的想法是什麼？這實在是太荒唐了。我明明受了重傷，卻還在想著這些不知所謂的旁枝末節。彷彿完全沒把自己發生的事情放在心上。」

但是，當瑪倫的母親抵達醫院，兩人有機會對談時，情況就開始不同了。

瑪倫知道癱瘓的德文與英文怎麼念，但英文所指的脊髓損傷，其嚴重程度與德文並不同。直到她與母親用德文談話，聽到「querschitslahmung」（德文中，用以敘述因脊椎損傷造成的癱瘓）這個字，才意識到事情的嚴重性。

瑪倫對那一瞬間留下了難以抹滅的記憶。

「我心裡想著，噢，我的天啊！」

脊髓損傷是足以改變人生的大事。如果瑪倫很難想像接下來會發生什麼事，那麼她只需要思考：不管發生什麼事，結果都很不好，而且是無法形容的糟，更或許會是她此生最悲慘的事。

這場意外在瑪倫的胸椎造成四處損傷，這相當令人憂心，畢竟胸椎所在位置相對較高，影響範圍也就比較廣。脊髓一旦斷裂就不可能復原，但瑪倫的脊髓還不到完全斷裂，這算是不幸中的大幸，但她的脊髓還是受到相當嚴重的傷害，醫師認為未來狀況並不樂觀。

針對這類損傷，一般最常以手術植入金屬支架，協助支撐受損的脊椎。這個做法能讓脊椎承受比較大的壓力，並保持一定程度的活動性。但醫院裡執行這項手術的醫師正好休假去了，由一位年長且作風較為保守的醫生代診。他決定不開刀，但在沒有金屬支架支撐的狀態下，瑪倫得盡可能地整天都躺在床上，至少躺上九個星期。她唯一能夠有的活動，就是護理師來協助她翻身，以避免躺太久產生褥瘡。

一動也不能動，瑪倫無助地躺在病床上，什麼也沒有辦法做。她唯一能做的，就是思考。但在這種情況下，她對未來還能有多大的期待？萬一再也不能走路呢？她無法想像自己坐在輪椅上完成劍橋大學的學業。而且光是想像，都會令她感到「極度的恐懼與憂鬱」。

多數人都曾有過情緒低落的時候，憂鬱症則比這些時刻都要嚴重得多。重度憂鬱症並不像感冒或抽筋那樣突然出現，而是像傷口化膿一樣，各種症狀陸續出現、互相影響混成一團，慢慢形成越來越深的無限迴圈。

憂鬱症的診斷準則中有兩個最主要的症狀，其中之一是「幾乎每天都處在難過或憂鬱的情緒狀態下」，並持續好一段時間；另外一個則是「對那些原本自己喜歡參與，且能從中獲得快樂的活動失去興趣」一旦憂鬱情緒越來越超乎自己能掌控的範圍，這兩個症狀會衍生出其他問題，包括難以思考或專注、疲憊、失眠或嗜睡、缺乏價值感、食欲出現明顯變化。同時也經常伴隨著焦慮症狀，尤其是過度的擔心和憂懼。

即使瑪倫能夠不讓自己被憂鬱或焦慮的想法所俘虜，但發生在她身上的意外卻是鐵錚錚的事實。不管從哪個角度來看，從馬背上跌落、後續發生的事都極具創傷性。事發突然、足以威脅生命、充滿痛苦，都足以造成PTSD。

脊髓受損時，會出現所謂的脊髓性休克（spinal shock），而且通常會持續好幾個禮拜。在這段期間內，神經纖維可能會完全或部分不產生任何反應。這是相當危險的時期，嚴重一點的話可能會造成心跳停止、對自主神經系統產生其他有害的影響，更可能出現頭痛或其他奇怪的身體感覺及過度出汗等情形。

剛開始那幾天，瑪倫努力驅逐迴盪在腦海裡的可怕想法。為了減緩疼痛，她注射了相當高劑量的嗎啡。這當然多少有些幫助，但即使瑪倫原本就是個樂觀的人，此時也無法假設一切都會變好。此時此刻，她很清楚脊髓損傷是非常嚴重的問題。她想盡辦法為自己打氣，召集各種她認為派得上用場的能量；她專注在自己的思考，刻意且不間斷地只想著一件事情：我要好起來。她對這點非常固執。她沒有打算要放棄。

「我就是不想接受這個事實。我不相信自己再也不能走路。」

瑪倫發現聽音樂可以帶來相當大的幫助。音樂可以轉換心情，而且她可以一邊聽音樂，一邊積極地想像自己健康起來[2]。

「我想像自己痊癒，而且可以走路。我想像自己正沿著海灘散步。」

瑪倫的兄弟們也飛來英國。他們非常肯定瑪倫的樂觀，並用各種方式表達支持。這對瑪倫來說無疑是劑強心針。他們帶給她許多音樂、幫忙摩擦她的腳，只要是任何有可能幫上忙的事情，他們都願意試試看。

瑪倫的父親則截然相反。他是非常積極的人，也非常認真，從德國趕來英國後就全力投入幫助瑪倫。只是他幫忙的方式並不是帶給瑪倫正能量，而是去瞭解與瑪倫傷勢相關的細節及狀況。他盡可能收集資訊，瞭解脊髓損傷的相關資料，以及未來照護的問題及需要注意的事。

---

註②：近期研究指出，搭配有正向指導語的音樂能有效緩解疼痛。

對於才剛受傷不久的瑪倫而言，她完全不想更瞭解自己的傷勢。她回憶道：「我試著不要知道太多細節，那並不在我的計畫範圍內。我當時只想把所有注意力都放在正向思考，想著自己會痊癒，而不是知道我傷得多重。」

通常在剛受傷的頭幾天，還無法確知哪些功能受到影響。只有當脊髓性休克的情形慢慢緩解之後，才比較能具體評估損傷的程度，以及患者日後生活中會失去哪些功能、保有哪些功能、需要因應哪些問題。

受傷之後，約莫過了十天，脊髓性休克的情況逐漸好轉，瑪倫迎來她的轉捩點。事情就這麼發生了。

「我的腳趾可以動……也開始慢慢有感覺了。」這令她大為震撼。她的家人與朋友也都對此感到興奮無比。她只能移動腳趾頭一點點，僅僅幾公釐，但這少少的幾公釐，對她而言已是莫大的奇蹟。

「我可以移動腳趾，這可是件大事。這也許不代表什麼，卻讓我感到一切都有了可能，我全然相信自己可以再次起身走路。」

但並不是每人都像瑪倫這麼興高采烈或樂觀。她的醫師之前就看過類似狀況，而他們不是悲觀，只是特別謹慎。他們告訴瑪倫，只是能移動腳趾並沒有太大的意義，而且在進一步瞭解狀況之後，他們依然認為狀況並不樂觀。

醫師們之所以悲觀，是因為知道脊髓性休克不只會麻痺身體知覺，也會影響患者受傷初期的感受。它會干擾傳入大腦的訊息，進而影響思考的歷程，讓情緒變得淡漠，或讓患者比較難瞭解和掌握自己身上到底發生了什麼事。有些醫師發現，患者在脊髓性休克後期會突然變得非常配合或信心滿滿，與醫療人員的互動和心情也都表現得極其適切與正常。但是醫師們警告，不要太把這個階段當回事，因為患者此時呈現出這種看似正常的情緒，很可能只是一種自我欺騙。他們很快就會進入憤怒的階段，而且一旦更完整瞭解與認識自己的狀況，絕對會開始沮喪和憂鬱。

## 付出能量，期待好事發生

瑪倫發現自己的腳趾能動，精神大為振奮。這正是她費盡心思保持樂觀態度的證明。現在，她感到前景一片美好。

但這真的會讓事情有所不同嗎？醫師的專業判斷皆認為她的預後不佳，她對於未來的美好想像真的能帶來什麼樣的好結果嗎？她能夠利用正向樂觀來擊退身邊那些若隱若現的絕望及失望，然後繼續期待復原嗎？

**要克服逆境並不容易，需要不屈不撓的毅力，而對未來保持樂觀的想法與信念，則**

**能支撐這股毅力**。一項研究曾邀請參與者想像正向的未來事件，並進一步進行腦部核磁共振掃瞄（fMRI）。結果發現，有情緒中樞之稱的杏仁核在我們想像時會出現明顯的活動，跟「情緒相關決策」「預期未來獎勵」有關的前扣帶皮層也有明顯的活動。也就是說，當我們想像正向的未來事件時，會同時啟動杏仁核與前扣帶皮層，讓我們對未來萌生美好的期待，認為有好事在前方等著，進而願意付出努力。在樂觀量表得分較高的人，也有類似的腦部活動模式，強度甚至更高。

樂觀會讓我們願意花費心思去努力達到期望的美好未來。如同運動身體時也會燃燒卡路里（有使用計步器或活動計量器的人都知道，動得越多或訓練越辛苦，就會燃燒越多熱量），大腦的活動也是如此。它日以繼夜地運作，即使我們休息的時候也不停擺，而且需要大量的新陳代謝。

我們對這世界的想法會影響我們做的事情，進而影響付出努力的意願，更連帶牽涉到需要多少能量。長時間費心思考情緒議題會耗費大量能源，往往還會分泌像是壓力荷爾蒙造成心跳加快，影響到身體的其他功能。其實思考關於「彈性」這件事，也需要能量和力氣。當人們感到樂觀時，通常會比較願意花費能量和力氣去處理遇到的問題，因為他們假設一切都會好轉，所以這些付出都是值得的。

樂觀地期待未來會有好事發生，其實也帶有自我滿足的味道。樂觀會讓人想要照顧好自己，因此樂觀的人會比其他人健康與長壽。這一點都不令人意外。由於樂觀會讓人們相信自己可以成功，也比較能持續不懈進行要做的事。光是這點就足以讓他們比較容易成功。在社交方面也是如此，樂觀的人通常擁有較為良好且親密的關係，大概也與他們比較能夠自我滿足有關。

瑪倫發現自己的腳趾能動之後，雖然非常興奮，但眼前仍有一段艱辛的路要走。她依然得面對持續不斷的疼痛，尤其在脊髓性休克消退後的第一個禮拜，通常會格外痛苦。

脊椎遭受損傷時，大腦與支配肌肉的運動神經元之間會失去聯繫。換句話說，運動神經元可能會開始不受控制。因為它們已不再與大腦相連，所以常會自行放電，造成不定時且強烈的肌肉收縮，此時引起的疼痛可能會相當劇烈。為了減緩肌肉的收縮，瑪倫得想辦法讓自己盡可能放鬆。儘管家人在旁陪伴，她也盡力而為，但有時候這真的很困難。直到運動神經元與大腦之間的聯繫又漸漸開啟，肌肉莫名收縮的狀況才逐漸變少。

雖然痛苦，但瑪倫始終樂觀以對。「我為自己設下目標：我一定可以再走路。接下來兩年，我的生活都以這個目標為中心。」

在樂觀的加持之下，她仔細思考要怎麼做才能達到目標。接著，她開始踏上這段充滿心酸血淚的艱困旅程。

然而，她對於再次站起來走路的執著，有時候會讓她與那些認為她只是在否認或太過天真的醫療人員發生衝突。

瑪倫記得有一回覺得特別有壓力。大概是在受傷後的第六個禮拜，一家人決定要回到德國，才能在有家人陪伴的狀態下繼續治療。這可不是件容易的事，因為需要搭乘飛機。為了避免再次受到傷害，整趟飛行過程中，瑪倫得要確保自己是完全固定不動的狀態。她很努力做好心理準備，打起精神面對這趟旅程。

「起先，我還跟那些護送我到飛機上的救護人員有說有笑，聊得很愉快，但他們看到我的病歷紀錄後態度就變了，變得非常嚴肅與凝重。」

瑪倫詢問那些人是否能讓她看看自己的病歷。一直到那個時候，她才真的好好理解到自己的病況，而那是一段頗為難熬的時光。

「病歷紀錄的內容非常負面。簡單來說，就是認為我會一輩子都坐在輪椅上。他們的描述方式……說真的……讓我大受打擊。我一直試著保持正向，但病歷上的文字實在是太負面了。」

瑪倫的絕望感越來越濃。她原本以為是英國醫師過度謹慎，沒想到轉回德國的醫院後，才發現德國醫師更加保守。

「德國的醫師對於我能否再次走路，抱持著幾近絕望的態度。」

然而，瑪倫還是試著盡可能保持樂觀，希望至少可以有一定程度回到原本的正常生活，她也把注意力放在這個信念上。

瑪倫回到德國後所住的第一家醫院，雖然是間極有名氣的研究機構，但她一直覺得住在那裡的感覺並不好，於是起心動念搬到能接受她樂觀看待一切的地方。最後，終於找到一間似乎比較適合的醫院，她決定轉院。

## 樂觀的代價？

瑪倫堅定不移的樂觀會帶來什麼問題嗎？

正如先前所提，任何能促進心理韌性的特質，都有失效的時候，保持樂觀也脫離不了這樣的命運，在某些情況下，它甚至可能造成傷害。例如，樂觀可能導致對未來有過度正向的期待，一旦期待破滅，就會迎來毀滅性的絕望；樂觀也可能讓人對於想要的結果有著不切實際的期待。這點在癌症治療的案例裡相當常見，有許多患者是帶著高度不切實際的期望進入療程。一項研究指出，大多數癌症患者尋求治療時，都相信自己被治癒的機率比別人高，風險比別人低。也就是說，他們認為自己被治好的機會高於平均值。

雖然如此，**當我們面對極其可怕的情況時，保持樂觀依然有其好處。若能撇開不想要的結果，把焦點放在自己能做什麼，則會更有努力的動力。**事實上，研究發現即使面對的是像癌症這麼強大的威脅，在治療的過程中，保持樂觀仍有助於人們進行壓力管理。

等到終於轉入比較具同理心的新醫院後，瑪倫旋即將注意力放在強化自己的身體。

「我把自己全然交給醫療團隊，盡力去做任何我能做得到的事。我充分利用醫院資源，付出超乎常人的努力。我會到醫院外的健身房，花上好幾個小時自己進行重訓。」

雖然還是需要輪椅，但瑪倫已經開始用拐杖和膝關節支架進行學步訓練。她的狀況有很明顯的進步，也因此得以繼續保持樂觀。她從未曾放棄展望正向的未來，也從未放棄相信自己一定能夠再站起來走路，以及一切都會好轉。保持樂觀讓她幾乎對任何新方法都來者不拒。她以開放的態度廣納所有可能幫助自己復原的機會。當然，在各式各樣的嘗試中，有些難免會把她帶到死胡同裡。

回憶起這些時，她笑了。

「畢竟當你發生這樣的意外、受了這樣的傷，每個人都希望能把你治好。」

希望的曙光就隱藏在各種新穎的嘗試中。瑪倫還在英國時，母親給了她一本由美國身心科醫師強波斯基（Gerald Jampolsky）所寫的書，裡頭有許多啟發人心的案例，述說人們如何透過改變信念來克服可怕的疾病與身體創傷[3]。瑪倫覺得這本書帶給她滿滿的希望，她甚至寫信給作者，希望能有機會與他見上一面。

回到德國不久後，瑪倫的家庭醫師提及一位夏威夷傳統療法師，一位卡胡那[4]。他會使用一種源自夏威夷土著的古老按摩療法（lomilomi），幫助人們療癒嚴重的身體損傷。當時那位卡胡那正好到德國演講，因此家庭醫師幫忙安排瑪倫與他見面。瑪倫發現對方有非常強大的「魅力」，也認為他的方法將會有效。閒談之際，卡胡那的學徒建議瑪倫到他工作的茂宜島走一趟。瑪倫還記得，當時她覺得那地方聽起來就是個療癒聖地。

---

註③：譯註。此處所指著作為《*Teach Only Love: The Seven Principles of Attitudinal Healing*》。目前並無中譯本，如有興趣可參考此位作者的其他中譯作品：《大夢初醒》（*Wake-Up Calls*）、《人生的橡皮擦》（*Forgiveness, the Greatest Healer of All*）。

註④：譯註。kahuna。夏威夷語，可用來指稱任何領域的專家，有時也會用來指稱巫師、醫生、牧師。

對行動受限的人而言，德國與茂宜島有段非常遙遠的距離，將是一趟所費不貲且困難重重的旅程。不僅需要先有完善的事先規畫，在那兒等待的也不過是看起來充滿希望的可能性，沒有任何絕對的保證。

多數人大概會就此放棄，但瑪倫始終覺得自己深受這個機會吸引，因此與卡胡那的團隊保持聯繫。等到雙腿越來越強壯，她終於正式動身，展開這段旅程。巧合的是，強波斯基大約也在這個時候回信給瑪倫。結果，他與妻子及書籍的共同作者瑟林席翁（Diane Cirincione）正好在夏威夷的另一座島上，而且非常樂意與瑪倫見面。

瑪倫與卡胡那的合作、與強波斯基和戴安的會面，都為她帶來強大的正能量。雖然原本只打算在夏威夷停留六周，後來她總共在那裡停留了四個月之久。

「可以的話，我會想再待久一點。」瑪倫笑著說。

在夏威夷的那段時光，瑪倫也是盡可能活動自己的身體。她每天都到海裡游泳來提升肌肉強度，也在那裡認識許多新朋友。而且她記得自己與強波斯基、戴安與其他新朋友之間，都有許多非常美好且有意義的談話。

對瑪倫而言，她找到許多完美的人事物，願意肯定且支持她那取之不盡、用之不竭的樂觀正向。

「真的很棒，我很喜歡。每個人都充滿正能量。我實在很喜歡美國人這一點。他們有許多如何克服逆境的故事，美好到彷彿不是真的。美國人很喜歡這種故事，也很喜歡我的故事並不斷鼓勵我。在我的人生當中，那是一段非常具有正能量的時光。」

瑪倫穩定的進步中，每進步一點點，她的自信就會再多增加一些。

意外發生一年後，瑪倫偕同一位朋友到茂宜島的哈雷阿卡拉火山口觀看日出。那天下午，他們一起前往海邊，瑪倫第一次試著只靠自己走路。

她辦到了！

這場歷時甚久、艱苦卓絕的硬仗，終於在那特別的一刻迎來令人讚嘆的勝利。

但瑪倫覺得還不夠。

她繼續努力強化自己的身體，在受傷兩年後，她返回劍橋大學重啟學業。對瑪倫而言，這才是最後的勝利。她用自己的雙腳在校園裡走動，不須任何外在的輔助工具。她以自己的成就為榮，而這一切也非常值得眾人為她喝采。

06

SYNERGY

# 如何將彈性心態運用自如

過了幾年，瑪倫開始明白與感謝醫師們當時的謹慎。許多脊髓損傷的患者確實會在初期恢復部分知覺，但通常也僅止於此，想再站起來走路，幾乎是比登天還難。

瑪倫後來才知道她能痊癒，算是很不尋常的。當然，不可否認的是她一直都非常努力。但這當中或多或少有些幸運的成分，畢竟樂觀無法修復受損的脊髓。瑪倫的傷勢顯然正好落在有痊癒機會的範圍內，但萬一她的傷勢根本已經無力回天呢？如果她的脊髓沒有復原呢？

瑪倫經常思考這些可能性。她很好奇如果在受傷之後，腳趾頭沒能在那麼短的時間內動起來，或是最終仍須靠輪椅度過下半輩子，那她還應付得來嗎？她不禁懷疑自己的樂觀是否會被失望擊垮。

這時候，組成彈性心態的另外兩個信念就派上用場了。

如果瑪倫從頭到尾都只仰賴她的樂觀，可能早就投降了，因為只有樂觀是不夠的。把注意力放在美好的未來，當然很能激勵人心，讓我們願意嘗試各種可能的處理方法。但是找到那些方法並實際進行，只靠樂觀的力量根本不太可能達成，尤其當失敗一而再、再而三地打擊我們時更是如此。

先前我曾提到，彈性心態的核心就是相信自己能夠面對來到眼前的挑戰，並且願意做任何能幫自己度過難關的事。在這個過程中，樂觀當然貢獻良多，但是若把另外兩個與彈性心態有關的部分（相信自己有能力應付、不畏挑戰）都納入，將會激盪出其他火花。當我們需要面對一個困難的挑戰時，這些元素可以提供額外的推力。接下來，將帶領各位讀者瞭解它們如何發揮功能，而其影響可能比我們所以為的還要多出許多。

## 信心和挑戰

多年前，我曾前往芝加哥參加一場研討會，並參與其中一場談論心理韌性和強大逆境的座談會。在那裡，我遇見來自牛津大學的甘迺迪（Paul Kennedy），已故的他，當時是世界上首屈一指的脊髓損傷心理學專家。研討會結束後，我與他一起喝了幾杯，他對我發展出來的軌跡分析技術甚感興趣。經過一連串的討論，加上幾杯黃湯下肚，我們決定將他與其團隊所收集到的脊髓損傷患者資料也拿來進行分析，看看是否能與我的創傷研究有相同的發現。

這會是一項有點難度的研究。他手上的那些脊髓損傷患者可不如瑪倫這般幸運，他們幾乎沒有人能夠移動自己的腳趾頭，或者即使能夠移動，也未曾帶來任何改變，至今依然處在癱瘓的狀態。

研究完成時得到的結果相當令人震撼。

就如同先前許多研究所顯示的，雖然這些脊髓損傷患者的受損程度都相當嚴重，但多數人都出現過明確的心理韌性軌跡，而非出現憂鬱症狀之前的過渡期。這群具有心理韌性的人即使是剛受傷，甚至是住院時或相隔幾年，再追蹤時都非常一致地維持在幾乎沒有PTSD症狀的狀態。更令人驚訝的是，這些具有心理韌性的患者，心理健康狀況幾乎與一般人無異。

也就是說，雖然他們身受重傷又癱瘓，多半也不會更焦慮或更憂鬱，即使是在剛受傷的頭幾個星期也是如此。更有甚者，無論是這項研究還是後續其他相關研究，結果都顯示這些具有心理韌性的患者身上，具備能構成彈性心態的元素，其中包括：他們都是樂觀主義者、都認為自己有能力應付眼前的困難，而且也都願意好好面對來到眼前的挑戰。

**相信自己有能力應付，會以與樂觀不同的方式鼓舞人心，讓我們比較願意去冒險。**當我們可以掌控自己的能力，也會比較願意嘗試各種不同的行為，甚至挑戰一些自己不確定能否做到的行為，只因為我們認為自己可能成功。而且，這樣的自信能帶來「自我實現的預言」（self-fulfilling prophecy）。

相信自己有能力應付困難的人，並不只是想像而已。整體而言，他們真的能做出有效的因應行為，無論面對的是當前的壓力源，還是未來可能遇到的任何壓力事件。遭遇潛在創傷事件之後，他們適應得特別好。

我們針對住院中的創傷性意外倖存者進行了一項研究，那些住院時就認為自己應付得來的人，接下來半年內也比較可能出現心理韌性軌跡。

不畏挑戰則又添加了不同的元素。要瞭解這個信念的本質，最好的方式就是比較對立面——害怕威脅。

其實當人們面對困難時，感受到威脅是很正常的，至少會在一開始擔心事情變糟。正如心理學家所說，危險程度超過自身具有的因應能力及可用資源時，就會將眼前的壓力源視為威脅。換句話說，我們認為自己會被擊倒或狀況變得更糟，是因為這個壓力源的力量比我們還強大。我們就是在跟自己說：「這下糟糕了，而且可能會越來越糟。我不認為自己應付得來。」我們越是把眼前的事物當成威脅，越容易感到挫折和焦慮，而這樣的感受將反過來阻礙我們採取有效行動。習慣將眼前的事物視為威脅，會讓我們越來越消極，放任事情發生而不是主動面對，也不會試著做些什麼。一旦進到這樣的狀態，就會越來越難改善我們的處境。

改用「面對挑戰」的精神來看待一切，事情就會變得不同。

起先，我們會比較主動積極，然後開始用不同的角度看待壓力源。我們不會再把它看成是一個讓人難以忍受的威脅，而是把它當成挑戰的機會。也就是說，**當我們能夠擁抱挑戰，就不再只是待在原地告訴自己事情會變得多糟，而是開始試著想辦法去克服。**

從非主流作曲家佐恩（John Zorn）的新聞中，就能看到「不畏挑戰」如何促進一個人的彈性。

佐恩花了好幾個月大量回顧他的作品，親自主導這張專輯的每個細節，包括邀請許多音樂家共同演出、為不同曲目錄下需要的片段，再進行混音以製作出最後的成品。整張專輯即將完成之際，財務卻突然出現困難。這是一張耗資頗鉅的專輯，如今卻沒有錢可以支付。處理完這個威脅之後，佐恩從最一開始的驚嚇，到認為自己別無選擇，只能轉換做法。

「我進入到『想辦法解決』的模式，」他說，「我永遠都有備用方案，我試著想辦法，用有創意的方式來解決這個問題。」

就某種程度而言，不畏挑戰的信念會讓身體自動轉變，好加以適應現況。有一系列的實驗展示出這個過程。其中一組研究設計裡，詢問受試者認為自己對於即將出現的壓力情境（如輕微的電擊），會有什麼反應；另一組研究設計中，則引導受試者將壓力源視為威脅或挑戰。結果，**將壓力源視為挑戰的人，會出現比較多與行動和適應相關的身體反應**：

首先，交感神經會導致心血管加速運作，加大心室收縮力道，提高心臟每分鐘送出的血液量，即所謂的心輸出量。與此同時，身體會釋放腎上腺素到血液裡。腎上腺素會促進大型骨骼肌與肺部的血管擴張，讓身體做好準備，隨時對強大壓力做出反應。此外，身體也可能分泌出更有力且效果更加持久的壓力荷爾蒙皮質醇。在內分泌受到調節的狀況下，我們很快就能適應壓力的存在。其實當我們運動時，身體也會出現類似反應，幫助我們有更好的表現。

但如果把眼前的事情視為威脅，雖然心血管的收縮與心輸出量也會增加，卻不會有後續的血管擴張；而沒有荷爾蒙加以調節的話，只是不斷加強心臟輸出的血液量，最後可能導致血壓過高及持續性的過度壓力反應。也就是說，將眼前難題視為威脅時，我們的身體並不會做好面對壓力的準備。

此時，不難發現身體的反應其實呈現一種消極的忍耐，這跟手腳泡進冰水後產生的被動壓力反應非常相似，待疼痛加劇時，我們唯一的反應就是把手或腳縮回來。

越是長期的壓力源，越需要不畏挑戰的精神。例如，把在學校遭受的霸凌視為挑戰的孩子，比較會去尋求幫助，因此比較有可能克服這些困境；觀察派駐戰地的軍人，也發現**能將自身經驗視為挑戰的人，身心狀態比較健康、不容易憂鬱、較少身體方面的抱怨，負向情緒也不多**，更同時比其他軍人出現更多正向情緒。

對於需要忍受長期考驗的脊髓損傷患者而言，「不畏挑戰」是個得力助手。

甘迺迪很喜歡談論一位患者，他是一名砌磚工人，二十歲時因工作受傷導致癱瘓。比起沉緬於自艾自憐，他把這場不幸視為一項挑戰，認為這是一個讓人生重新來過的機會，於是開始到當地大學進修，也因此發現自己對統計學的熱愛。

一路精進的他，最後成為一位令人尊敬的電腦研究員。雖然這樣的發展已經讓原本的悲劇有個快樂的結局，但這位由砌磚工人變身成的研究員以更誇張的方式來看待這一切：他甚至認為脊髓損傷是這輩子經歷過最美好的一件事。每回講起這個故事，他總是忍不住在最後用濃濃的愛爾蘭口音補上一句：「去做個生涯諮詢可能會簡單得多[1]。」

甘迺迪曾研究大量的脊髓損傷患者，從中觀察到不畏挑戰和心理健康間呈現的穩定關係。舉例來說，他的其中一項研究發現，不畏挑戰的患者表現出來的憂鬱和焦慮程度都相對較低。同樣地，在我們合作進行的軌跡研究中，也發現不畏挑戰的脊髓損傷患者較容易出現心理韌性軌跡。

「奮戰精神」(fighting spirit)量表上的問句，特別針對脊髓損傷患者量身訂作，而且都與彈性心態有關。例如他們是否同意以下描述：「儘管受傷，我依然試著活出精彩的人生。」「我拒絕讓受傷影響我的人生。」「我會不斷嘗試各種可能改善狀況的方法。」結果發現，在同一個研究裡，具有心理韌性的患者在這張量表上的得分也比較高。

## 一加一大於二

保持樂觀、不畏挑戰、相信自己有能力應付，這三種信念對彈性心態的貢獻有很多極其相似的地方，只是它們各自添加了一些獨特的元素：**樂觀能提昇我們為美好未來努力的動機、不畏挑戰讓我們能思考自己需要做些什麼、相信自己有能力應付則有助於我們付諸實行**。如同其他特質或行為一樣，雖然這一切的好處不容否認，卻也有相應的代價。我們已經討論了過度樂觀可能造成的傷害，而「不畏挑戰」與「相信自己有能力應付」也有其潛在的缺點。例如不畏挑戰能讓我們勇於面對壓力源，然而一旦壓力源持續存在，最後卻可能造成心理上的耗竭；一昧相信自己應付得來，有時或許會無視自己的失敗，錯失及時調整策略的機會。

最重要的是，當這幾種信念一起組成彈性心態，反而會因為彼此的存在而減弱各自的限制。也就是說，每一種信念都可以增強另外兩種信念，因此當它們共同運作，就會產生更大的力量，讓我們能更有效率地處理眼前的問題。

保持樂觀依然是當中最重要的角色，而且經常啟動整體的運作。比如說，先透過樂觀描繪出美好未來的輪廓，我們才因而得以想像自己已經解決這個挑戰，並且覺得無論面對多麼困難的挑戰，我們都能夠處理。預見到美好的未來，讓我們更相信自己的因應能力，也同時更加確定自己能找到方法來處理當下面對的挑戰。保持樂觀更讓我們願意把眼前的威脅視為一種特定的挑戰。如果未來一切都會好轉，我們就不再擔心這個威脅有多可怕，而把焦點擺在自己可以做些什麼，並相信不管是什麼挑戰都能夠克服。

透過所謂的路徑分析，可以清楚看見這三種信念背後的運作邏輯。例如在以災難生還者為樣本的研究當中，比較各種不同預測因子間的關連後，發現最能解釋良好心理健

註①：甘迺迪是在某次晚餐後口頭告訴我這位砌磚工人的故事，而馬庫斯（Gary Marcus）也曾在《紐約客》（*New Yorker*）的文章裡提過這個故事。詳情可見：Gary Marcus, "Dancing Without Feet," *New Yorker*, March 23, 2013, www.newyorker.com/culture/culture-desk/dancing-without-feet。

康的「路徑」，是以保持樂觀為起點，然後一路上提升對於因應能力的信心，最後再減緩沮喪的感覺及創傷症狀。另外一個路徑分析的例子，則是針對化療中的乳癌患者憂鬱程度進行研究，結果發現他們的路徑是從樂觀開始，然後來到不畏挑戰，最後抵達低憂鬱程度。

「協作路徑」（synergistic pathways）也可以從不同的地方開始（如，相信自己有能力應付，可以增強不畏挑戰的部分）。理由很簡單，我們越相信自己有能力處理和解決問題，就能越專心面對眼前的挑戰。當然，這也已經透過研究獲得證實。

實驗研究中也發現這個路徑的存在。這項研究要求參與者進行極端困難的任務，許多人一開始把這些任務視為挑戰，然而其中部分參與者分派到的任務，是根本無法解決的，因此當他們發現無論怎麼做都沒有用，會漸漸把這些問題視為威脅。然而，有信心能因應，就可以緩解這個效應。那些一開始非常相信自己能應付的人，即使反覆失敗，還是能繼續保持不畏挑戰的態度。重要的是，他們不會因為自己的表現與其他人不同而憂鬱或垂頭喪氣。

在另一項研究裡則出現了相反的路徑：不畏挑戰的元素提昇了信心，相信自己能有效應對。該研究使用所謂的「冷加壓試驗」（cold pressor test）。那是個相當痛苦的過程，要求受試者把手泡進冰水裡，而且泡越久越好。視泡冰水為挑戰的受試者將手放入冰水後，「自我效能感」（self-efficacy）有提高的跡象。即使感到疼痛，這仍有助於他們在冰水中忍受較長的時間。也有其他研究指出，保持樂觀能提高自身因應能力的信心，而這份信心也會反過來助長樂觀的態度。這其實很合理，當我們覺得自己越能掌控一切，就越能對未來抱持正向的預期。

雖然這一切看起來都很像陳腔濫調，但這些研究結果清楚展示出：共同運作時，效果會比個別元素自行運作來得好。**在彈性心態中的每一個信念都可以滋養出另外兩個信念。因此，它們可以同心協力，繼續提升信心，讓我們更確信自己能面對各種挑戰，並付出需要的努力。想讓自己擁有彈性心態，提昇信心是非常重要的。**我們已在研究中看見這樣的效果，也從人們面對困境的故事有所瞭解。接下來，就來看看墨西哥藝術家卡蘿（Frida Kahlo）那令人震撼的生命故事。

## 那場改變人生的意外

卡蘿是全球知名的人物。雖然她還在世時就已經非常為人所知，包括她激進的政治立場、與知名壁畫家里維拉（Diego Rivera）分分合合的婚姻，還有她的藝術作品。但一直到近代，她的形象才越來越鮮明。她是非常特別的人，也是極有天賦的藝術家，所獲得的名聲可說是當之無愧。她透過畫作，以創新的方式描繪自己的內在幻想及痛苦掙扎。在她的人生當中，幾乎無時無刻都充斥著疼痛與各種逆境。

各種艱苦的試煉很早就降臨在卡蘿的人生裡。她在六歲時罹患小兒痲痺，雖然後來康復，卻還是在身上留下不可磨滅的痕跡。到了十八歲，悲劇更是接二連三地發生。

當時，她與男友亞歷山卓（Alejandro）到墨西哥市中心遊玩，搭乘一輛擠滿人的木造巴士遊覽市區的街道。時值一九二五年，巴士在那個年代是新奇的玩意兒，許多人成群結隊地想嘗鮮，巴士司機也忍不住想炫耀一番，一行人就這樣聲勢浩蕩地一路往前。

就在他們行經一輛路面電車時，司機踩下油門加速，打算繞過電車前方。但他判斷錯誤，巴士沒能順利轉彎，就這麼被電車給攔腰撞上。

亞歷山卓的描述還原當時發生的一切：「電車緩緩擠壓過來，巴士有種說不出來的彈性。它不斷被擠壓、扭曲，卻沒有斷裂。車廂內部兩側都設有長椅，我記得有那麼一刻，原本坐在我對面的人，膝蓋都和我碰在一起了。我坐在芙烈達身邊，當巴士被擠壓到極限後就瞬間爆裂開來，化為成千上萬塊碎片，但電車還在前進，甚至輾過許多人。」

一只鐵製的扶手在巴士碎裂時噴飛，刺過卡蘿的身體，穿過她的骨盆。她一動也不動地倒在血泊裡，身旁全是巴士的殘骸。

「我把她抱起來（當時的我還是個身強力壯的小伙子），然後驚恐地發現竟然有根鐵棒插在她身上。旁邊有個男人說：『我們得將它拔出來。』他一邊把膝蓋壓在芙烈達身上，一邊說著：『把它拔出來吧！』然後就抽出那根鐵棒。芙烈達發出可怕的慘叫聲，聲音大到幾乎蓋過紅十字會救護車趕到現場時的警笛聲。」

救護車把卡蘿載去附近的紅十字會醫院。她的脊椎有三處斷裂，主要受損位置在腰椎。腰椎位於脊椎接近底部的地方，約略在臀部上方，負責承受與支撐身體大部分的重量，同時也是脊髓終點。脊髓在此處形成兩股坐骨神經，從雙腿延伸至雙腳。調節活動時，腰椎與坐骨神經扮演著非常關鍵的角色。但不幸的是，它們也是下背痛與腳部疼痛的罪魁禍首。更糟的是，卡羅的腳與骨盆皆有多數碎裂，內臟亦有受損的跡象。

醫師們完全無法確定卡蘿是否能再起身走路，或者更重要的，她到底能不能活下來？而他們唯一能做的就是試著開刀修復損傷的部位。當卡蘿恢復意識時，她發現自己全身都裝上支架，那是在接下來的人生中得一直跟著她的護具之一。

卡蘿的傷勢並不輕，也帶來許多痛苦，但令人訝異的是，她恢復得相當快，大概在意外發生的一個月後就能返回老家。她依然得穿戴支架，同時承受相當強烈的疼痛，但醫師認為家庭的溫暖與新鮮的空氣有助於她的復原。

「我的腳很痛……而且就如同你能想像的，我非常不舒服，但他們說骨頭很快就會痊癒，我也可以慢慢恢復走路的能力。」她在一封信裡如此寫著。

醫師採用的治療方法似乎可行，意外發生之後僅僅過了三個月，卡蘿就已經可以走路了。她甚至還自己到市中心來了一趟短程旅行。

遺憾的是，奇蹟很快就化成泡沫，卡蘿的狀況迅速惡化。

首先，當時是一九二五年，人們對脊髓損傷所知甚少，也不清楚治療的方式。醫師並沒有對卡蘿的脊椎進行任何X光檢測，很可能是因為這個檢查在當時實在太過昂貴，因此自始至終都無法完整評估腰椎的損傷程度。直到後來才發現碎裂的脊椎其實並沒有癒合得很好。

隨著時間過去，卡蘿開始經常感到疲憊與難以忍受的疼痛，也常常覺得噁心想吐，有時雙腿更會莫名地失去知覺。她的脊椎無法正常活動，因此在意外發生的一年後，她被迫再度穿上全身性的支架。

雖然最終整體狀況仍有改善，也還是能走路，但卡蘿的身體始終沒有痊癒。她接下來經常因為受傷的後遺症出現健康方面的問題，從此成為需要不斷進出醫院的常客。她的腰椎黏在一起，導致椎間少了保護性的軟骨，無法減緩活動時帶來的衝擊與摩擦；右腳在車禍時有多處骨折，後來也沒能完全恢復，因此帶來數不清的慢性疼痛，即使經過多次手術也於事無補。年紀較長之後，這些疼痛令她疲於應付，虛弱的身體更成為諸多疾病的溫床。最後，她的右腳因為感染而不得不截肢。一年之後她就過世了，享年四十七歲。

卡蘿是否具備心理韌性呢？關於這點，畢竟我們無法取得相關的數據，不能像做研究那樣給出精確的回答。但是，我們有許多關於她生平的素材，包括畫作、照片、信件、日記、新聞報導、友人的回憶等等，從中都可看見卡蘿有著樂觀開朗的性格。儘管承受那麼多痛苦，但在她的信件、日記裡卻未曾顯示任何創傷症狀，也沒有任何長期憂鬱的跡象，更沒有顯而易見的焦慮。傳記作者賀蕾拉（Hayden Herrera）檢視卡蘿的資料時，深深地被她對生命的熱忱所感動。「她不只是在忍耐一切，而是在享受一切。」

是的，卡蘿始終是不屈不撓的，她也擁有構成彈性心態的每一種信念。綜觀她充滿困境的人生，從學生時代開始，就能看見她有著源源不絕的樂觀，對於處理困境的能力也越來越有自信，並且能夠堅毅不屈地面對來到眼前的挑戰。我們也可以從她身上看到這些信念如何互相影響、增強彼此的力量，好讓她能夠持續相信：無論老天爺拋出什麼難題，她都有辦法面對和處理。

**「只要能夠畫圖，我都很高興自己還活著。」**

卡蘿在六歲時罹患小兒麻痺，這在當時是不治之症，幾乎只能迎接死亡的結局。她在床上躺了整整九個月，最後居然好起來了。雖然右腳已無法回到正常狀態，變得相對纖細還比左腳短上些許，因此走路時會稍微一跛一跛的。為了解決這個問題，她需要特製的鞋子。

那條看起來特別細的右腿始終讓她不自在。她回憶道：「我有了一種心理負擔，為了把右腿藏起來，我會先在膝蓋以下的部分纏上許多繃帶，再穿上非常厚重的毛襪，盡可能讓它看起來與左腿無異。」

雖然卡蘿對自己的右腿感到丟臉，但她依然相信自己會找到方法來處理這個問題。有了這樣的信心驅使，她轉而去面對與解決迎面而來的挑戰。當醫師和父親鼓勵她透過運動來強化身體，她毫不猶豫地接受這些建議。她踢足球、游泳、摔角，甚至是練習拳擊。在那個年代，雖然這些活動都不是有錢人家的女孩會進行的（尤其是摔角和拳擊），這反而讓卡蘿更想挑戰。

也就是在這個時候，她滿心歡喜地發現自己的想法天馬行空，而這個能力有助於她度過這些苦難。

「大概從那時起，我開始擁有想像的朋友。」她對採訪者說，「我會從窗戶的玻璃望出去，想像那裡充滿煙霧。然後，我會為自己畫一個小小的窗口，從那裡走出去。我家對面有一間叫做 Pinźon 的牛奶專賣店，我會從它的『o』穿進去，前往地球的中心。

我的朋友們都在那兒，我們會一起跳舞、玩耍。如果有人叫我，我就會躲在樹後面，然後笑出來，超開心的。其他時候，我會坐在台階上，望著庭院裡的石頭露台。廚房前有座用來烤麵包的烤爐，我會想像穿著粉紅色衣服的小男生和小女生從烤爐裡走出來，成群結隊出現然後又消失不見。這些想像帶給我非常多的樂趣。」

幾年之後，卡蘿因為脊髓損傷復發，不得不在床上靜止不動躺上一段更長的時間。對一個活潑好動又不安於室的靈魂來講，這實在太折磨了。小兒麻痺的復原過程中需要增加身體活動，但脊髓損傷患者需要的卻是絕對的靜止不動。那種無所事事的感覺很容易令她崩潰且深陷憂鬱。但樂觀及自信幫助她面對這個新來的挑戰，也讓她找到驚為天人、充滿彈性的解決方案，更成為她後續人生中的重要支柱——她開始畫圖。

「我打著石膏，躺在床上無聊到快死掉……想說來做些什麼好了，便從父親那裡偷來一些油畫顏料。但因為我沒辦法坐著，母親便為我訂做一個特製的畫架……然後，我就開始畫了。」

她把看得見的每樣東西都畫下來。她的腳、她身上的支架、前來探望的朋友。最後，當家人幫她掛了一面鏡子在床鋪上方，好讓她能看見自己時，她開始畫自己。

為原本所處的困境找到如此完美的解決方案，大大提昇卡蘿因應能力的自信，也令她原本就彌足強大的樂觀變得更沒有極限。這點一直令她的醫師們倍感頭痛，因為卡蘿總是不聽醫囑好好靜養，讓他們萬般挫折，但她實在太想趕快突破身體帶來的限制了。

等身上的傷終於復原得差不多，卡蘿很快就回到以往活力充沛的生活方式。雖然她沒有再回到學校唸書，但她與既存的眾多朋友圈重新建立連結，參加派對、政治示威運動及文化活動。

約莫也就在這個時期，里維拉成為她生活中的重要人物。身為世界知名的畫家，里維拉一直住在巴黎，直到近期才回到墨西哥市繪製壁畫。他其實在好幾年前就見過卡蘿，當時還是學生的卡蘿曾詢問，是否能在旁觀看他繪畫。即使在那個時候，里維拉都記得「她散發出一股不尋常的高貴與自信，而且她眼中燃燒著特別的火焰」。就在卡蘿開始認真作畫不久後，她大膽地再次靠近里維拉，還帶了自己的三幅作品給他看。那一筆一觸所散發的氣息震撼著里維拉的世界，深深地打動他。一周之後，里維拉前往卡蘿住處欣賞她的其他作品。他在自己的傳記裡是如此描述那一刻：「說不上來為什麼，但芙烈達已成為我生命中最重要的一部分，接下來二十七年，到她過世之前皆是如此。」

里維拉與卡蘿開始時常膩在一起。在里維拉的傳記裡，他提及有天卡蘿的父親將他拉到一旁，兩人有了如下對話。

「我看得出來你對我女兒有興趣。」卡蘿的父親說。

「是的。」我回答，「所以我才會大老遠跑來科約阿坎找她。」

「她可是個惡魔。」他說。

「我知道。」

「好吧，別說我沒警告你。」說完，卡蘿的父親轉身離開。

卡蘿那大膽不羈的本質，在里維拉面前可說是展露無遺。他們在極短的時間內就結婚了，距離卡蘿脊髓受傷，也不過才相隔四年。

他們成為一對不管去到哪都令人印象深刻的伴侶。里維拉體型龐大，超過一百八十公分高；卡蘿則是既矮小又纖細，卻有著強烈的個人風格。隨著積極參與各種文化與政治活動，兩人很快就成為媒體寵兒，經常被配上「大象與鴿子」這樣的標題。他們也很常被拍到與名人朋友在一起，包括許多作家、藝術家及政治人物。

卡蘿與里維拉的伴侶生活可說是既活躍又多采多姿。他們會一起到街上抗議、一起旅行、一起找樂子。他們對彼此溫柔，對彼此充滿熱情，有時候也會吵吵鬧鬧，而他們最常吵的皆是與忠誠度有關的事。里維拉是出了名的無神論者，卡蘿則是有多次外遇，其中最為人所知的就是與流亡的俄國革命軍托洛斯基（Lev Trotsky）以及雕刻家野口勇的婚外情。

在卡蘿過世的前幾年，她終於為自己的人生找到整合之道，身體狀況卻迅速惡化。很快地，生活漸漸被疼痛與精疲力盡的感覺給占據。

一九五〇年，四十三歲的卡蘿在日記裡如此寫著：「我已經生病一年了，脊椎已經動了七次手術……我不知道自己是否能在短時間內恢復行走的能力。我身上打著石膏，雖然它是個可怕的麻煩，卻有助於穩定脊椎，讓我不再疼痛。只是仍有無止盡的疲憊，以及隨之而來的絕望。」

卡蘿的人生中，許多時候都曾浮現輕生的念頭，不是因為憂鬱，而是因為無止盡的身體痛楚帶來的絕望感。

「就健康層面而言，如果我感覺好受一些，就會快樂一些。」她承認，「我沒有生病，但我的身體破碎不堪。但只要能夠畫圖，我都很高興自己還活著。」

## 熱衷於挑戰看似辦不到的事情

雖然身體背棄了她，卡蘿的彈性心態依舊持續為她增強對抗挑戰的能力。她極富自信地發展出各種新方法來呈現自己，並帶給自己和他人歡樂。這些古靈精怪的做法有時能幫助她繼續努力下去，有時候則用來遮掩她持續存在的困難。

作家富恩特斯（Carlos Fuentes）記得在歌劇院與卡蘿相遇時的震撼感受：

我身在墨西哥的藝術宮殿，那晚在歌劇院上演的是華格納。序曲才剛展開，突然有陣騷動和吵鬧的聲音傳入，管弦樂隊因此停了下來。大家都一起抬頭望向樓上包廂，瞧見豔光四射、奢華入場的卡蘿。她全身上下戴滿珠寶、項鍊、戒指、手鐲。她的髮飾叮叮噹噹地好似教堂裡的鐘同時響起，讓人忘記她的身體有多虛弱。事實上，那已是具殘破不堪的身體，一個將死之軀。她利用珠寶、衣服，甚至是整座歌劇院來讓自己變得神采奕奕！舞台上有華格納，包廂裡有卡蘿。但可以確定的是，那一晚，她比華格納還要引人注目。

卡蘿面對挑戰的訣竅增強了她的樂觀，也可以說幫助她避開那些若隱若現的悲觀。隨著時間過去，疼痛不斷加劇，但對卡蘿而言，這些都是挑戰，而她可不願就這樣向自己的殘疾屈服。

「在那八個月裡，我對芙烈達有許多瞭解。」野口如此寫道，「我們常常跳舞，芙烈達熱愛跳舞，你知道的，她最熱衷於挑戰所有看似辦不到的事情。如果不能這麼做，她肯定會發狂。」

卡蘿生命中最痛苦的一段時間，莫過於得知自己需要被截肢的時候。手術前有群朋友前來看她，看著他們擔心的模樣，卡蘿還試圖說故事、講笑話來振奮大家的精神。其中一位朋友，同時也是藝術史學家的羅德里格茲（Antonio Rodriguez）強調：「看著一位如此不可思議、美麗且樂觀的女性即將失去一隻腳，我們都快哭出來了。」

對卡蘿而言，截肢是件非常難以接受的事，畢竟身障人士的生活很辛苦，更不用說在她那個年代，整個環境對於身障人士並沒有那麼友善。像卡蘿這麼活力四射的人，失去一隻腳幾乎是要了她的命。手術過後沒多久，她不得不投降，整個人像洩氣的皮球，憂鬱不已。她開始會在言語間透露出輕生的意念。但這樣的狀態並未持續太久。

卡蘿非常不喜歡木製的義肢，那根本是對她的褻瀆。她覺得義肢太醜了，穿著也不好走路。雖然她曾有那麼一段時間意志非常消沉，但沉潛於體內的樂觀很快又現身掌控全局。卡蘿的注意力很快就轉移到新的挑戰上，當她那股源源不絕的自信再度出現時，她知道自己一定能夠找到解決的方法。她也真的做到了。

她找到一個非常有創意的解決方案：她為自己打造一雙高跟靴，鞋面以令人驚豔的紅皮革製成，佐以金絲繡花和小鈴噹。這雙靴子不僅可將義肢藏起來，還能搭配她色彩繽紛的服裝，賦予她一心渴望的活動力。當她試穿上靴子，還高興得手舞足蹈。「她開始在朋友面前轉圈圈，大展她重新獲得的自由行動力。」作家堤邦（Carlota Tibon）回憶起在那之後不久，卡蘿為她跳了幾乎一整曲的騎士舞[2]，更神采飛揚地說：「瞧瞧這雙神奇的腳！它們已經與我融為一體了！」

這個成功令卡蘿的自信如虎添翼。她知道這一生當中，挑戰會不斷迎面而來，但也相信自己會不斷突破重圍。她的眼光獨到，這雙鞋本身就是個藝術品，被留存至今，人們可以在墨西哥市的芙烈達·卡蘿博物館親眼見證其風采。即使只是透過照片，也會忍不住為之讚嘆。七十多年前創造出來的這雙鞋不僅僅是前衛之作，也絲毫不因時間減少當時的動人美麗。

## 轉變與重塑自我

最重要的是，卡蘿的彈性心態讓她能將自己的痛苦透過一筆一畫傳遞出來。在她不凡的創作裡，她為艱困的挑戰找到最終的解決之道。

雖然直到晚期，卡蘿才被認可為藝術家，但她的畫作已是不朽傳奇。那亮麗的色彩、令人震撼的迫力，以及表達自身觀點的新奇方式，將民間故事的元素與人物、象

註②：編按。jarabe tapatio。又稱為墨西哥帽子舞。節奏明快，舞者透過肢體互動展現情感，寬帽沿則為重要的舞蹈道具。

徵、動物、甚至是醫療器材揉合成夢境般的現實。這些作品時而趣味，時而令人毛骨悚然。對卡蘿來說，處於除了忍耐之外已別無選擇的困境之中，每一項都成為她的支持，更是她生命中不可或缺的存在。

卡蘿曾這麼說：「自從那場意外改變了我的人生，各種事物便不斷出現，阻止我滿足那些對別人而言再正常不過的渴望。對我來說，一一畫下這些未能被滿足的渴求，就是再正常不過的事。」

**轉變與重塑自我的過程中，彈性是不可或缺的。**每當身體又出現問題，卡蘿便透過繪畫重塑自我。藉由這樣的方式，**我們看到彈性如何協助人們克服逆境帶來的痛苦。**與卡蘿相當親近的攝影師朋友布拉沃（Lola Alvarez Bravo）觀察到：「芙烈達是唯一用繪畫讓自己重生的藝術家。」確實，在卡蘿的許多畫作當中，都可以看到與誕生有關的象徵。

當里維拉為了創作幾幅壁畫前往美國時，卡蘿懷孕了。儘管身體狀況受到諸多限制，她依然強烈渴望能擁有一個孩子。醫師告訴她，透過剖腹產還是有機會成功地把孩子生下來，令她充滿希望。然而，他們待在底特律的某天晚上，里維拉正在進行壁畫工作，卡蘿卻突然大量出血。她很快就被送往醫院，但孩子沒能保住，這讓卡蘿幾乎要崩潰。

卡蘿失血過多，需要住院十三天來恢復體力。心煩意亂又傷心欲絕的她，仍正面迎擊這個挑戰，而畫圖再次拯救了她。

正如她的傳記作者賀蕾拉所描述：「流產後的第五天，她重新拿起鉛筆，然後畫了一張大約到胸口這麼高的自畫像。在那張自畫像中，她穿著和服，戴著髮網，臉上滿是淚水。即使身在悲慟之中，她依然能找到笑容。」

卡蘿極度渴望描摹失去孩子的情景與感受。她請醫院提供幾本醫學書籍卻遭到拒絕，院方人員的說法是，醫院並不會讓患者擁有這類書籍，因為他們相信這會讓患者更加難過。

「卡蘿怒不可遏，」賀蕾拉寫道，「但里維拉介入協調。他告訴醫師：『卡蘿並不是一般人，她需要那些書是有用意的，她會透過它們來創作。』」

最後里維拉自己想辦法弄到那些書，卡蘿便開始用鉛筆描繪胎兒的模樣，並且創作出好幾幅與流產有關的畫作。同年後期，她創作了兩幅主題相似但更加精緻的畫。其中一幅名為《亨利福特醫院》（*Henry Ford Hospital*），她畫著全裸的自己臥於醫院病床上淌血，背景則是底特律市，而且她彷彿被棄置在一片空地。從她身上延伸出六條血紅色的管子，各自連接一個象徵性的物件：胎兒、子宮、蝸牛、蘭花（里維拉送她的）、骨盆，以及一個醫療用的機械器材。另一幅畫作《我的誕生》（*My Birth*）則是描繪她自己的出生。在該畫當中，有名女性躺在床上，而卡蘿的頭從子宮的部分探出來。

雖然卡蘿也創作了許多關於朋友和家人的畫像，但最令人讚嘆的作品絕對是她的自畫像。在這些畫裡，她的雙眼總是炯炯有神地直視觀看者的眼睛。雖然雙唇緊閉，整個人的神態看來卻像有許多故事想娓娓道來。她的許多自畫像作品都非常美麗，有些帶著神祕感，有些則令人不安。她經常在繪畫中運用各種具有象徵性的物件，有時是猴子或鳥，或者是與她的疾病相關的元素。卡蘿最出名的一幅自畫像《毀損的脊柱》（*The Broken Column*），散發出貧瘠、荒蕪、超現實及中古世紀的氣息。在這幅畫裡，半裸的卡蘿飽受折磨，被醫療支架所束縛，那是她當時被迫穿上的。她淚流滿面立足於荒蕪大地，無數鐵釘鎖入體內。軀體自下巴至下腹迸裂開來，一把冰冷僵硬的鐵軸貫穿其中，臉上滿是無語問蒼天的哀愁。

這些創作的情緒強度一時讓人難以連結到卡蘿從中獲得多少重生之力。每一幅作品都從不同的層面展示她的痛苦，但透過描繪疼痛、痛苦、愛、好奇及五味雜陳，反而轉化出自信與樂觀的力量。每一幅畫都像在勇敢地宣告：「這是我的人生，我所面對的挑戰，瞧瞧我如何征服這一切。」

這些畫作如同心理韌性的存在般，既鮮明又難以捉摸。在生命即將到達尾聲之前，卡蘿面對截肢的命運，曾在日記裡畫下兩隻被解體的腳。兩隻腳獨立站著，像極了羅馬雕像的碎塊，卻有些血管從切除處冒出來。整張圖的背景以血紅色渲染填滿，卻不令人恐懼，反而帶著些許「惡趣味」。在這裡，我們再度見識到卡蘿的樂觀、永不止息的自信，以及敞開雙臂擁抱挑戰的勇氣。這一切全都揉合成一股共同運作的力量，讓她相信無論上天又丟下什麼困難，她永遠都會為自己找到生命的出口。而在這張圖的下方，她頑皮地寫著：「腳啊，倘若我已有雙翼可展翅高飛，又何須你與我同行。」

## 只有心態還不夠

毫無疑問地，卡蘿的生平故事相當震撼人心，瑪倫的故事亦如是。之所以選擇在這本書裡放入她們的故事，一部分是因為她們的經歷完美呈現出個人的信念系統如何支撐彈性心態（保持樂觀、相信自己有能力應付、不畏挑戰），讓我們擁有良好的基礎心態，尋找適合的解決方案。

但是以這麼了不起的人物故事舉例是有風險的：這容易讓大眾覺得彈性心態好像只會出現在這些特別的人物身上，彷彿只為他們量身訂做，不是多數「一般人」能擁有的境界。幸好，事實並非如此。**大多數人都具有心理韌性，而且也都有著適度的彈性。雖然有些人似乎更能這樣思考，但構成彈性心態的信念是可以後天培養的，更隨時都能拿**

出來使用。

以這些卓越人士的故事為例，還有另外一個風險：這些人的成就，很可能會讓我們誤以為只要擁有彈性心態就能克服萬難、只要堅定自己能應付一切的信念就大功告成。這些故事與研究結果都明確指出：堅定的信念是必要條件，但仍需要進入後續的步驟。我們仍需要找到方法來處理眼前的挑戰。

瑪倫和卡蘿的故事呈現出許多具有彈性的解決方案，但我們還不知道她們是怎麼找到這些方法的。因此，讓我們繼續往下看，瞭解如何讓自己進入彈性的世界。

PART. 04

# 細節成就完美

The End of Trauma

# 07 照著彈性程序走

## THE FLEXIBILITY SEQUENCE

當我們士氣高昂，決定挺身面對困難，接下來的考驗就是如何在對的時間、對的情境下，採取對的行為。我會在後續章節道出一切，但坦白說，過去不乏有人注意到這件事。

以古希臘人為例，他們很早就明白彈性的箇中道理，至少我是如此認為。我不是一流的學者，但亞里斯多德對倫理的著述有這麼一段話：「所有人都會生氣，這一點都不費力……但是要生氣在對的人身上、生氣的程度要合宜、要在正確的時間點生氣、為了正確目的生氣，以及用正確的方式生氣，這……可就沒那麼容易了。」

亞里斯多德說得很對，彈性沒有想像中容易，尤其置身於創傷壓力所帶來的混亂與狂暴之中時更困難。當然，什麼都不做也是一種選擇。被動地等待一切過去，在不參與其中的原則下盡力而為。「時間會療癒一切。」這句格言自有其道理。只是時間的步調通常很緩慢，什麼都不做，等著傷痛過去，心也會累，甚至令人精疲力盡。事實上，抬起頭來好好面對、思考辦法，去做任何能使自己邁步向前的嘗試，反而可能減少痛苦、加速療癒。

這其實也不是什麼前所未見的新想法。古羅馬哲學家塞內卡（Seneca）早就提出類似的建議：「我們一定要讓自己保持彈性……我們應當保持開放的態度來面對發生的事情，不必太害怕即將到來的改變。越是冥頑不靈的人，命運越會強迫他讓步，而且一定會帶來焦慮及不幸。」

幸運的是，當我們試著「讓自己更有彈性」，並不是毫無章法地進行，而是有規則遵循的程序。事實上，越來越多研究整理出與此程序有關的元素，讓它變得越來越有依據可循。在前幾章討論彈性程序時，已間接提到不少這方面的研究，接下來將更進一步探究相關的細節。

彈性程序的第一步，就是**脈絡敏感度**（context sensitivity）。當我們不清楚自己正在面對什麼，就無法做出有效的反應。相反地，若**對情境脈絡有足夠的敏感度，就能拆解線索，評估眼前正在發生的事，並思考能做些什麼來加以處理**。

一旦我們找到答案——知道自己該做什麼，就會很自然地進到下一步，即所謂的**策略工具箱**（repertoire）。在這個步驟中，**不只思考該做什麼，也會端視有哪些可用的工**

**具或方法，加以評估自己可以做些什麼。**

接著來到第三步驟，同時也是最後一個步驟——**回饋監控**（feedback monitoring），此步驟的重點在於調整與修正。即使是最有能力的人也會犯錯，這很正常，我們都有可能會判斷錯誤、選擇無效的策略，或是採用成效不如預期的做法。**回饋監控讓我們有機會去調整或改變這些做法。**

彈性心態與彈性程序常常會一起運作，建構出「彈性歷程」（flexibility process），但有時它們之間的界線會變得模糊。為了徹底瞭解彈性程序中各個步驟的細節，以及它們如何與彈性心態交互作用，將透過保羅的例子來探索完整的歷程。

## 保羅想忘記的回憶

保羅（Paul）心情很好，這天雖然很漫長，但他過得還不錯。下班後他決定去拜訪兩位住在公寓裡的老朋友，馬克（Mark）與蘿拉（Laura）。保羅與他們已相識多年，也知道這個時間點或許不適合拜訪老友，畢竟馬克和蘿拉有兩個年幼的孩子，此時他們很可能正在準備晚餐。不過，保羅只是想打個招呼而已，並未打算久留。

幸運的是，孩子們正好去蘿拉的母親那邊，因此他們正好有個空檔。保羅的來訪令他們相當開心，三人一起享用晚餐，開心到幾乎忘了時間。

保羅要回家時已經很晚了。他原本想搭計程車回去，但這晚實在過得太愉快了，他決定走路回家。加上不久前正巧下了場雨，雨後的芝加哥總是特別舒服。「真是清爽又清新，」保羅心想，「街燈灑落於地面的倒影真是美極了。」

保羅一邊散步，一邊回想方才與朋友的對談。蘿拉講了一些關於她兒子的事情，內容是有趣的，卻也觸動保羅，讓他感受到淡淡的哀傷。他其實很想有自己的孩子，但他心知肚明現實狀況不太允許。他曾與不少女性約會，但就是有各種原因讓這些關係無法開花結果。他現在也有女友，兩人相處融洽，但對方大概已經過了能生育孩子的年紀，也表明沒有興趣養育孩子。

保羅一邊還在想著這些事，一邊轉彎，沿著公園旁的街道繼續走。走過幾條街後，他感覺手機在口袋裡震動。他拿出來瞧，發現是馬克傳來簡訊：「太感謝你的來訪啦！見到你真的超超超超超開心的！」然後又傳來下一封：「不過，老兄啊，你把包包給忘在我家了。」保羅立刻停下腳步，腦袋裡盤算著要回去拿嗎？包包裡有些他明天工作需要的文件。唉，這大概是這愉快一晚裡最不幸的轉折了。思索片刻，保羅繼續往前走，一邊回傳簡訊給馬克。「我明天早上過去拿。你們大概幾點起床？」接著他像想起什麼似地又添上一句，「噢，等等，真是不好意思，孩子們正好不在家。」

手機在黑暗裡閃著亮光，保羅邊等著馬克的回應，邊轉身走進公園裡。

「我在晚上穿越公園，這其實沒什麼大不了。」保羅一邊回憶一邊說，「想起來，這好像是已經很久以前了，但我剛搬到這裡時這麼做是很危險的。現在不同了，已經變得很安全。我並不覺得會發生什麼事情。我知道有時會出現一些狀況，但一般來說，都還滿安全的。」

保羅記得當時遠處也有其他人在走著，這讓他覺得很安全，而那些人後來離開了。他再次傳簡訊給馬克：「早上過去拿，方便嗎？」

約莫過了三十秒，馬克回覆：「明天當然沒問題。我會在家。」

保羅回傳：「謝謝，可別亂翻我的包包，裡面有很重要的資料。」

馬克回道：「真假？感謝你告訴我。」

「哈！」保羅大聲地笑了出來，然後繼續在簡訊上輸入：「你這個……」

冷不防地，有個東西擊中保羅的頭，又硬又尖。他往前倒下，搞不清楚發生了什麼事。正當他試著轉身往後看，又有東西從右側打了過來。

「那玩意兒狠狠打中我，我整個人倒在地上。」保羅在地上爬著，依稀可見到有幾個人影圍繞身旁。「那裡很暗，我幾乎看不到任何東西。但就我所見到的，已足夠讓我知道大事不妙。」

他試著要說話。

又一隻腳重重地踢在他身上。

「我無法呼吸，我試著要說，請他們住手之類的。我也不知道自己究竟說了什麼，大概是：『等等，拜託不要傷害我，你們想要什麼，我都配合。』之類的。我記不清楚了。但根據當下的狀況，我應該是講了求饒的話吧。只是我好像也沒真的能把話說出口，因為我沒有辦法呼吸，事情發生得太快了。」

他又受到一記重擊。保羅可以感覺到粗糙的人行道割傷了自己的臉，但他依然想試著說話。

「我記得那個聲音，我記得，你知道那種刻意提高音調、類似假音的說話方式，他們用那樣的方式取笑我，模仿我說：『拜～託，請不要傷害我～』。即便現在再想起，還是讓我覺得很噁心。那是一種折磨。」

又有人再度踢了他一腳，身體傳來劇烈的疼痛。

保羅的心跳開始加速。

接著有個硬物往他臉上打來。

「我的記憶很模糊。我很想消失。就是，我希望自己不在那裡，我是指，不存在於那個當下。偏偏我真的人在那兒。還有嗡嗡作響的聲音，我記得那聲音，我的頭好像撞上石頭或某種硬邦邦的東西，水泥之類的，我也不曉得，我的耳邊嗡嗡作響。然後，我就什麼都不知道了。世界好像突然整個安靜下來。我想，我一定是昏過去了。」

保羅用盡力氣想睜開雙眼。他不曉得自己身在何方，也不明白在那裡待了多久，只知道有聲音從遠處傳來。他試著想要弄清楚那些聲音從哪來，但一切變得模糊、消失。他失去意識。

等他終於張開雙眼，他記得自己當時先想到的是，肯定已經過了一段時間。「我或多或少能感覺得出來，因為天空的亮度已經有些不同。」他試著想大叫，渾身都被不確定感給占據。

「我開口卻喊不出來。好像變成啞吧似的，發不出任何聲音。」

又隔了一會兒，他不確定是多久，他聽到狗的聲音，開始變得比較警覺，意識到自己還躺在地上。

他翻滾身體。

「我的上衣都溼了。我不知道。可能我正好躺在水窪裡之類的，或者那是我流的血。我只記得我很害怕，非常非常害怕。」

他再次大叫，卻依然沒有發出任何聲音。他扭動身體，肩膀與側邊傳來極度的疼痛，也因頭部受到重擊而感到噁心。

最後，他設法站了起來，摸摸自己的臉，摸到乾涸的血塊，這加深了他的恐懼。他踉踉蹌蹌地走了一段路，來到路燈下，翻了翻口袋，手機和皮包早不翼而飛。

「當時天還是暗的，無法判斷大約是幾點。但我約略知道自己人在哪裡，也記得附近有間醫院。我還能走路，而且知道怎麼走去那間醫院。」他不安地環顧四周，杳無人煙。

他渾身是血，懷著恐懼開始往前走。

「每走一步都很痛。你知道，那時候的我就好像殭屍電影裡那些死人般走著。但我一直惴惴不安，總覺得那些襲擊我的人好像還在某處盯著我，等著對我再次發動攻擊。

「好不容易終於走出公園，一路上什麼都沒發生，也沒遇上任何人。我穿越馬路，不停回頭看與四處張望，看看是否有人出現。」

但始終沒有任何人。

他繼續走著，漸漸穩定下來。離公園大約一條街之後，他的腦袋已經冷靜些許。他摸摸自己的頭和臉，有點腫，也有流血，但似乎還不至於太嚴重。就快到醫院了，一旦到了那裡，他就安全了，也可以接受治療。

那些攻擊者的嘲弄再次浮現在他的腦海中。

「我不斷反覆聽見那些聲音，那個裝模作樣的假音。」保羅露出嘲諷的表情並模仿那個聲音說：「拜託，不要傷害我。拜託，喔，拜託，請不要傷害我。」

他不斷發抖。

「直到現在，我依然記得很清楚。那些嘲笑的話就像刀子般刺進我的身體，又痛又深。那一晚，可說是我有生以來最難受的一段時光。就連我對我自己都只有一點點的同情，因為我覺得自己丟臉丟到家了。我責備自己為什麼要穿越公園，會被嘲笑也是自找的，誰叫我十足就是個懦夫樣。」

保羅的傷勢並沒有他所擔心的那麼嚴重，只是右眼上方的額頭需要縫個幾針。臉上有些許擦傷，身上有多處瘀青，但沒有任何骨折，也沒有腦震盪。神經專科醫師拿了一張症狀清單給他勾選，結果確定他沒什麼大礙。

回到公寓時，太陽已經出來了。保羅累到快虛脫，但在能躺下來好好睡上一覺之前，還有許多緊急事務得處理。首先，他先上網聯繫銀行，辦理信用卡止付，然後研究如何申請新的駕照。這些瑣事雖然有點令人煩躁，在那當下卻能轉移注意力並帶來奇特的安撫效果。尤其確定帳戶裡的錢尚未被盜領時，心裡著實安心許多。他總算為自己找回一些掌控感。

他試著上網尋找自己的手機但一無所獲，襲擊者大概已經發現拿著他的手機沒什麼用就砸爛了。這樣當然很好，但想到手機的同時也回憶起那些痛苦的片段。在他的想像裡，那些襲擊者可能也是一邊訕笑，一邊將他的手機砸在石頭上。

「我試著清空腦袋。我知道應該讓身邊的人知道我發生了什麼事，但……光是想到這點，我就覺得很丟臉。」

他能做的就是寫信到公司請病假；接著寄信給馬克，告訴他今天不會去拿包包，但沒有說明原因；他也寄信給女友凱莉（Carrie），解釋近期她為什麼可能無法聯絡上他，但同樣地，他並未談到任何與搶劫有關的事，只說他手機不見了。

「我的頭腦好像一直在旋轉，感覺有點噁心。

「我的腦袋裡不斷重播那一天的情境，揮之不去。我會一直反覆回想到那一天，想到那些傢伙，想到我自己的反應。我會開始想像他們如何看待我，那些攻擊我的人，想像在他們眼中的我。我躺在地上，害怕得要命，不停地哀求。我看起來一定非常可悲，哭著向他們求饒：『求求你們，不要傷害我。』」

他好想忘掉這一切，但該怎麼做才好？

## 彈性程序一：脈絡敏感度

彈性程序的第一個步驟就是脈絡敏感度，這是非常重要的技能，也可說是整個程序裡最重要的技能，因為它有助於我們判斷當前發生的事情，並做出對自己最有利的反應。

彈性心態的組成元素（保持樂觀、相信自己有能力應付、不畏挑戰）共同運作時，能激勵與幫助我們專注處理眼前情境；**脈絡敏感度則讓我們能特別專注於當下的情境細節、脈絡上的細微差異、待處理的需求等等。**基本上，**在這個步驟裡我們會詢問自己：「現在發生了什麼事？」「問題出在哪？」「要克服這一切，需要做些什麼？」**

雖然大部分的人對情境脈絡皆有一定的敏感度，但就跟所有的能力一樣，也會有個別差異。奇怪的是，即使是有能力針對情境脈絡進行評估的人，也常會忘記做這件事。舉例來說，他們或許會覺得很困擾或焦慮，卻沒有辦法確定是什麼原因造成的。其實，有時候只要自問：「是什麼事情困擾著我」，就可以幫助一個人專心思考現在發生的事。即使如此，人們依然需要能夠讀取周遭的線索，才可以對自己提出這樣的問題。但很顯然地，有些人缺乏讀取線索的能力。換句話說，相較之下，有些人對情境脈絡就是沒那麼敏感。

研究顯示，脈絡敏感度不佳的人，比較容易出現心理上的痛苦與掙扎，整體心理健康狀況也會比較差。

我自己曾針對此議題進行研究，請參與者閱讀各種假設情境的描述，例如「被困在電梯裡」或是「渡假返家後發現家中被洗劫一空」等等，然後請參與者針對每一種情境的線索進行評估（像是該情境的威脅程度、需要做出反應的緊急程度、他們覺得自己對該情境的掌控度等等）。結果發現，人們評估線索的能力各有不同。舉例來說，比起一般人，憂鬱和焦慮的人較不容易分辨情境是否具有威脅性、是否需要立即反應。

要解釋這些相關性並不容易，畢竟各種原因都可能使個體出現心理問題，即使是憂鬱的人，有時也能判讀情境線索。事實上，研究也發現同樣身處憂鬱情緒之中，具備完好脈絡敏感度的人，比較能隨時間慢慢改善狀況，也較常出現逐步康復的軌跡。但脈絡敏感度不佳的人，則比較容易陷入長時間的憂鬱狀態。

**脈絡敏感度，取決於偵測情境線索變化的能力。**

我的同事里維琪琪（Einat Levy-Gigi）透過簡單的電腦遊戲進行了一項研究，結果充分展現出這項能力的存在。該電腦遊戲會呈現出一系列的盒子，一次一個。每個盒子顏色都不同，上面還附有一個日常物件的圖案。例如綠色盒子附上電視圖片，黃色盒子附上帽子圖片。參與者看到盒子出現時，得決定是否要打開。打開盒子後若有錢，就可以得分；打開盒子後若只有炸彈，就會被扣分。慢慢地，參與者們逐漸學會哪些配對可以打開，哪些配對不能。重要的是，一旦參與者越來越上手，就會加入新變化，而且不會事先告知。原本綠盒子搭電視圖案能得分，但電視圖案出現在紅盒子上就會扣分。因此參與者要能注意盒子顏色的差異，才可以繼續穩定得分。

這個研究裡最有趣的是，原本會扣分的盒子卻變成可以得分。例如，有帽子圖案的藍盒子原本有炸彈，但變成車子圖案時，則代表裡面有錢。研究結果發現，參與者腦內海馬迴的尺寸，能有效預測他們「注意到相同顏色盒子因配對圖案不同，得失分也不一樣」的能力。

這是個令人印象深刻的發現。

海馬迴是大腦中相當重要的一個部位，與知覺、記憶及理解情境脈絡有關。里維琪與其團隊也發現，有長期PTSD症狀的患者特別難以覺察這種情境脈絡上的差異。這其實不難理解，因為他們常常身處安全無憂的環境卻覺得自己尚未脫離險境。

對於情境的反應，也會與我們的生命歷程及人生目標有關[1]，此點在卡蘿的故事裡可見一斑。卡蘿接受截肢後，看到新的義肢時極其痛苦。她恨透了那把義肢，因為它不只妨礙行動，還難看得要命。這打擊實在太大，也傷透她的心。當然，如果讓她難過的只是這些，她大概只會想辦法處理這些情緒。但這把義肢還會嚴重影響到她的人生目標：保有活動性、將自己妝點美麗並到處展示，以及最重要的——跳舞。為了繼續保有自己的人生目標，她回頭問問有什麼是自己能做的，因此她以極具創意的方式破解了這個挑戰。

相比之下，保羅就比較沒有考慮到自己的人生目標。遇到壓力時，他會說自己熱愛工作，也努力在職場上獲得成就。他認為自己是善於社交的人，而且很珍惜友誼。他一直都工作到很晚，但還是盡力安排時間拜訪朋友。他也期待能有一段穩定的長期關係，雖然還沒有達到預期中的狀態、凱莉沒有想要生兒育女，對保羅來講是個遺憾，但他們的關係似乎維持得還不錯，因此他還是希望這段關係能夠定下來。

潛在創傷事件所產生的立即性危險，往往會讓我們把生命中原有的各種目標都擱置腦後。遭到襲擊後的那幾天，無論保羅過去對自己的人生有什麼長期目標，都在創傷的壓力下消失無蹤。他知道自己應該要讓朋友和同事瞭解被襲擊的事，但他就是沒辦法對任何人說出口：不只是工作上的同事、朋友，甚至是凱莉。而且因為臉上有明顯的受傷及縫合痕跡，代表他在這段時間內不能與任何人見面。他上網買了一支新手機，卻無法鼓起勇氣開機設定。凱莉好幾次都在寄來的信件裡提到：「像你這樣子的科技人，怎麼還不把你的手機設定好？發生什麼事啦？」她試著約時間去見見他，但保羅一直找理由推辭，雖然他知道再這樣下去也不是辦法。

「問題就出在我覺得自己糟透了。」

保羅非常焦慮，覺得很丟臉。他睡得很不好，經常因為奇怪的夢境而在恐慌之中醒來。他知道自己應該離開公寓到外頭走走，但光是要走到外面這樣的想法，也會讓他覺得自己很不安全。萬一遇到那些襲擊他的人呢？他其實不太知道他們的長相，或者說他沒有什麼關於他們模樣的記憶。但他擔心自己被認出來，然後很可能在不知情的狀況下被偷偷尾隨，或者更糟的是，直接被抓住然後再次遭受攻擊。

在被攻擊後的第三個晚上，保羅坐在窗邊盯著外頭看了好一會兒。雖然那時外頭很暗，還是有很多人在附近走動。有些人看起來急急忙忙地像要趕去什麼地方，有些人則是單純地在附近閒晃。這種場景令保羅萬分痛心，他曾經也是其中一分子，單純地出門

註①：專門研究目標的心理學者們發現，大多數人在設立目標時會有層級之分，從具體的、短期的、因地制宜的目標，到較為抽象、具持續性以及長期或更高階的目標。我們多半會利用目標階層之間的相關性來協助自己達成理想，但在這些階層之間，高階目標通常對個人別具意義，因此低階目標若能協助完成高階目標的話，比較容易被看重，沒有幫助的低階目標則較不會被重視。

去上班，如今卻連踏出家門一步都感到萬分困難。

然而，當他試著想像自己離開家門、走到街上，安全且無所憂慮，他的心境便開始有了轉變。他開始反思自己的處境，冒出這樣的念頭：如果他曾經能安全地在街上走著，那麼這個感覺總有一天會再回到他身上，世界總有一天會再回到原本的樣子。此時此刻，是他這麼多天來首次出現希望。他開始樂觀起來。

如果我在那個當下詢問保羅是否覺得自己具有彈性心態，他肯定會賞我一記白眼。但不管他知道與否，**當他望著窗外反思自己的人生時，彈性心態其實已開始運作，鼓勵他去面對自己遇到的困難**。

那種感覺稍縱即逝，保羅試著堅持下去、試著說服自己。

「拜託，保羅，」他大聲地說出口，「打起精神來，你可以度過這一切的。你是個聰明的傢伙，你會想出辦法的。」

他試著為自己加油打氣，提升信心，讓自己能勇於面對挑戰。

這其實只是在態度上踏出不同的一小步，卻足以讓保羅說服自己——他能克服一切。

當他大聲地把「你會想出辦法的」說出口，原本在腦袋裡的那團迷霧似乎開始散去。他感到世界再度變得清晰，而且開始恢復對情境線索的敏感度。

「透過窗戶看著自己居住的社區。我看到這裡是非常棒的社區，有活力、積極。我的意思是，當然會有不好的事情發生，這世界上到處都發生這樣的事情，犯罪之類的。畢竟這是個大城市。但整體而言，這個社區還是很棒的。它其實相當安全，從住在這裡的那一天起，我一直都覺得很安全，沒理由不能再擁有相同的感受吧？」

這是個非常簡單的事實，但對保羅而言就像是個突如其來的頓悟，還點亮了一連串的新想法。

「不過就是往窗外看了一會兒，那個念頭就這麼浮了上來。那些傢伙、那些攻擊我的人，我根本不知道他們是誰，他們也不認識我。他們搞不好根本不是這個社區的居民。再說，即使他們再見到我，也不見得能認出我，畢竟事情發生在一片漆黑裡。我們可能在街上擦肩而過，他們卻渾然不知是我。也很有可能他們根本不在乎。他們不過是想隨機搶劫，而我正好出現在那兒，又低頭滑手機，毫無防備，我只是出現在錯誤的地方。在錯的時間點，出現在錯的地方。

「從那刻起，一切都變得簡單許多。我把整件事都想清楚了。也許這些傢伙會回來找我、抓我。但他們已經得到他們想要的了。我不知道他們之後打算幹嘛。管他的，也許什麼都不會發生，也或許根本不關我的事。」

保羅開始面對這一切。首先，他試著掌控那些可怕的想法和感覺。他理智上知道自己住的社區是安全的，也希望自己能再次擁有那種安全感，只是內心還無法全然相信，仍存有一絲懷疑。他會找到方法剷除那些擔憂和疑慮，好讓自己能繼續過日子。一旦辨得到，他將再次走出家門，重返外在世界。他知道一切都不容易，也還不清楚可以怎麼做，但至少他已經有了明確的方向。

## 彈性程序二：策略工具箱

遭遇困境時，嘗試判讀情境線索是展開彈性程序的第一步。一旦這部分準備就緒，接下來會由第二步的「策略工具箱」掌管一切。**這個工具箱裡存放著所有可供我們用來因應問題的技能。此時，反問自身的問題將從「我需要怎麼做？」變成「我可以怎麼做？」**

正如所見，大多數人都能有效判讀情境線索，但總有些人對情境脈絡特別敏感，在回應上也是如此。以因應和情緒調節策略為例，多數人皆有一定的基本能力，但就是有些人比別人還上手，有比較多策略可隨時派上用場。換句話說，他們的策略工具箱裡存放的可用資源比別人還多。

然而，策略用得多，不如用得巧。事實上，可用的因應策略是無限的，最常見的不外乎是前幾章也曾提到的：表達或壓抑情緒、轉移注意力、重新定義或建構事件的意義、擬定解決問題的策略或計畫、嘗試改變情境等等。然而研究發現，最常被使用的策略卻不見得總是最有效的。

根據挑戰的不同，足以奏效的策略也會隨之改變，例如：充滿希望的想法或被動接受、什麼都不做、自我欺騙、逃走或轉身離開、查找情報、灌醉自己或服藥、抱怨、找人陪伴、自怨自艾、尋求食物或性的慰藉、離群索居、尋求協助、責備他人、透過運動宣洩、試著藉由幽默或娛樂活動來讓自己感覺好一點，或任何人們可能想試試看的方法。在這當中，有一些行為其實是相當健康的，但也有一些相對沒有那麼好。當然，你或許也注意到有些是屬於「不良的因應方式」。儘管如此，重點仍在於**如果我們擁有越多可有效因應的策略，即使偶爾才會用到，只要選擇越多，就越有機會在特定情境裡找到可用的資源來幫助自己**。

剛開始研究策略工具箱時，我設計了一個實驗，測量人們有效使用兩種對立策略的能力：情緒表達和情緒壓抑。

我們請參與者觀看電腦上的照片，有些令人非常不舒服，有些則讓人心情愉快，然後再請他們針對自己對於該張照片的情緒反應進行評分。待參與者熟悉整個流程後，會請他們繼續看照片和評分，只是這時再告訴他們：別的房間裡有人透過監視畫面觀看，並試圖猜測他們的情緒反應。此外，電腦上也會不定時出現指導語，請參與者展現某種情緒。有時請參與者盡可能完全展露情緒，好讓觀察的人能更容易猜測他們的感覺。這種情況就是屬於「表達組」；有時候則會要求受試者隱藏情緒，好讓觀察者無法猜測，這就屬於「壓抑組」。除此之外，還有「控制組」，在這一組當中，參與者會被告知攝影機將暫時關閉，因此這段時間觀察者無法看見他們，請他們一如原本觀看照片。之所以會設計控制組，是因為每個人天生在表達情緒上的方式都不盡相同，因此這一組可以作為正常展現情緒的基準值，協助我們判定其他組展現的情緒相較之下是多或少。

正如預期，在沒有要求參與者做任何改變的情況下，所有情境下回報的情緒程度都是一樣的。基本上，所有參與者都能照要求改變呈現的情緒程度，我把這稱之為「表達上的彈性」，但每個人的表現明顯有所差異，有些人相對更能表達或壓抑情緒[2]。

擁有情緒表達的彈性，會有任何實質上的助益嗎？對於處理創傷所帶來的壓力會有幫助嗎？

正當我思考要如何回答這些問題時，就發生了九一一恐怖攻擊事件。二〇〇一年夏天，我剛發展出可測量表達彈性的作業，並被納入針對大學生心理健康的一項長期研究裡。才正準備要開始研究，就因恐攻事件而擱置。幾星期後，研究重啟，我們意識到這將變成一項與創傷有關的研究。

研究結果顯示，表達上的彈性確實有助學生因應九一一事件帶來的創傷壓力。表達彈性度較高的人，兩年後再測呈現出較好的心理健康狀態；只習慣採用其中一種表達方式（例如只會一概表達情緒或一概壓抑情緒的人），就無法受到表達彈性帶來的保護效果。從這些結果可看見，工具箱的概念是存在的，且存放的策略越多越好。因為**關鍵不在於策略的優劣，而是它能否在需要時發揮作用**。

這些發現衍生出這個問題：如果表達彈性能幫助人們因應創傷壓力，那這些人知道自己具備這樣的能力嗎？

先前討論到的研究裡，曾提及大部分的人都不是很清楚自己的因應策略。如果改問他們比較擅長如何因應，會有什麼不同的結果嗎？直覺告訴我，肯定不一樣。因為「知道自己擅長做什麼」與「知道自己經常怎麼做」是兩回事。要記得自己多常做一件事，得先記住特定的事件並衡量發生的頻率；要知道自己是否擅長做某件事，只須知道自己做的時候是否表現夠好。

註②：我在該項研究中所發展的測量方法，參考自 James Gross 與 Robert Levenson 研究情緒壓抑時採用的方法。

直接對這項假設進行測試後，當參與者認為自己能有效增加情緒表達時，在研究中也確實會有相符的表現，反之亦然。

我們納入先前的其他研究，並以同樣的研究方法探討其他類型的因應與情緒調節策略。本書先前討論心理韌性的悖論時，曾提到一些研究。綜觀這些研究，本質始終是相同的：**策略本身不是重點，能否在面對挑戰的情境下提供有效的協助，才是重點**。當然，請務必謹記：一個好的策略工具箱，不會只收藏因應和情緒調節的策略。面臨特定情境時，任何能隨手可得，且有助於處理眼前難題的行為、策略或資源，都值得納入其中。

對保羅來說，他就很擅長轉移注意力。即使只是一個再單純不過的活動，他也能讓自己脫離原本的情境，沉浸其中。

「我決定讓自己忙碌一點，讓腦袋無暇多做他想，就不會一直反覆想起那場可怕的攻擊事件。」

於是，他為自己倒了杯酒，坐下來，開始觀賞娛樂片。這看來並不像精心擬定的計畫，但對他而言，已足以令他雀躍不已。

就保羅記憶所及：「那部電影算不上絕佳之作，但也夠好了，我一邊看，一邊喝了不少酒。」

有用嗎？

「嗯，有用。至少有那麼一段時間是有用的。電影讓我笑了出來，這是件好事。因為我已經有點忘記要怎麼笑了。只是隔天，天哪，我整個人跌到谷底。也不知道為什麼會變成這樣。我得做些什麼才行。雖然我沒有好過一點，卻覺得自己有點不同了。說來奇怪，雖然我依然覺得很糟，但我認為自己是有控制權的。是我決定要讓自己覺得很糟的。我也確實讓腦袋裡的畫面有點不同，至少，有那麼一點點。至少，我有為自己做些什麼了。我在往前進，我會繼續往前。我非常堅定，甚至有點生氣，拳頭握得緊緊的。」

保羅自信與不畏挑戰的部分正在展現出來。隨時間過去，那份自信繼續鼓舞他前進。他做了些室內運動，開合跳、伏地挺身、仰臥起坐等等，把他會的都拿出來做。在震耳欲聾的音樂裡來回運動，讓自己滿身大汗。

「喔，這挺有用的。運動的感覺很好，我滿腦子都在想：『接下來要做這個。』」

他也透過上網來轉移注意力，這同樣為他帶來了短暫的幫助。但就在他看到一則與犯罪有關的新聞時，一切都停了下來。

「我覺得很想吐，整個人瞬間緊繃起來，但也僅止於一開始。我對犯罪所知不多，也好奇與我有同樣遭遇的其他人，他們的狀況又是如何呢？他們怎麼度過這一切呢？人們通常會有什麼反應？每個人都會像我這樣嗎？我開始感到困惑。」

保羅的另一個強項就是搜尋資料，因此他馬上著手尋找這些問題的答案。試了這個不行，就再換個方向找找。不幸的是，保羅很快就發現網路上沒什麼關於男性遭受襲擊的資料，倒是有不少關於男性暴力犯行的訊息，只是受害者幾乎清一色都是女性。這並不代表男性不會被攻擊。根據犯罪統計，無論是在美國國內或國際間，除了性侵害之外，男性幾乎在各種暴力犯罪事件中都比女性更容易成為受害者。然而，暴力犯罪男性受害者的心理反應相關資料卻寥寥無幾。之所以會有這種狀況，可能的原因很多，最有可能的就是男性之間的暴力常被視為是正常的、不須太過在意，或者只是單純沒有報警、沒被報導出來。

其實，有少數研究描繪出男性遭受暴力攻擊之後的反應，這些人的經驗幾乎與保羅如出一轍：他們最常有的反應就是自責、羞恥、覺得自己過於軟弱及缺乏男子氣概。此外，男性受害人通常比較不願意承認或揭露自己的經驗，即使他們的生活已受到嚴重的影響。他們覺得很難再踏出家門，而且經常出現近乎偏執的想法，更會不斷懷疑周遭人，很害怕再度遭受攻擊。

遺憾的是，保羅始終沒有找到這方面的研究資料；但幸運的是，他在瀏覽許多網頁時，找到一些男性受害人的社群帳號，他們對自身狀況的描述，或多或少都與他起了共嗚。

「我如饑似渴地讀著那些內容，真希望自己的閱讀速度可以再更快一些。對我來說，彷彿找到了一個俱樂部，在那裡，人們知道也經歷過我所正在經驗的一切。雖然為數不多，但能在當下理解自己的反應其實很正常，已經非常足夠。搞了半天（笑），其實我一點也不可悲。說真的，我實在沒辦法明確描述那究竟代表什麼，但那對我來說很重要。我一直很難接受這一切，即使到了現在，我可能也還沒有到百分之百相信。自從我找到這些故事之後，我就反覆閱讀，試著告訴自己，試著讓自己相信這一切都是正常的。」

保羅覺得自己越來越樂觀。他的信心開始慢慢浮現。他花在電腦前的時間，不僅有效分散注意力，也讓他從中獲得一些無價的領悟與解脫。但在搜尋這些資料的過程也勾起不少情緒，因此保羅決定好好犒賞自己一下，再找一部電影來讓自己沉浸其中。但這一次，這招卻有點失效了。他的腦袋裡有太多新資訊飄來盪去，他發現自己沒辦法忽視自己依然坐在公寓裡的這個事實。他終究還沒走出家門。

「我深深吸了一口氣。然後，我站起身來。『把那些感覺全都吞下去』。」保羅笑著說，「我不知道是否真的有講出那句話，但那是我的感覺，我覺得：『可惡，我要走出這間房子。』」

打開家門時，他還是覺得很緊張，但他決定要克服自己的恐懼。在這個想法驅使之下，他邁出步伐，來到走廊，沿著階梯往下，走到街上。

## 彈性程序三：回饋監控

從保羅對於自己居住的社區湧現安全感的那一刻，到他毅然決然選擇要走到街上，已經整整過了二十四個小時。在這段時間，他試遍了策略工具箱裡的各式工具：他試著用各種不同的方式轉移注意力、試著處理問題、擬定行動計畫與步驟、把自己灌醉、認知重構自己的狀況、積極運動，然後刻意壓抑自己的焦慮和害怕。大多數時候，這些策略都有效果，有時候則沒有。但保羅可以試著讓自己有所突破，因為他不只是把策略工具箱裡的東西拿出來使用，過去這二十四小時裡，他也不斷監控自己這些行動帶來的效果，並根據觀察結果加以修正、調整，更在需要的時候改變策略。

在他這麼做的同時，他已進入到彈性程序的第三個步驟，也就是所謂的回饋監控。彈性程序的前兩個步驟（脈絡敏感度、策略工具箱），都在試著讓我們使用手邊可取得的工具來處理眼前的挑戰。這兩個步驟會花掉不少時間，可是**一旦開始進入回饋監控，就已經走完整個彈性程序。此刻，我們用來反問自己的問題將再度改變。不再將焦**

**點放在自己需要做什麼或者可以做什麼，而是檢視我們所做的事情裡哪些是有效的。**也就是說，**我們開始反問自己：「我遇到挑戰了嗎？」「這樣做有用嗎？」「我需要調整因應方式嗎？」「我需要嘗試不同的策略嗎？」**

當一個人嘗試不同的策略卻還是沒能出現任何效果，極有可能是因為情境脈絡也出現變化。此時會需要再回到第一步驟，重新評估整個情境的脈絡，瞭解與掌握有所改變的部分。

我們可以利用所有可能的線索來評估如何進行回饋監控。在這些線索當中，**最好的就是來自身體及心理狀態的回饋**，因為身體和心理始終與我們同在，能帶來最多訊息。在大部分的案例當中，尤其是經歷潛在創傷事件之後，個體通常希望自己能感覺好一點、焦慮少一點、害怕或難過的感覺能獲得緩解。理論上，這類評估應該不難，我們只須反觀自己的情緒狀態，就能知道是否好過一些。然而，這些評估實際上卻沒有想像中容易。

我們對周遭世界產生的各種反應，有許多是我們不會意識到的。最好的例子就是身體用來調節內部體溫的方式。人體非常精於此道，一部分是因為我們身上有成千上百萬個接收溫度的細胞，布滿於全身各處，稱之為溫度受器。由這些受器接收的訊息會被整合到腦幹最上方的重要部位——下視丘。如果下視丘判斷體溫過低，就會發出訊號通知身體產生反應（例如發抖或是血管收縮）讓自己溫暖起來；如果體溫過高，下視丘就會發出訊號通知身體應該想辦法降溫，因此就會流汗或血管擴張。我們幾乎都不會意識到這些內在的生理反應，卻都很有效率。如此一來，我們才能專心在更重要的事物上，不被掠食動物襲擊或從地鐵月台跌落。

同樣的，只透過生理反應來調節內部體溫，其實會對新陳代謝造成相當大的負擔。簡單來說，這些生理反應需要消耗熱量，而熱量是非常珍貴的存在。為了減少體內能源的消耗，並讓這個調解過程更有效率，動物在演化的過程中也發展出一些額外的體溫調節策略，能有意識地感覺到太熱或太冷。這些感覺雖然不是非常必要，卻不可思議地有用，因為能夠讓包括人類在內的動物，透過某些刻意進行的行為來調節自己的體溫，而且還不用費太大的工夫。例如，我們覺得太熱的時候，可以乾脆脫掉身上的毛衣、打開窗戶或轉開電扇、冷氣，讓自己的體溫降下來。

同樣的情形也出現在面對威脅與恐懼的演化上。和體溫調節的機制類似，當我們面對威脅時，許多體內產生的生理反應其實都是意識上無法覺察的。當我們遭遇潛在威脅，甚至還無法完全瞭解發生何事之前，大腦已迅速啟動威脅反應模式，產生一連串的生理反應，以及「戰或逃反應」（fight-or-flight response）。這些反應不須意識到害怕就會進行，恐懼並不是啟動的必要條件。事實上，一旦啟動戰或逃反應，即使到了後期也不見得能感受到恐懼，但啟動後造成的結果，卻會與來自其他較高層次的大腦區域訊息整合，如背外側前額葉與島葉。恐懼是很有用的存在，會促使我們對威脅做出反應，如同脫掉毛衣來調節體溫的動作一樣。這會讓我們把注意力放在造成恐懼的源頭上，專心思考：「為了生存，我們還能做些什麼。」

但是問題來了，任何一種情緒，包括恐懼在內，只有在能幫助我們迅速做出反應的狀態下才具有適應性。如果恐懼持續存在，就會偏離它原有的目的，讓人一直覺得好像會發生什麼事。如果這種感覺持續得夠久，就會讓我們陷入像是焦慮或PTSD這樣的失能狀態。此時將會嚴重損害決策的能力，導致許多事情變得更加困難，也難以判斷某些行為在何時對自己是有用的，何時則毫無用處。

被襲擊之後的那幾天，保羅籠罩在創傷帶來的壓力（如恐懼、焦慮、擔心等），扭曲了他對自己和世界的感知。但因為才事發不久，尚未導致焦慮或PTSD，因此還有能力反觀自己的內在狀態，並據此調整自己的做法。

為了確認這其實是極為普遍的能力，我們設計了一個研究：參與者在電腦上觀看一系列照片（其中有些照片內容令人愉快，有些則令人不舒服），然後請他們試著使用重新詮釋的策略——這是一種類似認知重構（cognitive reappraisal）的方法，來減少感受到的負面情緒。

舉例來說，我們會請參與者試著想像照片中涉及的情況並沒有看起來那麼糟糕，或者有機會出現正向轉變。當他們這樣做的時候，我們會透過追蹤生理反應，如心跳變異率、臉部肌肉變化等等（這些在過往研究曾證實與負面情緒有關）來監控內在狀態。結果發現，重新詮釋是個有效的策略，但是當情緒極度強烈時，效果就沒有那麼好，人們就比較不想使用。反倒是轉移注意力反而能有效緩和強烈的情緒，至少在短期間內可以有這樣的效果。

為了測試這種轉換的能力，我們再次進行實驗，但這次受試者在每張照片出現四秒後會聽到一個聲音，此時他們可以選擇繼續重新詮釋，或是轉移注意力。如我們所預期，生理反應上呈現出較多負面情緒的人，比較傾向改變策略。這意味著他們會根據自己內在的回饋來調整做法。此外，我們也發現一部分的參與者比其他人更願意這麼做——也就是說，他們比較能有效利用來自內在的回饋，而這個能力與心理健康的程度有關[3]。

在稍後的研究中，我們進行同樣的實驗，但多提供了來自外界的回饋：讓參與者知道將會判讀他們的生理反應數據，並據此回饋他們情緒調節做得好不好。但這些參與者其實不曉得這些外在回饋是假的，只是隨機給出的資訊，與他們的真實表現沒有任何關係。這麼做會提高作業難度，因為他們得自行判斷與決定到底該相信我們給的回饋，還是他們自己內在的回饋。結果發現，雖然參與者有時會把外在回饋納入考量，但他們多半還是傾向依賴自己的內在感受來作為判斷的依據。重要的是，**越能仰賴自身內在回饋的人，越能幫助自己的情緒回到正軌。**

雖然我們在研究裡提供的外在回饋是假的，但其實許多外界回饋有助於我們選擇使用的調節策略。其中最有意義的回饋，不外乎是我們對別人的知覺。

當我們試著學習新的行為，包括自我調節的基本技巧時，若能統整一些社交回饋，將能更有效地學習。無法判斷社交回饋的人，在學校裡往往容易出現不合宜的行為。以自閉症患者為例，他們缺乏處理社交情境的能力，難以根據社交回饋來調整自己的行為。眼窩額葉皮質受損的患者在統整社交回饋時也有類似的困難，導致他們不易根據情境脈絡表現出適切的行為。另一個極端的例子就是憂鬱症患者，處在重鬱狀態下的人常

註③：我們也反向操作，要求參與者先使用分散注意力的策略，再改為認知重構。然而因為認知重構進行得不如預期，而且情緒較為激烈時人們也不想使用這項策略，因此這部分的策略轉換就沒有觀察到任何模式。

對於社交回饋出現過度反應，導致社交退縮。

保羅置身在戶外時會非常緊張，但他已經下定決心。待在戶外是很舒服的，他在社區裡四處走動，然後坐在一張長椅上。什麼事也沒有發生。感覺都很正常。他又坐著好一會兒後，決定走到附近的雜貨店採購食物。

「雜貨店裡的櫃檯人員一直都在，他認識我，我還滿常去那裡的。感覺得出來，當我走進店裡時他正看著我。然後我想起自己臉上的傷。他講了一些話，但我不太記得了，大概是一些：『你怎麼了？』之類的簡單問話。頓時，我變得非常焦慮。我好像有回答他，但不是很確定到底講了什麼，似乎是說了些我笨手笨腳、跌倒了之類的話。不管我說了什麼，他似乎都接受了。他笑了笑，我也跟著笑了笑，一切好像就沒事了。我緊張到快受不了，但還是度過了。」

離開店舖後，保羅對自己的表現相當滿意，他轉身準備走回家，卻發現前方有一群年輕人，看起來像極了那晚攻擊他的人，至少他認為是攻擊自己的人。

「『喔，可惡。』我心裡想，『又來了。』他們大概只是在附近閒晃。但我很確定，我覺得，他們肯定在打量我。」

保羅感到一陣恐慌。

「我不知道該怎麼辦才好。猶豫了好一會兒，但我不能就這樣停下腳步，那看起來很怪。於是我對自己說：『繼續走，往前走就對了。』」

保羅想盡辦法隱藏自己的焦慮，正當他離那群人越來越近時，一位老婦人忽然從旁邊的店裡走出來，擋住了去路，害他不得不繞過她。如此一來，他變得非常靠近那群年輕人。只是令保羅吃驚的是，那群人很客氣地退開，好讓他能經過。等他走過去，他們才又開始對話，彷彿什麼事情都沒發生過。保羅偷偷往回瞄了一眼，他們看起來似乎不怎麼在意他。

「太好了，我整個人都放鬆了，我好以自己為榮。這是一件小事情，卻能讓我感覺：『很好，我終於回來了，這裡終於又是我記憶中的家了。』」

保羅決定在外頭多待一會兒，他再到處走了走，最後回到同樣的那張長椅坐下。正當他沉浸在改變帶來的感受裡，突然想起距離被攻擊已過了四天，而他到現在都還沒有跟朋友聯繫，讓他們知道發生了什麼事，也沒有打電話給凱莉。

「是啊，要做到這件事並不容易。我相信她應該很生氣吧！她八成以為我在騙她，畢竟我什麼都沒有告訴她。」

一時間，又多了許多挑戰，保羅先選擇比較簡單的來進行。他透過電子郵件向老闆聯繫與說明攻擊事件的始末，這是最讓他覺得安全的方式。他也用同樣的方式聯繫一部分的朋友，包括馬克和蘿拉。手機響起時，他還在寄電子郵件。是老闆打來的，雖然有點猶豫，但他還是接了起來。他很訝異老闆如此擔心及支持他，而他們的對話也這樣輕鬆展開。很快地，其他朋友也開始回信與打電話給他。

「一切發生得有點快，我都還來不及好好搞清楚，就這麼發生了。我一邊與人交談一邊發送電子郵件，持續了至少一個小時。我不曉得要怎麼跟你描述才好，但那種感覺真好。每一個人都很關心我，而我覺得自己好像從這件事情中解放出來。我有點記不太清楚了。我有滿滿的情緒，但我想那應該是事發之後，首度覺得這不是我的錯，不再去想自己是不是哪裡出了問題。似乎沒有人認為那是我的錯。大家都對我很好，很在意也很關心我的狀況。而我想著：『對啊，這不是我的錯。為什麼我一開始沒能這麼想呢？』」

最後，保羅終於有足夠的把握去面對最大的挑戰，他撥電話給凱莉。

「如我所想，她很不開心，很氣我沒有打電話給她。但她很棒，非常棒，她是一個很溫柔的人。她哭了起來，我可以透過電話感受到她的愛，能有這樣的感覺真的很棒。」

在結束所有電話與停止發送信件之後，保羅靜靜地坐著。

「我嘆了長長的一口氣，整個人放鬆下來。心裡想著：『嘿，我已經在這裡坐了好一段時間，基本上一切安好。』我幾乎忘記擔心的感覺。是的，我打從心裡感到安全。」

## 加工改寫記憶

保羅轉變了那些曾令他感到困擾的壓力，他重新改寫遭到攻擊的記憶，讓自己能夠帶著這件事情繼續過活。

我們總認為記憶是由許多穩定的事實建構，由許多無法改變的經驗堆疊。事實上，記憶是可以被修正的。當我們形成一段記憶時，與該經驗有關的許多片段（如當下的情景、聲音、想法等等），都會在大腦裡形成一條神經迴路。再次回想起這段記憶時，就會啟動同一條神經迴路。但這個過程並不單純只是從儲存的地方提取記憶。我們的大腦會自行對記憶加工，這是受到諸多因素影響的一段生理歷程，包括該記憶相關元素的強度與可得性、在什麼情況下誘發回憶，以及當我們回憶此事時，正在想些什麼或做些什麼。這些因素都會反過來影響我們記得的內容。較常被再度想起或容易記起的部分也會再反饋回去，增強相關的神經迴路。隨著特定迴路不斷被增強，記憶的內容就會在這個過程中慢慢被改變。

保羅原先對攻擊事件的細節印象深刻且清晰，但隨著不斷透過各種策略穩定自己，他對事件過程的記憶也產生了細微的變化：他不再視自己為可悲的懦夫，也不再認為是因為自己太過愚蠢才招致被攻擊的命運。他修正與更新自己的記憶，如今他把自己視為遇到壞事的無辜人士，他在那當下的任何反應皆屬自然且合乎常理。他知道大多數人在相同的情境下，都會出現相同的反應。

在我們針對九一一恐怖攻擊事件的研究裡，也發現類似的記憶演變。事發當時，仍在建築物裡和附近的倖存者們，都對當時的情景有著栩栩如生的記憶。最終發展出長期PTSD症狀軌跡的人，對事件的記憶內容幾乎沒有太大差異，且會不斷回憶起同樣的片段；那些**走向心理韌性和逐步康復軌跡的人，則越來越少回憶起較具威脅的細節，且隨著時間過去，他們對那一天的記憶會開始出現越來越多正向的內容。**

研究裡也曾出現修正潛在創傷記憶的情形。

在一項研究中，研究者請參與者觀看可怕的影片，隔天再請他們盡可能回憶關於該影片的相關細節，越詳細越好。接著，他們請一部分的參與者想像自己正與對他們來講非常重要的人待在一起，並且感到安全：「那是總能在生活中給你支持、一個關係非常親近且曾在需要時陪伴於側的人。」透過想像自己和這個能帶來安全感的人物在一起，這些參與者回想起可怕影片時開始出現正向的轉變，記起越來越多正向的部分。一周後，與那些未曾想像與安全對象同在的參與者相比，他們對影片的記憶變得較為模糊，也比較少記起令人不舒服的部分。

保羅克服了創傷帶來的壓力，但他遭遇的困難尚未完全平息。當他開始接受人們回到他的生活當中，許多改變接踵而來。就在他重啟與人連結的那天晚上，凱莉來到他家，雖然他們享受了愉快的傍晚，過程中依然有些許起伏。幸運的是，保羅的老闆要他不用太擔心，也不用急著回去工作，因此他多請了幾天假在家休息。他是這樣描述的：

「我在練習出門。」

回去工作之後，例行事務也穩定下來，保羅發現他被攻擊的記憶只有一小部分有所改變。夜晚走在路上時，他已經很久沒能覺得安全了。他發現自己常會焦慮地回頭看，而這種狀況持續了很長一段時間，他才漸漸忘卻那些痛苦回憶和羞辱感受。保羅已經盡力做到最好了，即便這些感覺並未隨著時間消失殆盡，但已逐漸和緩。

在這段期間，保羅有大部分時間反覆進行著彈性程序。他是在有意識的狀態下這麼做的嗎？這恐怕很難有個定論。雖然剛遭到攻擊之後那幾天的印象依舊深刻，但在最好的情況下，那些記憶將會隨著生活回到常軌、回到遭受攻擊前那般忙碌而逐漸模糊。

接下來，我們不禁要好奇了：保羅有意識到自己展現出來的彈性嗎？如果當時他對於彈性有更多的了解，會不會就能更完整地再詮釋被攻擊的經驗、縮短痛苦掙扎的時間，或至少讓整個過程不那麼沉重？

事先瞭解「彈性」，有沒有可能幫助身處在這種情境裡的人？

在研究彈性的過程當中，我認為**學會與彈性有關的技能，對任何人來講都是有用的。**就我看來，教大家如何更有心理韌性反而比較困難。因為心理韌性有其複雜度，而且正如前幾章提到的，很難有特定元素準確預測它的出現。當然，我們也可以把跟心理韌性相關的所有元素都列為學習的對象，但在耗費一番工夫之後，會發現自己幾乎毫無所獲。相反地，「彈性」則容易入手得多。

雖然學著讓自己更有彈性，並不保證能成為具有心理韌性的人，卻提高了這個可能性。**擁有彈性，將為我們提供一個機會，進一步發展出所有可促進心理韌性的特質與行為，並願意盡己之力面對困境。彈性不只有助於找出最適合當下所需的特質以及行為，同時具有隨時調整及修正的空間。**

我們的研究顯示，大部分的人都擁有（或至少可以培養出）彈性心態所須具備的要素：保持樂觀、相信自己有能力應付、不畏挑戰；我們的研究也發現，大多數人在彈性程序需要的三個步驟上（脈絡敏感度、策略工具箱、回饋監控力），都具有中等程度的水準。而彈性心態和彈性程序往往會一起出現，所以人們只要具有其一，也就會有其二。

只是令人好奇的是，人們好像多半都不會意識到自己有這樣的能力，或僅有極其淺薄的覺察，因而無法透過很系統性的方式來運用。無論是彈性心態或彈性程序，都有許多變動性，但也都能加以掌握。最重要的是，它們是「可以後天學習的」，這也是我想研究它們的初衷和撰寫此書的動機。

所以該怎麼做呢？要如何才能變得更有彈性？

就我們所知，大多數人本就有一定程度的彈性，即使他們並不自知。因此，我們應該回頭思考更基本的問題：

我們的彈性是怎麼來的？

08

# 成為一個有彈性的人

BECOMING FLEXIBLE

高中畢業後，我花了幾年到各地旅行，也曾短暫地在果園和農場工作。其中一座農場裡有羊，我的工作則是為牠們擠奶。我對羊這種生物幾乎一無所知，只知道牠們以脾氣暴躁和固執聞名。實際工作後，發現果真不是浪得虛名，至少我所面對的那幾頭羊是如此，幾乎每次擠奶的過程都像在摔角，所幸最終仍順利完成工作。

一天早上，我走進羊舍，發現其中一頭羊正好在生產。沒多久，出現令我驚訝的場景。當母羊還在舔舐幼羊身上殘餘的羊水和胎盤時，幼羊突然發出叫聲，接著便撐起身子，站起來走了出去。許多哺乳類動物都屬於早熟性動物，有這種神奇的本領，出生後很快就能自行覓食、獨立生活。相反地，人類屬於晚熟性動物，剛出生時幾乎是完全無助的，在能夠自理前，會有相當長的一段時間需要被看顧與照料。事實上，人類的任何發展都要花上比其他生物還長的時間。我們的兒童期與青少年期幾乎是其他靈長類動物的兩倍、為了等到腦部發育完全幾乎要花上二十五年，相當於四分之一世紀的時間！

人類大腦的發展速度如此緩慢，自然有其原因。一項研究收集了超過七百多種動物的資料，比較其大腦皮質神經發展成熟所需要的時間後，提出相當具有說服力的解釋。根據研究負責人黑澤爾（Suzana Herculano-Houzel）所述：「從這個角度想，就會發現其實一切是很合理的。當一個物種的大腦皮質神經元越多，要達到所謂的成熟就不僅只包含生理上的成熟，還包括心理上的獨立，因此需要更多的時間。」對於發展上的緩慢，她補充道：「時間越多，就越能讓這些物種藉由與環境互動來經驗和學習。」

大腦皮質神經元數量也能預測一個物種的壽命，包括人類在內。根據黑澤爾的說法，是因為皮質能以遠超出認知、心理運算和邏輯推理的方式，來讓我們的行為變得複雜與有彈性。透過調整與學習如何應付及預測壓力，皮質提供了「適應」的能力，同時讓我們內在的生理反應與正在做的事情、正在感受到的感覺、對接續發展的期待，都是一致的。

## 發展彈性

從我們呱呱墜地的那一刻起，便展開精細的發展之路，而這一切都出於最原始的自我調節能力。我們能利用哭和笑來傳遞基本的社交訊息，卻也僅止於此而已。這些訊息一開始多半來自生理反應（像是飢餓或脹氣造成的不舒服），甚至有些模糊不清。這時的我們與外界還沒有什麼連結，但即使是在嬰兒早期，隨著大腦發育，對外在環境的反應漸漸增多，流露的訊號也就越來越多變。出生一至兩個月內，就開始有能力做出刻意的「社交笑容」。照顧者通常會對這些表情特別有反應，而這些外界的反應將進一步形塑嬰兒的行為表達。正如同所有的社交互動過程，這些影響也是互相的。專門研究新生兒的納吉（Emese Nagy）就曾表示：「嬰兒很快就學到控制父母行為的強大能力。」

就這樣，**閱讀情境線索並給出反應的能力——脈絡敏感度——開始在兒童期穩定發展。隨著大腦更進一步發育，與外在世界的互動越來越多，也開始出現執行功能，因而逐漸擁有計畫與監控行為的能力**。在這個階段，兒童開始學習與行為有關的規則和偶然性，並慢慢能理解這些會隨著情境而有所不同。倘若一切順利，此時便會為脈絡敏感度打下基礎。等到學齡期，兒童就能根據情境的要求來調整自己使用的策略。若發展得不順利，延遲了脈絡敏感度的發展，即使年紀尚小，也會逐漸浮現行為問題。

以兩歲幼兒為對象的一項研究，檢視不同情境下恐懼與哭泣的程度。結果發現，大部分幼兒會因情境的不同而調整情緒的表達，顯示出他們的反應會隨外在情境的威脅感而定；有一小部分「失調」的幼兒，即使在威脅程度最低的情境裡，也顯現出過度的恐懼。此種脈絡敏感度不佳的情形，能明顯預測出長期的生理壓力。

針對學齡前兒童（四歲至五歲）的另一項研究，則嘗試瞭解脈絡敏感度不佳的情緒行為與重要社會成本的關係。一般而言，常展現出正向情緒（如快樂）的兒童，通常比較能被同儕接受；如果在不適合的情境下展現出正向情緒（如意見衝突時表現得很快樂），同儕的接受度就會比較低，也會被老師評為缺乏社交技巧。但換成另外一種情緒，狀況可能完全不同。以生氣為例，這屬於破壞性的情緒，動不動就生氣的兒童往往不受同儕歡迎，但如果在適合的情境下表露出生氣，例如因為與其他人意見不同而生氣，反而比較不會引起同儕的厭惡。

發展基礎因應和情緒調節的過程中，也會看見類似的情形：嬰兒會轉移注意力來調節自己的負面感受，例如轉頭不看令他們不愉快的事物、把注意力放在比較喜歡的東西或影像上。他們也學到如何用特定的行為（如哭泣、面部表情、眼神接觸），使照顧者做出對他們有幫助的反應。隨著幼童開始學習走路，也就開始學習更細微的動作控制，同時學習透過自己的行動來改變壓力情境；到了學齡前，他們轉移注意力的新方法，變成操控自己周遭的世界（如保持忙碌或玩遊戲）；就學之後，能存放至策略工具箱的策略會越來越多；到了青少年時期，轉移注意力的技巧、內在思考的轉化也變得更加成熟。

隨著孩子成長，能支持他們的潛在資源也逐漸擴展。從最一開始的照顧者，老師和同儕逐漸在他們的生活中占據越來越重要的地位。認知功能的進展，讓他們學會根據情境脈絡（例如情境的可控程度、在情境中的成人是否屬於權威角色），來選擇適合的支持資源。進入青少年期，因應問題時比較能直接面對內在、容易使用認知再建構的技巧，認知因應的技巧也因此快速增加。

彈性程序的第三個步驟——回饋監控，也是人類心智發展的重點。這個涉及「問題解決」和「反思學習」的重要技巧，也是從兒童早期就開始發展。學齡前的兒童已經能根據自身需要來調整解決問題的策略。一旦發現原本的方法不管用，便懂得嘗試新的方法。這種能力會驅使幼童發展採用不同的方法調節情緒的能力；進入學齡期後，兒童開始出現「後設認知」（meta-cognition），能覺察自身思考的歷程；到了青少年期，後設認知的發展已近乎完備，可利用它來進行認知重建、修正和反思，進而轉換策略。

我們花上數十年來發展這些能力，可說是很長的一段歲月。理想上，如果一切順利，我們會慢慢進步，如同發展理論學家史金納（Ellen Skinner）與珍貝克（Melanie Zimmer-Gemback）所說：「從混沌發展到分化，從各自為政到統整合一，從自我中心到團隊合作，從被動反應到主動調節。」當我們抵達終點，進入成人期，通常就會具備以下能力，「評估情境的重要性，……採取某些行動來調節高張的情緒或是改變環境，以及思量採取行動後造成的效果是否符合預期。」

簡單說來，就是發展出彈性。

## 堅若磐石的支持團隊

車禍那晚，傑德最後的記憶就是他對梅根說：「等會兒見。」他從未想過這個等會兒要多久。反覆進行的手術、身體上的調整、數年的不確定感，幾乎都要認為這一切會持續到永遠了。但傑德始終未曾放棄，他克服了一切，還表現得非常好。

前幾章中已看到傑德在車禍發生後、尚未抵達醫院前，即使周遭一片混亂，他也展現出些許的彈性心態。認識他這麼多年，我可以很確定地說他有著非常穩固的彈性心態。面對困難，他總是抱持著樂觀的態度，對自己的因應能力有著謙虛的自信，而且總是能夠沉著穩重地面對挑戰。但他並非從來沒有動搖過，只是他「總是知道事情最終會回到常軌」。他對我這麼說。

既然彈性心態是他本質的一部分，就會自然地進入彈性程序：他會注意各種線索，對於自己需要做什麼從來不乏想法，同時還能專注於手邊要進行的任務，用自己擅長的事情來開發出絕佳的點子；他是相當善於社交的人，與人互動時既溫暖又充滿魅力，也允許自己接受別人的援助；他會轉移注意力、重新框架遭遇的困境、著眼於正向的部分；他喜歡開玩笑，擁有幽默感，而且變換策略的靈活度很高，此路不通他就換個方向再試試看。

他的康復進度有時會略顯落後，在離開醫院前，他轉到住院復健病房，與另外一位截肢患者同住一間，而對方截肢的部位正好與傑德相反，這未免也太諷刺了。傑德也這麼認為，還拿了張有趣的照片給我看，照片裡他與室友笑著並肩而立，一個失去左腿、一個失去右腿，剛好形成一個非常完美的對稱。傑德後來笑著對我說，有天他準備要去買新鞋子時，突然發現他可以買一雙鞋，其中一隻分給他的室友，另外一隻自己留著穿。這樣的黑色幽默倒是舒緩了不少情緒。

傑德能通過復原路上的所有考驗，親友的支持是最大的關鍵，尤其是他的母親、姊妹及女友梅根。

「那些手術其實非常痛苦，」他說，「我完全不知道自己是否承受得住。而且這一路走來，我始終掛念著梅根。你知道的，她的人生因我而受到無以挽回的影響，這絕不是她一開始就想要的。」

意外發生之後，傑德與梅根仍然繼續交往。幾年下來，他們的關係很穩固，傑德打算在不久的將來向梅根求婚。那場車禍改變了一切，因為從那一刻起，所有事情都不再重要，傑德的生命裡只剩下一件事情：活下來。梅根其實大可以離開他去過自己的生活，不會有人因此責怪她。但是她並沒有這麼做，她留在傑德身邊，與他的母親和姊妹形成他最重要的支持團隊。

「他們的支持真的幫了我很大的忙，我的母親、我的姊妹，以及梅根。她們幾乎無時無刻都在我身邊。當我在醫院裡從昏迷中醒轉時，她們看起來像是不分晝夜地守在我身邊。

「如今再回頭去看，剛清醒時，我整個人感覺非常脆弱，意識也不怎麼清晰，與世界之間彷彿隔著一層薄紗。因為整起事件、人工昏迷和藥物的關係，我感覺自己不像活著，很沒有真實感。然後，梅根出現了，她走進我的意識，為我帶來精神上的撫慰；我的姊妹與母親，她們的存在與支持就比較是身體的部分，像座橋梁，讓我能夠從那裡回到世間。」

傑德在昏迷期間經過長時間的插管，導致復原期間他無法說話，只能用記事本與別人互動，而他至今依然保留著那一本記事本。有一天，他讓我看了其中一頁，他寫了一段潦草的字給梅根、他的母親及姊妹：「妳們是非常棒的團隊，不管在生活中遇到多麼重大的事情，我都會選妳們當隊友。」

這個團隊堅若磐石。傑德復原了，兩年之後，他與梅根步入婚姻。

但即使在那個時候，他也還不算完全康復。

「狀況有時會反反覆覆，時好時壞。如果真要說，我會覺得至少再過了一年，狀況才真的有比較好。一直到我克服了最大的阻礙與困難，才能像現在這樣專注在生活上的事情。」

傑德重回城市大學進修，完成心理學的學士學位。緊接著，他立下雄心壯志，決定攻讀博士學位。

這時，距離他發生意外已經過了好一段時間。我初次見到傑德，就與那場車禍相隔了五年。當時我們要進行博士班入學面試，而我並沒有花太多時間，就決定讓他進到我們的研究室，他也馬上找到自己的定位。傑德從一開始就非常積極，成長迅速，很快就成為我研究團隊中不可或缺的一員。一年後，他與梅根迎來他們的第一個孩子。所有事情都進展得相當順利。

傑德激勵人心的故事讓我們回到稍早之前的問題：人們究竟能否覺察到自己的彈性？

雖然傑德對於自己手邊可用的資源與策略已經非常熟悉，也具有足夠的彈性來有效運用這些工具，但他對於彈性這個概念的出現幾乎是一無所知。然而，這會是個問題嗎？他從極其嚴重的意外當中生還，身體和情緒不斷經歷折磨，但他的生活最終回到常軌。那麼，他是否知道自己如何辦到的有那麼重要嗎？

其實，這非常重要。

接下來，我們將會進一步瞭解這個部分，只是過程中，也將發現這份覺知不見得總是清楚明白地存在於意識之中。

## 反覆練習，成就彈性

大部分的人都以為，自己是在有意識地選擇怎麼因應困難，許多心理學家也都這麼認為。一群具有影響力的發展學學者，就將「因應」定義為「在有意識與意志使然的情況下，努力調節情緒、認知、行為、生理及環境，來回應具有壓力的事件或情境。」

但情況總是如此嗎？這是在有意識和刻意為之的狀態下發生的嗎？

心理學家之所以這麼相信，有部分原因來自於進行研究的方式。在研究過程中，我們會要求人們刻意以某種方式調節自己，也會利用問卷請參與者陳述自己會如何因應，以及在什麼樣的情況下會展現出因應的能力。但如果我們總是能意識到自己怎麼因應困境，應該就會很瞭解它才是，然而多數人都無法精確說出自己最慣用哪種因應方式。

相較之下，彈性似乎更讓人難以捉摸。因此，要在不知情的情況下表現出有彈性的樣子，看似困難至極。然而，卻有很多人告訴我，他們其實不知道自己正在使用任何與彈性有關的技巧，甚至不曉得有彈性程序這種東西存在。這或許表示我們的彈性可能出現在無意識的狀態之下？

對許多人而言，「潛意識」始終與內在神祕的原始衝動有關，而且會不自覺地把它跟佛洛伊德（Sigmund Freud）的著作連結在一起。但佛洛伊德提出這個詞，是很久以前的事了。在心理學、神經科學、生物學及精神醫學的領域裡，都已經有大量研究釐清大腦處理訊息的方式，無論是在有意識或是無意識的狀態。正如前面所討論的，大腦內發生的事情，幾乎絕大多數都無法被意識察覺。但我們是有意識的生命體，**當我們有意識地去思考某些事情，會出現很多可能性。最重要的是，如果將其應用到彈性上，就有機會改變自己使用訊息的方式**[1]。

---

註①：現今已有許多討論意識、潛意識和無意識的科學文獻，如有興趣閱讀回顧型的文獻，我推薦這一本由狄漢（Stanislas Dehaene）所撰寫的《意識與大腦》（*Consciousness and the Brain: Deciphering How the Brain Codes Our Thoughts*）（New York: Penguin, 2014）。

其實心理學家早就知道這種人們改變使用訊息的方式。在一九七〇年代，大量研究都著眼於自動化與控制歷程（automatic and controlled process）。自動化歷程通常發生得很快而且不需要注意力或意識控制，一旦啟動，就很難被打斷或者忽略。例如，帶有禁止意味的紅燈能讓駕駛自動出現踩煞車的反應。即使駕駛發現轉變成紅燈時已經太晚，並決定闖紅燈，他還是會感受到自己原本用來踩剎車的腳有點猶疑。相反地，控制歷程總是涉及有意識的注意力，因此反應比較慢、比較需要投注心力，也比自動化歷程來得受限，因為它們在意識層面上耗費比較多的注意力。除此之外，控制歷程也比較容易被打斷，甚至會受到自動化歷程的干擾與打斷。

照理來說，自動化歷程都是無意識下進行的，至少被啟動時是如此。只是在這種狀況下，我們以為的「無意識」其實與佛洛伊德提到的「潛意識」有點不同。佛洛伊德學派所說的潛意識，是指我們會把不想要的思考及行為丟到內在無法覺察的區域，而這些內容會偽裝後再度出現或影響我們，除非我們有意識地覺察到了，否則不會有所改變。但是根據許多研究結果顯示，自動化歷程的路徑通常是反過來的。它們一開始是出自於刻意的、有意識的思考和行為，隨著不斷重複，最後成為不需要意識就可以自動進行的過程。

回到駕駛的例子上：我們並非天生就知道怎麼開車。駕駛其實是既不自然又複雜的行為。我們得先學習許多獨特的動作，還要熟悉如何同時表現這些動作。在過程中，得統整許多不同的手部和腳部動作，例如判斷視覺上的距離，以及是否有其他車子出現、是否有可能的障礙。剛學開車時，常會感覺這簡直是不可能的任務。我到現在都還記得，高中時在駕訓班裡操作模擬器的過程，以及我總是來不及在有東西出現於車子前方時踩下煞車。我被自己的失敗嚇到了，我的汽車模擬器會直接撞上出現在前方的東西，但是，就像所有準駕駛一樣，最後我還是學會了。

對多數人來說，藉由反覆練習，開車成了第二本能。我們開始能一邊跟別人交談或一邊聽廣播，並同時注意車子的速度、留意其他車輛的動向，並在需要的時候踩煞車。但簡單來說，開車過程中有許多部分都成為自動化歷程，甚至自動到可以邊睡邊開。而且根據研究顯示，我們有時候確實會邊睡邊開，至少有那麼一小段時間是如此。幸好，我們不可能一直在無意識的狀態下開很久的車。儘管經過學習，但開車如同所有複雜行為，依然需要意識的監控。舉例來說，我們需要定期並有意識地確認自己的車速、需要有意識地決定某些策略及行動，例如要轉彎或要超車的時候。而且得要隨時保持警覺，注意是否會有意想不到的障礙物或突如其來的路況會出現，才能及時做出反應。

類似的意外狀況也會出現在彈性程序中。正如先前所見，**我們並非生來就具有彈性程序所囊括的技能。我們得有意識地、刻意地、處心積慮地學成個別的技能。**對大部分的孩子來說，這並不容易。他們得先拆解情境當中的線索，克制自己的衝動、掌管情緒、反覆修正與調整。這些技巧一開始都需要透過父母或其他成人來引導和教育，並經過大量的「嘗試錯誤練習」（trial-and-error practice），才能學成。隨著不斷成長，大腦逐漸發育，這些技巧會變得越來越簡單；時間一久，有部分甚至可能轉變成自動化反應。然而，彈性程序的每個環節皆有其助益。即使只是採用一個因應策略，或僅是精細評估環境線索，都有可能帶來極大的效果。想要展現彈性，需要協調不同的技巧、隨時注意它們，並及時調整和改變，這樣的歷程至少需要一小部分的意識來監控。若完全沒有意識參與其中，我們可能很快就會迷失方向了。

## 自動化也有反效果

日常環境不斷在變，雖然每天經歷的事物幾乎都很尋常又可預測，像是坐下來吃飯、向鄰居打招呼、確認電子郵件等等。我們通常已經習慣到不會特別注意出現在這些情境裡的線索和自己的應對方式。又或者其實有注意，只是未曾察覺。當然，並非所有情境都一成不變。一旦出現新狀況或異於平常的遭遇，就得有意識地把注意力放在處理眼前的事。為了找到較好的做法，我們會盡可能收集有助於引導行動的線索。即便如此，我們仍然很容易忽略某些重要訊息，或是誤解自己察覺到的線索。

之所以無法充分拆解情境脈絡中的訊息，最主要是因為即使我們已經把注意力放在這上頭，能意識到的範圍終究有限。早有諸多研究證實「意識覺知有所限制」，你也可以輕易感受到這個限制。花點時間從一七五四開始減掉三，然後不斷繼續往下減，過程中都不可以閉上眼睛。不用一直減到〇，只要持續幾分鐘。雖然不是完全做不到，但也有點困難。接著，如果你願意，閉上眼睛試著再從頭減一次。有沒有發現變簡單了？因為閉上眼睛後，意識所接收的訊息變少了——沒有視覺訊息輸入——就有比較多注意力資源能用來加減乘除。

接下來，試試不同的挑戰：請挑出這一頁的所有「動詞」。這個任務的難度中等，會受你的文法功力影響，但還在能力可及範圍內。現在，試著一邊找出動詞，一邊進行前述的減法挑戰，你會發現自己幾乎辦不到。因為辨識動詞或算數都需要意識資源，我們沒有足夠的資源可以同時進行這兩件事。

當我們試著有意識地環顧周遭與拆解脈絡訊息時，也是類似的狀況。如果我們當下完全沒有其他事情要做，或許還不會太困難。但如果我們的意識同時忙於其他事物，像是嘗試解決問題、預期未來事件、擔心或與他人談話，可用的意識資源就會變少，容易忽略重要的脈絡線索。

意識的有限性能否帶來好處，是最受爭議的一件事。某種程度上，它能讓彈性程序裡的某些部分自動化進行（如拆解情境脈絡的線索）。自動化歷程既快速又簡單，有助於我們在日常生活中有效地做出決策。事實上，兒童在還很年幼的時候，就已發展出自動化的情境脈絡知覺。隨著成長，這個能力也會越來越好。

但太過依賴，也會出現嚴重問題，因為自動化歷程不見得都是正確的。即便有意識地把注意力擺在脈絡線索上，我們仍會自動化或無意識地處理某些訊息，結果就像先前提及的直觀捷思那樣，可能造成誤判。當我們被迫迅速做出決定時，尤其容易發生這類錯誤，而這也是身歷險境或壓力情境下常見的狀況。

眾所皆知的經典實驗「史楚普字色測驗」（Stroop Color and Word Test），就是意識決策受自動化線索知覺干擾的典型案例。實驗內容非常簡單，研究者給受試者看一系列的單字，一次一個，每個單字以不同顏色呈現。例如，紅字「房屋」、藍字「狗」。受試者要做的，就是盡可能迅速且正確分辨出該單字所用的顏色。只要是像房屋或狗一般，沒什麼特別又容易忽略意義的單字，這一切就很簡單。

但如果這些單字是顏色的名稱呢？此時，單字會被自動化解讀為相關訊息。這是因為閱讀是經過大量練習而得的技能，對大部分識字者而言，這已是一種自動化歷程。如果該單字指稱的顏色與本身顏色相符（如用藍字寫出「藍色」），就會加快辨認出字色的速度。但重點來了，如果字色與字義所指稱的顏色互相抵觸（例如用紅字寫出「藍色」），兩者帶來的訊息就會有所衝突，並拖慢辨認字色的速度。因為我們需要多花一些時間來消弭字色與字義不一致的衝突。一般而言，這個過程需要有意識的注意。

這種潛意識的訊息干擾，也會發生在日常生活中。

一項針對種族刻板印象的自動化歷程研究，讓我們看到活生生的印證。研究過程中會依序反覆播放兩張一組的圖片，先是一張人臉，然後是一把槍或某種工具。參與者要忽略第一張圖，把注意力擺在第二張，並盡快且正確地說出照片中呈現的是槍或工具。這個實驗是設計來研究自動化種族刻板印象的。參與者清一色是白種人。第一張圖片可能是一名白人或黑人男性的臉，僅以〇．二秒的速度閃過。這個時間對於分辨圖片上的人類膚色雖然近乎極限，但以大腦自動化的歷程來處理此訊息已是綽綽有餘。

研究結果非常驚人。當第一張圖閃過的是黑人男性的面孔時，參與者正確辨認第二張圖為槍的速度會比較快，但也同時比較容易把一些工具圖也當成槍。這個結果很令人震撼，僅是一閃而過的黑人男性面孔，就足以讓大腦自動產生黑人男性與槍有關的種族刻板印象。這個刻板印象已足夠讓白人參與者將察覺的脈絡線索，導引至與危險有關的方向。種族偏誤也出現在白人男性面孔的圖上，只是效果與前者相反，一閃而過的白人男性面孔會被自動判讀為安全的。

目前已證實，自動化處理既與彈性程序中的策略工具箱有關，也和自動化錯誤相連。在一項研究裡，一組參與者不知不覺中被引導使用認知重構的策略，另一組則被明確指示使用該策略。在高壓作業中，兩者的因應表現一樣好，生理反應也一樣低。

雖然這些結果明確顯示出，我們能自動使用特定的調節策略（至少在某些環境裡），卻未曾說明我們如何從中獲益。更重要的是，以彈性的觀點來看，自動化策略顯然有其限制。沒有哪種策略永遠有效，認知重構亦是如此。當我們處在能掌控壓力源的情境時，對情緒反應進行認知重構不見得有用，甚至可能有潛在的傷害性，因為那會讓我們無法使用有效的問題解決策略。造成這種反效果的策略還不少，像是「自動壓抑具有威脅感的情緒，或許會讓我們感覺好一點」，但在某些情境下，能否覺察到威脅可是生死存亡的關鍵。

這也是為什麼彈性程序的第三步：「回饋監控」，如此重要。當我們的身體或周遭環境回饋某策略無效時，就得加以修正或嘗試新方法。但如果這些都是自動反應，我們本身可能無法加以監控或調整。確實，有一系列研究顯示，即使自動反應有助於減少負面情緒，人們卻可能不會意識到自己的反應。倘若一項策略正在提供幫助，我們卻不自知，很可能一不小心就換成比較無效的策略。同樣地，如果我們無法覺察自己正在使用的策略，也就無法注意到這方法是否其實並不適合。

有些證據指出，我們或許會在恰當的情境下，自動出現策略修正歷程。而和回饋有關的修正，多半都是有意識的決定。換句話說，我們需要保持注意力，在遭遇意想不到的挑戰時更是如此，因為被殺個措手不及，絕對更需要專心以對。

## 惡夢回歸

讓我們再次回到傑德的故事。令人遺憾的是，即便他經歷了那麼多，依然有著出乎意料甚至更嚴苛的考驗。這個新挑戰比他過去所經歷的困難還要難以承受。因為一開始他曾以為能善加處理，之後才發現它根本揮之不去。

截除一部分的肢體後，通常該部位不會再有任何感覺，但是被截肢者往往會持續感覺到已失去的肢體彷彿還在原處。不幸的是，這個經驗常會牽涉到劇烈的疼痛。過去曾把這種「幻肢疼痛」視為一種心理現象，屬於可透過心理治療處理的幻覺。事實上，這其實是生理問題。當肢體被切除，過去幫忙將感覺訊息從肢體帶往脊髓並進入大腦的神經元也跟著被切斷了。雖然這些神經受到損傷，但只有一部分跟著肢體被截除，通往大腦的那部分依然保留著。也就是說，剩餘的神經元只要接收到任何刺激，依舊會把訊息傳出去，大腦則會判讀為被切除肢體所擁有的感覺。而且因為神經受損無法正常運作，常會過度興奮，有時候甚至會在被切除端附近形成所謂的神經瘤，並引發疼痛的感覺。

車禍發生後不久，傑德已經開始受幻肢疼痛所苦，當時他還在住院。

「我在醫院剛醒來時，覺得自己整隻腳都還在。那種感覺很奇怪，我覺得膝蓋是彎曲的，而腳就放在醫院的床上。但最奇怪的是，我的腳掌是反轉的。這並不是我想像出來的，我知道自己的腿已經不見了，但是那些訊號，我腦袋裡的訊號感覺起來超級奇怪。這就是幻肢，就好像如果你把注意力放在身體的某個部位，就能感覺得到它。你的大腦知道它在那裡。感覺它並不像肉體，而是一個立體投影。我可以感覺到整條腿，只是我的腳掌是反過來的。」

隨著狀況逐漸好轉，幻肢問題卻沒有改善。傑德別無選擇，只能接受，至少在當時是如此。他得想辦法習慣，而漸漸地，他也真的辦到了。

「最讓我困擾的是要下床的時候，或是在床上移動身體、翻身的時候，因為我的身體有四分之一的重量不見了。我知道它不見了，但大腦認為它還在那裡，所以我得想辦法調適這部分的感覺。

「這非常奇怪，一切都很神經質，我覺得這是最能形容那種感覺的詞。就好像看到一隻蟑螂，我的屁股就亮起來，變得像顆聖誕樹，亮到變成一片白光。我覺得自己好像瘋了。」

隨著時間過去，幻肢疼痛確實逐漸改善，但過程中也出現奇怪的感覺。傑德的經驗在截肢患者當中很常見，他感覺到那條早已不存在的腿慢慢變短，彷彿腳掌先不見了，然後慢慢地腿也不見了，這種現象被稱之為「幻肢伸縮」（telescoping）。

「在意外發生後的第一年，我一直都能感覺到五根腳趾頭，腳掌卻慢慢不見了。有好一陣子，我會覺得膝蓋到腳掌都不見了，五根腳趾頭卻還掛在那兒。一般來說，出現幻肢伸縮是好現象，代表大腦正在重整神經迴路，就是重新配置身體的感覺。即便到了現在，我都覺得只要稍加留意，依然能感覺到還有兩隻腳趾在這兒（他指著自己的臀部末端）。我可以感覺到它們的存在，甚至還可以動動它們。」

不幸的是，除了感到幻肢縮小，傑德還持續出現突如其來的疼痛，而這逐漸成為嚴重的問題。

「雖然狀況有變好，但偶爾還是會發作。那是不定時的，有時甚至痛到令我難以入睡。當它出現在夜裡會格外困擾我，尤其在入睡之際。通常，即使它來得很突然，我也都還能想辦法分散注意力，像是用耳機聽音樂或玩遊戲之類的。但如果正準備要睡覺，就沒辦法做任何事情來分散注意力，更不用說那時候對自己身體的感覺會特別清晰。它感覺起來還是很像身體的一部分，當我躺在床上時，感覺那股疼痛越來越強烈。」

人們對於幻肢疼痛的了解極其有限。為了找到方法來緩解這個疼痛，傑德諮詢了多位疼痛專家。他們嘗試了各種方法，包括燒灼神經末端、注射阻礙神經的物質（麻醉受損區域）、以冷凍法讓受損區域的神經壞死，也試了許多種硬脊膜療法[2]，包括在靠近脊髓的硬膜層置入電擊，好破壞那附近的神經迴路。每一種嘗試都有連帶風險，因為其位置離脊髓神經的敏感區非常近。不幸的是，這些介入方法似乎都無助於緩解疼痛。

到了二〇一六年春天，狀況更加惡化，傑德的生活幾乎分崩離析。

傑德剛開始與另一位提出嶄新做法的專家合作，這療法才剛通過美國食品藥物管理局（US Food and Drug Administration, FDA）的審核。一般緩解硬膜外疼痛的做法，是把電極放置於脊柱外側，即硬脊膜附近，來干擾神經訊號的傳遞以鎮定疼痛感。由於無法精確放置於受損區域，因此通常成效不彰，而新療法則是把電擊放置在更靠近受損相關區域的位置。這意味著更高的風險，畢竟背根神經節[3]是脊髓神經上非常重要卻也很脆弱的組織。此療法的新穎程度也是風險的來源之一，當時該名醫師除了傑德，也只在另一位患者身上使用過相同的療法。

首度嘗試並沒有成功，因為電擊植入的位置距離脊髓太遠，起不了作用，疼痛也依然持續。幾個月後，他們又試了一次。

這一次，帶來了災難性的結果。用來植入電擊的針頭在傑德的硬脊膜上留下一個小洞，造成硬膜下水腫。血液滲入傑德的脊柱，形成血塊、囊腫，最後腦脊髓液[4]逐漸外滲。傑德開始體驗到一些奇怪的神經反應。一開始，這些問題雖然有點困擾但似乎都還應付得來，但後來漸漸惡化。

傑德在這段時間裡飽受折磨，卻也莫名地挺了過來。

在那段期間，我對傑德最有印象的一段記憶是：某個晚上，他與我和研究團隊的其他成員到市中心的俱樂部參加音樂會。由於現場座位有限，我們得站著聽。俱樂部裡燈光很暗，偶爾才看得到傑德的臉，但我還是能看到他整個人似乎很不舒服。此時的他還不曉得即將發生什麼事，也不知道那個新的治療方法會對他造成什麼影響。他只知道要試著撐下去，但最後他還是不得不提前離開。不久之後，傑德獨自待在研究室裡，正準

---

註②：譯註。脊髓外有三層膜狀結構，由外而內分別是硬脊膜、蛛網膜、軟脊膜組成。硬膜外的空間還有從脊髓分支出來的神經根，此處的療法主要就是針對這個區域。

註③：譯註。dorsal root ganglia，脊髓神經上的節點，負責接收如溫度、觸感和疼痛等外界刺激，並對各種感覺訊號做出初步詮釋，再將這些感覺訊號傳遞給中樞神經系統、脊髓和大腦。

註④：譯註。cerebrospinal fluid, CSF。作為緩衝層保護大腦和脊髓，並為神經系統提供營養，以及清除大腦代謝廢物。一旦滲漏會導致顱內低壓，並壓迫或拉扯到腦神經，嚴重時甚至會併發硬腦膜下腔出血、腦幹出血等症狀。

備要開始做實驗。根據他的描述：「突然間，一切都變得很不正常，我全身一下子感到非常滾燙，一下子又感到非常冰冷，所有奇奇怪怪的感覺都出現了。」

這些症狀在短時間內越演越烈。

「我人在醫院裡實習，然後突然就發作了起來。我整個人極度暈眩，完全沒有辦法工作，而且從那個時候開始，我根本沒有辦法站著，我只能躺下。這一躺，就是好幾個月……真的很可怕。剛開始的時候，我真的嚇壞了。一切來得太突然，我看不見東西、失去平衡感、心臟不停狂跳，太多太多症狀可怕到極點。還有頭痛，非常嚴重的頭痛，而且完全停不下來，痛到暈眩與噁心，我趕快跑去急診室，他們以為我中風了。」

傑德在醫院裡待了五天進行評估，在他回到家的隔天，他與梅根的第二個孩子誕生了。原本應該是令人非常開心的事，這時卻因他的健康狀況莫名惡化而令人感到憂心，這讓傑德覺得五味雜陳。更糟的是，醫師無法針對他的狀況做出任何結論。他唯一能做的就是服用咖啡因促進血管收縮，或許能減少腦脊液的滲漏，並盡可能地繼續躺著。除此之外，別無它法。

「沒有更好的方法了，但這樣做下來，至少讓疼痛、暈眩感及所有症狀都改善了一些。它們沒有消失，只是變得比較能夠忍受，但也僅限於躺著的時候。每回我想要起身，這些症狀就會瞬間回歸。但只要躺下，它們就又瞬間消失。基本上，除了好好躺著，我什麼都不能做。」

這一切實在來得太突然了。熬過那麼多苦痛，好不容易總算感覺自己的生活邁入正軌，卻又突然間陷入在生死存活間掙扎的困境。這怎麼可能不讓人感到憂鬱呢？

「我不曉得怎麼描述才好。我的意思是說，我也不是真的很憂鬱，只是你想想，如果好不容易覺得人生終於有了個新開始，但那些讓你開心與有能力的事物卻突然消失，怎麼說呢，那是一種掌控感及人生就這麼不見的感覺。我是說，我心情當然糟透了，外表看起來也慘兮兮，因為我真的不知道接下來會怎麼樣，我就是不知道。」

這次，傑德心裡真的沒有任何著落，他的世界一點一滴瓦解，心情起起伏伏，完全不曉得該如何阻止一切發生。此時的他，比以往任何時候都渴望答案。而那個從一開始就擺在眼前的問題依然無解。他只回答了一部分。

「為什麼我還好好的？」

如今，隨著情況越來越棘手，他若無法盡快找到一個令人滿意的解答，恐怕連自己都會被這個問題給吞噬。

PART. 05

# 請你跟我這樣做

The End of Trauma

09

# 與自己對話

TALKING TO OURSELVES

利奇坦霍（Wendy Lichtenthal）是位熱心的心理師，任職於紐約市的紀念斯隆．凱特琳癌症中心（Memorial Sloan Kettering Cancer Center）。她的許多患者既憂鬱又困惑不解，並且受苦於非預期的、非自願的、不想要的挑戰之中，但她總是鍥而不捨地尋找各種能用來協助他們的方法。

我在幾年前認識了利奇坦霍，當時她還在賓州大學讀博士班，而我正好到那所大學演講。演講結束後，她來找我小聊了一下。我當時對她努力想透過科學處理困難議題的熱忱印象深刻。我們持續保持聯絡，後來她也搬到紐約。

幾年後，我發表了一篇關於彈性程序的論文（但當時我並未正式使用「彈性程序」這個詞）。利奇坦霍看過之後，感觸甚深。她談及文中所討論的那些策略，正好都是她的患者需要的。**她的個案經常不明白自己到底怎麼了，也不曉得自己還能做些什麼。在**

**充滿不確定性的情況下，「他們很需要明確的指引。」她說，「他們會說：『告訴我，要怎麼做才能面對這一切？有什麼最佳解方？』但根本沒有所謂的最佳解方，畢竟每個人的經歷天差地遠，甚至每天都在變化。」利奇坦霍認為彈性程序提供了一個架構，她能據此引導個案，去尋找能幫助他們自己克服挑戰的路徑。**

隔了一段時間，利奇坦霍再次聯絡我。自從與我討論過後，她決定直接向一名患者解釋彈性程序的內涵。

那是一名被診斷出乳癌的年輕母親，在面對自身健康問題時，還得同時處理自己的焦慮和照顧孩子。她覺得自己幾近崩潰，因此很想找到能處理這些混亂與壓力的方法。利奇坦霍向她說明，她所遇到的狀況「沒有指導手冊」，但彈性的概念與架構或許能幫上忙。因此，她可以先評估眼前的狀況，然後從自己的策略工具箱裡尋找一些方法來嘗試，再確認是否有效。如果這方法幫不上忙，就「換另一個方法試試」，直到「發現有效的策略」。

利奇坦霍也針對彈性的核心假設之一加以說明，讓該名患者知道：「她可能會發現由於情況不斷改變，因此今天用起來有效的策略，很可能明天就無效了。所以面對瞬息萬變的狀況，策略選用上盡可能保持彈性或許是最有用的。」對此，患者的反應相當積極，利奇坦霍告訴我：「我一邊談話，她一邊開始做筆記，並表示知道這些對她而言很有幫助。」

雖然只有一個案例，不足以斷下任何結論，但利奇坦霍從那時起，就和她的患者一同持續探索與調整運用彈性程序的方法。後來，她發現這對於在等待重要檢驗結果的患者特別有幫助。等待檢驗報告是煎熬的，對大多數人而言，那段時間除了等待，別無他法，因為在結果未明之前，沒有任何能著手處理的。

彈性程序為這個看似只能束手無策的過程找到著力點。首先，可以思考整個脈絡，當下其實存在一個待處理的問題——不要崩潰。接著，則是怎麼處理它，最顯而易見的做法就是轉移注意力，不要去想檢驗的事。利奇坦霍認同，但也謹慎地與患者持續溝通。她向患者強調，就彈性的本質來說，轉移注意力或任何形式的逃避都可以是一種方法，但不會是唯一解方，而且通常不是最好的那一種。

「就我看來，語言不只有字面上的意義。」利奇坦霍說，「當我們說『轉移注意力』，底下通常還暗藏著令我們不舒服的情緒。」而我們真正想做的並不是忽視它，而是希望提升面對和處理它的能力。比起使用『轉移注意力』這個詞，我反而比較喜歡問：『你可以做些什麼？可以把注意力擺在哪兒？有哪些事情對你來說是有意義又重要，能讓你感覺好過一點的？』當然無可避免地，有些我們不想要的念頭會冒出來。若有人完全不會想到這些，那才奇怪。因此重點在於：需要時，你可以容許那些感受存在；發現那些感受無濟於事時，也能轉移注意力。」

適時表達焦慮也是很重要的。利奇坦霍引導患者去思考能安心展現自身焦慮的情境，果不其然通常與重要他人（尤其是與他們非常親近的人）的支持有關。然而，她也強調回饋監控的重要性，包括患者自身的內在感受，以及接收負面情緒者的反應。

「當一個人想釋放出自己的焦慮時，常會進入『我很焦慮，我好害怕，我很焦慮，我好害怕』的無限迴圈。最後不但發現自己一無所獲，還一直在焦慮裡打轉，並同時耗損他們的支持網絡。」

在這種狀況下，患者需要再回顧自己的策略工具箱，找找其他方法。當然，說比做容易，患者面對的畢竟是攸關生死的議題。利奇坦霍最常從患者身上聽到的反應就是：他們不曉得自己還能做什麼。

此時，她會試著協助他們探索有哪些可能的做法，這並不容易，通常得先跨過好幾個困難的障礙，其中有時單純就是許多患者「不相信自己有能力可以做到那麼多事」。

「我或許會說：『要不要試試冥想呢？』他們多半會回答：『我不會。』這時我就會告訴他們，許多佛教和尚終其一生都在練習冥想，也不見得能做得很好。沒有人可以所有事都表現得很完美，但我們可以試試看，試著學會一套技術，把它當成練習和開發新技能就好。」

另一個常見的障礙則是，患者的處境會誘發出他們的生存焦慮，因為危及生命的醫療狀況往往令人意識到人類生命的有限。

「等待檢驗結果之所以那麼難熬，除了跟演化保留下的戰或逃反應有關，也同時觸發關於存在的議題，像是『這件事提醒我人生苦短，我現在還能做什麼？接下來要怎麼活？』」

存在雖然是個重大議題，但我們平常幾乎不會去思考。等待醫療檢驗結果時，因為有可能需要面對壞消息，就會觸動對生存的焦慮，讓我們不得不去面對。

「你無法忽略，不得不去思考。但這就好像盯著太陽看，不能直視太久。」

為了幫助患者跨過這些心理障礙、拓展策略工具箱內的可用資源，溫蒂有時會回顧現有的自我調節策略清單。這類清單並不難取得，不同的治療方法中也會加以闡述。但如同前幾章所說的，各種技巧或策略清單上總有一些不適用於極端情境、具有潛在創傷和充滿壓力的事件。當我向利奇坦霍請教如何看待這些限制時，她給出了發人深省的回答。

「置身險境時，要保持清明的思考並不容易。在正式的心理工作中，個案並不是處於危機狀態的話，我就有足夠的時間慢慢與他們找出可能最適合的因應方法。」利奇坦霍說，「我可以帶他們思考可能的選項、打造專屬的策略清單、記錄對他們而言有用的技巧，無論是聽音樂、散步、找人聊天、看書或看電影來分散注意力，只要有用的都可以。但危機當前，整個人都處在慌亂狀態，就很難靜下來思考：『有什麼是我能做的？』因為他們要承受的已經夠多了，更不用說可能從沒想過這些事。在這麼艱辛的時刻，利用現成的清單作為起點，將會非常有幫助。」

## 壓力下的彈性學習

利奇坦霍與知名的臨終關懷照護專家暨哀慟研究者普利格森（Holly Prigerson），曾一起發展正式的心理介入方案，詳盡地將彈性的各個面向教給極需此道的團體：加護病房中的決策代理人。

加護病房中的患者已失去意識或無法與醫護人員溝通時，通常會有一位家屬出面代為做決定。這是個壓力極大的工作，因為常常要承擔決定病人生死的責任。不出所料，這些代理人表示他們明明深受哀慟與創傷壓力所苦，還得因為自己所做的決定而出現罪惡感、懊悔、極度焦慮。更糟的是，有時候他們會因為無計可施而把無助的焦慮轉移到醫護人員身上，為了治療方式進行不必要的爭吵，讓問題更加惡化。

「那個醫療團隊可說是世界上最溫暖的團隊了，」利奇坦霍解釋，「但因為他們知道治療的走向及結果，所以與家人的情緒感受有所落差，常會給出家屬不想聽或無法接受的建議，令家屬陷入痛苦的掙扎。」

決策代理人的介入通常是由緩和療護[1]專家與家屬進行多次會議，提供支持與資訊說明，也就是所謂的家庭介入方案。

「會議中討論的都是理智層面的事情。」利奇坦霍解釋道，「像是『我們一起來思考針對照顧這部分，你們想要什麼、他們可能想要什麼。』但這只會讓決策代理人備感壓力。」

從未有任何實際證據證明，家庭介入方案確實能幫上忙。後來隨機分派臨床試驗後，發現對任何型式的療法而言，這都是黃金標準做法。但此種介入方式不但無法減輕決策代理人的憂鬱和焦慮，反而會造成PTSD症狀。

---

註①：譯註。palliative care。可於重病的任何階段進行，不須等到瀕死才開始治療。此治療目的是幫助舒緩患者的身體、情緒及心靈，同時讓疾病治療仍能繼續進行，因此會提供疼痛緩解、營養或心理諮商。雖然與安寧照護（hospice care）很相似，仍有不同之處。安寧照護雖也以舒緩患者身心靈層面為目的，但不再進行疾病治療。

由於這一切太令人挫折，醫療團隊也感到油盡燈枯，於是向普利格森求助。

根據利奇坦霍的解釋：「基本上，加護病房醫師的說法是：『請幫幫我們，有家屬強烈要求進行侵入性治療，但患者的情況已不適合再採用如此激烈的治療手段。我們與家屬之間衝突不斷，互動與溝通都很差。這不只對我們這些臨床工作者有不好的影響，對家屬更是雪上加霜。』」

利奇坦霍與普利格森一起思考，有哪些既實用又可行的方法能幫助決策代理人。溫蒂說：「處在這種狀況下的決策代理人，就跟站在車頭燈前的鹿一樣。醫師不停地說著話，他們則是恍神著傾聽，因為他們根本是僵在原地，什麼都無法思考，更不可能把醫生的話聽進去。情緒在這時占據了一切。各式各樣的情緒。但他們勢必得專注在現實層面的問題上，因此需要能適時擱下悲傷與其他情緒。」

她們都認為，這本質上就是彈性的問題。為了幫助家屬至少提昇某些層面的彈性，他們設計出由三次晤談構成的短期介入方案。

第一次晤談為時最長，重點在於建立脈絡敏感度。他們先概略描繪未來可能要面對的情緒起伏，然後會有一些小小的教學，讓決策代理人事先習得更多不同的因應策略，以利未來面對複雜的難題時能派上用場，這些就是拓展個體策略工具箱的資源。接著會約定後續兩次的晤談，分別相隔兩周，皆以電話進行。這兩次晤談主要是為了監控回饋，讓決策代理人有機會與團隊交流，也讓團隊知道他們狀況如何，複習學過的策略，並視需求調整。

她們倆的介入方案帶來一大突破，可見到即使在高壓情境下，也能教導他人學會一些基本的彈性方法。這並不容易。**當我們因壓力而喘不過氣，可用的資源往往已近枯竭，也難以清晰思考；沒被壓力擊垮的狀態下，則可以在日常生活中練習和增強與彈性有關的能力。**如此一來能少費一些力氣，獲得更廣泛的學習經驗。

## 強化彈性心態

彈性心態可以是個好起點。這包含三組互有關聯的信念——保持樂觀、相信自己有能力應付、不畏挑戰，集結成一股力量，讓我們相信自己可以做到任何需要做的事，並且具備彈性去克服艱困的挑戰。

有許多不同的方法可用來促進樂觀。舉例來說，一項研究裡使用「**想像最好的自己**」這個技巧，讓人們想像自己置身於一切都有所好轉的未來。過程中讓人們寫下未來想達成的目標、需要的技巧，以及渴望的事物，然後不斷想像實現一切的自己。兩星期後，與未進行此練習的控制組相比，發現進行此技巧的人在許多測驗結果中，都顯得比較樂觀。

想增強因應能力的自信，則需要經歷更多成功。**正向肯定寫作**的練習就是方法之一，試著詳加描述與寫下因應成功的經驗，有助於提昇信心。其他特定情境的方法也各有其效，例如根據人們遭遇的特定問題，直接教導相對應的因應行為。研究發現，橄欖球員和慢性哮喘患者等不同群體在練習這些方法後，都能對自己的因應能力更有信心。此外，即使是還在變化的高壓情境，這些方法也都能提昇個體的因應信心。例如，遭到嚴重暴力事件而長期感到痛苦的大學生，經過專門培養掌握感和應對能力而量身定制的寫作練習之後，對自己的應對能力變得更加自信。

促進不畏挑戰的方式也是大同小異。當我們克服一項艱鉅的任務，從中獲得的掌控感往往也會影響後續的表現。教育工作者就非常清楚這種親身體驗的重要性，於是發展出各種方法來指引學生與教師，評估挑戰與該掌握的方向。實驗證明，即使只是單純地指示參與者把待處理的壓力源視為挑戰，也能啟動生理因應優勢，不畏前方的挑戰。

那什麼能幫助我們進入彈性程序並發揮其作用呢？一系列研究顯示，人們會透過學習新策略來應對特定的脈絡線索，這類學習被稱為「條件因應落實法」（if-then implementation）。意思是，所置身的情境裡如果出現某個脈絡線索，就使用某個特定的策略來應對。

在使用此方法的研究裡，請參與者觀看一組圖片，其中有些畫面給人的感覺是中性的、有些會令人愉快、有些則令人嫌惡，例如燒傷患者血肉模糊的畫面。其中一組參與者單純觀看圖片，另一組則反覆接受「要盡可能告訴自己不要出現嫌惡感」的指示，最關鍵的第三組則是反覆以條件因應落實法的「如果……就……」語句來自我對話，例如：「我不會覺得嫌惡，如果我看見血，就要保持冷靜與放鬆。」結果發現，只有使用條件因應落實法的受試者能有效減少對圖片的嫌惡情緒。

對於人們已習得且在使用的特定策略，也能增強其效果。在我自己的研究裡，使用先前談及的表達彈性作業，加以測量人們調節感受的能力。其中一項研究中，我們將作業時間拉長至原本的兩倍，結果發現隨著時間過去，參與者的表現越來越好，只有處在憂鬱狀態的人無法改善。根據過去其他研究顯示，憂鬱會阻礙學習的發現，因此這樣的結果也很合理。在每個人身上，我們都發現在不同的策略間轉換是種技能，而且可以透過練習加以強化[2]。

註②：為了建立正確的情緒反應模組，我們得採用較客觀的測量方式，例如心跳率、臉部肌電圖等等。

練習也有助於提升認知重構的能力。研究者讓參與者學習以不同的**自我陳述句**進行認知重構，像是：「世界上就是會發生壞事，我要將它們拋在腦後並邁步向前。」「每件事都有正向的部分，試著去看到它們是重要的。」接著，再讓參與者觀看一系列令人不愉快的影片，在觀看影片期間及之後，參與者都需要練習使用這些語句處理自身情緒。相隔一段時間後，會再多播放一部令人不舒服的影片。與單純只是觀看影片的控制組相比，使用認知重構語句的參與者會比較不那麼痛苦，觀看時的生理反應也比較少。此外，另一項研究則發現，即使只有在一次活動或會談中進行認知重構練習，帶來的良好效果至少能持續好幾星期。

我們也很常運用**人際支持**來幫自己度過難關。雖然人際支持度多半變動不大，卻也能透過某些方法來增強與鞏固。某些特定議題（例如慢性病患者或企圖戒菸者）會增強支持系統，但其實也有比較簡單的方法。根據我們的研究發現，試著感謝在關係裡發生的事、保持友善的態度，都能提昇後續在關係中的滿意度及友誼感受度。其中一項練習是請參與者寫下對某位親友的謝意，或肯定他們為你所做的事，然後把這份感謝表達給對方知道；另一項練習則是請參與者為自己的某位親友做一件溫柔或貼心的事。雖然研究者並未針對其社會支持的改變進行評估，卻發現促進關係品質似乎也能強化支持系統。

## 自我對話的提醒功能

大家都知道「自我對話」，進行方式很簡單，卻能增強彈性心態與彈性程序的交互作用。認知重構研究（請參與者反覆練習用自我陳述句進行認知重構，如：『世界上就是會發生壞事，我要將它們拋在腦後並邁步向前』）裡，使用的就是自我對話的變形。

自我對話已獲證實為有效的學習工具，可應用至許多領域，包括教育、運動及心理健康。它也有許多別稱，像是「自我內言」（self-verbalization）或「內在語言」（inner speech）。不管怎麼稱呼它，重點在於自我對話能把充斥在腦袋裡的複雜想法化約為寥寥數語。

其實我們經常不自覺地在做這樣的事，其中還摻雜著濃重的情緒。例如突然解開一道難解的考題，或是完成一次困難的投籃，抑或是發現晚宴上的客人喜歡你煮的餐點，此時的自我對話可能包含以下心境：「我為這件事付出很多心力，我很擔心，以為自己會失敗，結果我辦到了。」只是它會以更簡短的方式浮上意識層面，像是一句簡單但充滿同理的「太好了」。但自動化的自我對話也有其黑暗面，影響的力道與光明面不相上下。引用前述案例，我們可能會無法回答考題、投籃失敗，或看到客人一臉嫌惡地把精心製作的餐點推到旁邊。在這些情況下，我們可能會對自己說：「可惡。」「我就知道。」

在刻意使用的情況下，自我對話會是最有效的學習工具，有時會被稱為「**目標導向的自我對話**」，和自發性自我對話非常不同。自發性自我對話常被視為潛藏於內心深處的內容進入意識的過程；目標導向的自我對話則是刻意為之，透過掌控內在語言的方式來增強某種心理歷程或技巧。研究證實，**這個方法相當能促進與彈性有關的組成分子，例如調節認知重構、強化自信、強化策略性決策、鼓勵投入與努力、控制情緒、修正或調節所使用的策略**。

當我們把目標導向的自我對話應用在彈性心態上，會以積極肯定的獨白來反覆對自己陳述、提醒加強構成彈性心態的三種信念。

舉例來說，為了啟動樂觀帶來的鼓舞效果，我們可能會對自己這麼說：「一切都會沒事的。」

為了更加堅信自己有能力因應，我們可能會對自己說：「我擁有克服困難的能力。」

為了讓我們不害怕來到眼前的挑戰，我們或許會說：「我會盡力而為。」

這些簡單的句子不會讓我們變得樂觀、自信或是不畏挑戰，卻能提醒我們利用這些信念來幫助自己發展彈性心態。如果你不確定自己是否擁有這些信念，可以平常就多多練習這類自我對話，或是試著使用它來幫助自己應對各種情況。畢竟生活中除了嚴重的困境，每天都有可能面臨各式各樣的挑戰。

與彈性程序有關的自我對話則有些許不同。因為彈性程序是由特定行為構成，而不是信念，而這些行為本身有先後順序，也會反覆進行。在這樣的情況下，自我對話將成為探究的歷程。與其說它是一種自我鼓勵，不如說是**向自己提問的內在對話**（internal dialogue）。夜晚穿越公園時遭襲擊的保羅在使用彈性程序時，就曾提過這類問句。

當我們刻意使用這個技巧，想著當下脈絡的本質、該如何回應時，我們就是在反問自己：「發生了什麼事？」「有什麼是我們需要做的呢？」我們的工具箱裡有哪些策略資源，會影響我們如何回答這些問題。因此接下來我們會問：「我可以做什麼？」最後，當我們回顧所有決定造成的結果、準備下一步計畫時，我們會問：「這樣做有用嗎？」

如同在彈性心態裡使用自我對話那樣，在彈性程序中的自我對話也具有提醒功能，讓我們意識到可以嘗試、使用各種不同的行為。透過反問自身這些問題，能開發與練習相關的能力。如果在進行彈性程序的過程中，遇到特別困難的步驟，多多練習是很有用的。從我們的研究裡看到，多數人都能進行彈性程序的步驟，但有些人執行特定步驟時會覺得有困難。此時，應用自我對話將有助於克服這些難關。

自我對話式的提問，有助於提醒我們循序漸進地執行彈性程序。為了讓這個程序發揮功能，我們得整合不同的技巧，確認自己做得如何，並適時修正或改變。依序用不同的自我對話來反問，有助於引導我們走過這些步驟。

為了讓大家便於自行練習或探索這些自我對話的技巧，我分別針對彈性心態與彈性程序列出一些可用的例子（請見下頁表格一與表格二），也納入不同的替代說法，你可以根據喜好來選擇最適合自己的版本。

表格中的語句有些運用了常見的第二人稱說法，甚至將你自己的名字納入。這類型的自我對話就是所謂的「抽離式自我對話」（distanced self-talk）。如果我用這種方式對話，就不會是「我具備克服困難的能力」，而是「喬治有克服困難的能力」或「喬治，你具備克服困難的能力。」我也不會反問自己「有什麼是我能做的？」，而是「有什麼是喬治能做的？」或「喬治，有什麼是你能做的？」雖然用這種方式跟自己講話有點怪異，但心理學家克洛斯（Ethan Kross）的研究證實，這種對話方式在處理情緒議題時特別有用。因為第二人稱會造成心理上的距離，彷彿你站在旁邊觀察自己或對自己說話，而這樣的距離能讓你更容易重新框架當下發生的事情。如果你還記得，保羅就是使用了抽離式自我對話來幫自己突破情緒難關，讓思考變得具備彈性心態（「拜託，保羅，你可以度過這一切的，你是個聰明的傢伙，你會想出辦法的。」）。

正如本書論及的大部分內容，**這些自我對話的變體，關鍵都不在於你到底做了什**

## 表格一

| 彈性心態 | 自我對話 | 抽離式自我對話 | 替代自我對話 |
|---|---|---|---|
| 保持樂觀 | 一切都會沒事的。 | **你的名字**，一切都會沒事的。 | 一切都會過去的。事情也許不如預期，但我會沒事的。狀況會好轉，日子會繼續下去也會沒事的。 |
| 相信自己有能力應付 | 我擁有解決問題的能力。 | ■ **你的名字**擁有解決問題的能力。<br>■ **你的名字**，你擁有解決問題的能力。 | 我做得到。我有能力因應一切，我應付得來。我可以解決大部分的問題，我會找到解決的方法。 |
| 不畏挑戰 | 我會盡力而為。 | ■ **你的名字**會盡力為。<br>■ **你的名字**，你會盡力而為的。 | 我會盡力做到最好，我已經準備好迎接挑戰，我會克服它，度過一切難關。 |

## 表格二

| 彈性程序 | 脈絡敏感度 | 策略工具箱 | 回饋監控 |
| --- | --- | --- | --- |
| 自我對話提問 | ■ 發生什麼事？<br>■ 有什麼是我需要的？ | 我能做到什麼？ | 結果有用嗎？ |
| 抽離式自我對話提問 | ■ **你的名字**，發生什麼事？<br>■ 有什麼**你的名字**，需要做的？<br>■ **你的名字**，有什麼是你需要做的？ | ■ **你的名字**能做什麼？<br>■ **你的名字**，有什麼是你能做的？ | ■ **你的名字**，結果有用嗎？ |
| 替代自我對話提問 | 我為什麼有這種感覺？怎麼做才能解決這個問題？我要如何改變這個狀況？ | 我善於使用哪些策略？我的策略工具箱裡有哪些可用資源？ | 我解決問題了嗎？狀況有好轉嗎？我有感覺好一點嗎？我需要調整做法嗎？我需要再試試別的方法嗎？要使用新的策略嗎？ |

**麼，而是你做的事情裡哪些「有效」。有了這樣的精神，就能恣意探尋適合你的各種自我對話形式，甚至創造特有的自我對話方式，只要有用就可以。**

## 幾乎看不見的光

上回談到傑德時，他正面臨嚴重的危機。腦脊液滲漏的問題讓他瀕臨崩潰，任何方法都無法讓他的心情平靜下來。他已束手無策。

他所經歷的不僅造成情緒上的痛苦，每況愈下的心情，也讓長期相依為伴的彈性心態受到影響，一點一滴地消磨殆盡。這一回合的失望帶來太過沉重的壓力，堆疊在先前經歷過的一切，使他開始感到無法呼吸。彷彿將一條毛毯扔到燈上，原先還能看到些許光線透出，現在幾乎什麼都看不見了。當然，他還是可以嘗試透過彈性程序思考。他知道自己可以做什麼，但失去樂觀帶來的鼓舞之力，也沒有自信、不畏挑戰等心態推動他前進，一切簡直難如登天。

**「一切都會沒事的，我應付得來，我會盡力而為。」**

傑德從不輕言放棄。他心裡的那道光雖然變得黯淡，卻從未完全消逝。他不斷掙扎，最終也找到出口。他之所以能辦到，一部分是因為**他發展出專屬的自我對話，讓彈性心態在這個過程中漸漸恢復**，他將這次挫折，重新定義為進步過程的必經之路。

「我妹妹幫了很大的忙。」他說，「她會說出像這樣的話：『老兄，我知道這看起來很不妙，但你要知道已經跟醫生約好看診，而且還有其他事情要做。』我回嘴之後，她會開始列舉各種事實來駁倒我的，呃，不管你怎麼稱呼，就是認知扭曲之類的。總之，她能幫我看到自己的進展。

「諸如『這一切大概沒救了』的想法真的很糟，但像『一切會變好的』『狀況正在好轉』『狀況已經比之前要好很多』之類的想法，都會讓我好過一些，也能讓我保有希望感。我不曉得自己是否有意識到這些。畢竟我並沒有對自己說：『喔，我需要重新定義這一切。』但當我處在那樣的狀況下，不曉得一切還要持續多久，覺得整個人已糟到不能再糟，如果還想著：『事情會這樣繼續下去嗎？』真的會讓人陷入憂鬱。但我若是想著：『現在確實很糟，但未來還是有希望的。』那感覺，就像我正在慢慢進步。」

**「發生了什麼事？有什麼是我需要做的？」**

經歷意外和截肢後，傑德利用他所知的最佳工具與資源幫自己適應生活。這次他會無所適從，是因為這個新挑戰的要求與過去完全不同，他像陷入五里雲霧之中，摸不著頭緒。雖然他曾使用過彈性程序，但並不是在有意識的情形下進行的。因此當新挑戰迎面而來，他被迫去思考、去瞭解過去自己究竟做了什麼才能適應得那麼好。例如，他對於眼前不斷變換的情境脈絡變得極為敏感。隨著對世界變化的敏感度越來越好，他對於變化的洞察力也更加清晰。

就他記憶所及：「我思考著自己發生意外後如何復原時，腦海浮現兩件事：其一是，我很清楚自己面對的問題；其二則是，這些問題並未影響我的認知與思考能力。你知道的，我的胸口以上並未受到明顯傷害，只是持續不斷的疼痛常讓我心煩意亂。長久下來，日子有好有壞，但整體而言，我看得出來自己正逐漸好轉。但現在這個新的挑戰（腦脊液滲漏）讓人摸不著頭緒，難以掌握到底發生什麼事，也沒有明確的治療方式。我拜訪了各領域的專家，躺在他們的辦公室裡諮詢意見，試著想瞭解現在到底是什麼狀況、該怎麼辦。他們的說法不一，有些醫師說應該要馬上進行手術，有些醫師則說不需要開刀，再觀察看看。我迷惘不已，你知道的，我的腦袋總是昏昏沉沉的。每天當我四處走動，心裡都有著深深的不安。」

## 「有什麼是我能做的？」

對傑德來說，最難接受的就是：不能繼續仰賴策略工具箱中最有用的工具——他的社會支持網絡。

「車禍之後，為何我沒有出現創傷症狀呢？對於這個問題，我一直覺得社會支持是一部分的答案。我工作的餐廳裡有太多伙伴，不乏有朋友或來自其他群體的人，他們都陪我們走過整個歷程。我一直以為那已經是最棘手的部分了。但這回這個（腦脊液滲漏）最大的問題在於，我覺得我不像自己。

「我試著融入人群，但我辦不到，除了因為我心情糟透了，我也不想再假裝一切都很好。我的意思是意外發生後，住院的那段期間人們會來探視，而我得盡可能擺出笑臉或表現出沒事的模樣，那其實很消磨能量。但我做得到，那樣的做法也帶來些許好處。你知道的，因為大家都對我很好，所以我覺得自己好像也有義務那麼做，就是純粹的、一種關係上的互相。但這次的新狀況讓我感覺自己唯一能做的，就是藉由限制活動來緩和症狀嚴重度。因此有人前來拜訪時，我覺得自己真的無力參與。我的思緒混亂不堪，只覺得一片迷茫。你知道，就像腦霧那樣。」

很難想像有那麼一天，他人的支持不再能成為助力。人類是群居動物，幾乎隨時都需要依賴別人、與他人合作。當我們與自己在意或有連結的人在一起，合作能更緊密、更深入。因為我們會願意付出更多，也同時期待獲得更多回報。因此當我們需要幫忙，或只是想要個肩膀能倚靠著哭泣，我們知道自己可以相信身旁親近的人們，也知道他們會願意提供我們所需。

社會支持向來都能有效預測心理韌性的出現，這絲毫不令人訝異。從各項研究結果來看，它也確實是最一致的預測因子。但正如前幾章提到的，其效果其實也是小之又小。因為和其他策略一樣，這方法並不總是有效，有時與親友的互動反而會造成傷害，有時我們的痛苦也會嚇跑支持者。因為再立意良善的親友，面對長期處在痛苦狀態下的人，難免會感到挫折，或發現那些負面情緒實在太過沉重而漸漸拉開距離。

傑德忽然意識到這些確實可能發生。他知道社交互動時，得至少有些互惠才行，即使是相對單向的支持互動也是如此，但面對這回合的困難，他發現自己實在辦不到；他也知道自從意外發生後，有很長一段時間非常依賴自己的支持網絡。如今他的需求似乎變高了，但要大家再重回到當初如此密切給予支持的狀態，對他人的負擔似乎有點大。如他所說：「我不希望在我的社交圈裡造成『同情疲勞』（compassion fatigue）。」

我自己就親身體驗到傑德拉開我們之間的距離。

我們一起工作的那段時間，發展出指導教授和學生間的緊密連結，同時成為親近的朋友。我經常與自己的學生維持良好的社交關係，一起在研究室裡吃吃喝喝，或偶爾一起去參加市區音樂會都是很正常的事。但我和傑德的關係多了幾分特別，因為我打從心底佩服他，不只因為他熬過那麼多苦難，也因為他經歷這一切之後，依然能用極富人性的一面與他人互動。多年來的痛苦並未讓他厭煩或滿腔怨懟，甚至因為有過這些經歷，而成為格外溫暖與容易親近的人。這份仁慈也讓身邊的人想好好對待他。

身為他的指導教授和朋友，我對此感受甚深。但面對這次危機，傑德顯然沒有想從身邊尋找支持，包括我在內。即便他有這樣的需求，可能也在努力迴避。他開始退縮，起先幾乎是不著痕跡地，到後來卻演變成我或研究室裡的人幾乎都見不到他，他甚至連電子郵件都不回了。彷彿他腦中的雲霧飄出來，形成一片薄紗般的霧籠罩著他，讓所有人都看不見他。後來，情況越來越明顯，不須傑德多說，我們都能感受到這似乎就是他得做的。

### 「這樣做有用嗎？」

真正拯救傑德、幫助他脫離新危機的，是他再度使用回饋監控的能力。他先為自己釐清這次的挑戰（「我覺得我不像自己了」），知道他的「社交網絡支持」最佳工具已幫不上忙（「我不想與人互動」），於是他找到度過難關的新方法，試著把求助對象限縮到自己的家人。

「我覺得自己像是處在要孵化前的狀態。我把自己包起來，因為我的心情太受身體狀態所影響。要走過這一切，就是減少社交互動，讓自己的世界只剩下梅根和孩子。我們一起生活在小小的蝸裡，自成一個星球。我們才剛搬進學生宿舍，那是一間格局方正的小公寓，比我們原本住的地方要小得多。而且因為我人在醫院，梅根又已經不知道下一步該怎麼走，所以是我姐夫和他朋友幫忙搬家的。基本上，幾乎所有事情都是梅根在打理。

「我試著積極起來，不要一直揪結於那些症狀。就是找事情做。但我真的辦不到，每次我一站起來或只是想坐起來，那些症狀馬上捲土重來，讓人受不了。

「前幾個月，我大部分時間都在陪伴剛出生的兒子，他會睡在我胸口，像睡午覺那樣，我會輕輕地搖著他，然後與他一起打盹。」

暈眩與腦霧的現象，讓傑德幾乎每件事都得花上更多心力才能處理，光是要維持穩定的心理狀態或專心就很困難。

「我試過看書，但真的好難。」

轉移注意力成了傑德的首要任務。

「差不多是那時候，我發現玩手機遊戲可以分散注意力。你知道的，投入玩樂總是容易些。一開始，我只是在手機上玩遊戲，然後開始去看別人玩遊戲，這似乎成了我的嗜好，講起來還真是不好意思（笑）。」

疑問來了，我反問傑德要怎麼看別人玩遊戲？

「Twitch 啊！」他回答。當他發現我一臉茫然，立刻毫不掩飾地露出戲謔的笑容。

「你不知道 Twitch 嗎？」傑德向我解釋 Twitch 是個網路平台，能讓遊戲玩家上傳他們玩遊戲的實況給大眾觀看。

「這個平台已經大受歡迎好一段時間了，像這個新的直播主就是很有個性的人，有兩萬多人會看他們玩遊戲。大家會邊看邊打字，因為是實況直播，可以在上面打字、留言、聊天，很有趣！這大概是我找到最棒的東西了，因為它太有趣了，我的注意力完全被吸了過去，很自然地就放鬆下來。大概就像這樣：躺著、看遊戲，或是看電影。

「我大概就是在做這些事，轉移注意力、陪伴家人。梅根很了不起，真的很了不起。一想起來我就感動得想哭。她真的是個戰士，她從不讓我難過。當然，也曾有那麼一些時刻她會處在瀕臨崩潰的邊緣，覺得情況似乎永遠不會好轉，不知道要怎麼帶著兩個孩子與一個下不了床的傢伙過日子。當下會有這些瘋狂的想像是很正常的。我們一直在這個過程中載浮載沉，你知道我後來有慢慢改善，但那兩年，整整兩年，狀況真的糟到一個不行。」

傑德也發現自己還有其他可用的工具。

「現在回想起來，當時也有美好的時刻。我女兒很愛我，她很有趣、可愛又充滿活力，而且古靈精怪。我盡己所能地照顧孩子，我兒子那時還只是個嬰兒，所以我會幫他換尿布。其實就算躺在床上，也可以做很多事。」

## 接受新常態

傑德看見自己有所進步，卻總是曇花一現，不管出現任何改善都難以持續下去，這令他相當洩氣。二月時，他的醫生嘗試進行「硬膜外血液貼片」。這可不是個簡單的療程，抽取患者的血液後，注入腦脊液滲漏處下方，脊髓與硬膜之間的空隙。任何涉及脊髓的手術皆有風險，傑德的狀況就是最好的例子。但這個療法確實成功了，大幅改善讓傑德痛苦的諸多症狀。遺憾的是，效果並未持續太久。因此傑德又試了第二次、第三次，每次都一樣，僅僅帶來短暫的改善，之後又慢慢回到原本的狀態。

到了那年年底，想要完好如初似乎是個遙不可及的夢想，傑德開始感到絕望。

「做了那麼多嘗試之後，我真的是束手無策了。我再次被困在床上，狀況奇差無比，頭痛欲裂。」

在那樣的狀態下，想起自己原本的遠大目標令他心如刀割。

「我不得不放棄那些具體的長期目標，包括變得更好、拿到博士學位等等。這兩個目標變得離我好遠好遠。我好痛苦，想拿到博士學位也好困難，我已經錯過面試，相當於落後了一年；我和大家一樣都是在校外實習，卻沒有任何可放到檯面上的進度。我腦袋的運作時好時壞，讓我難以好好執行自己的論文計畫。」

也在那個時候，傑德去找西岸一位知名的脊神經外科醫師，因為他的脊椎在滲漏部位形成了一個囊腫，而該名醫師向來都在移除這類囊腫。手術風險當然不低，甚至比硬膜外血液貼片還冒險。再者，這也意味著傑德得踏上一段疲累的旅程，搭飛機前往國家的另一端。但他別無選擇，在春季到來時飛往西岸。事實證明，這是他漫長而痛苦的經歷之中，最為艱困的一段經驗。

「術後的復原過程太可怕了。那是我此生最恐怖的頭痛，我覺得自己對疼痛的閾值不斷在提昇。我從手術醒來時，整顆頭像是不停地在『哎呀……哎呀……哎呀……』地瘋狂慘叫。他們給我鴉片類的藥物，或是手術後會給的那些東西，卻也只讓我感覺麻木了一點，就那麼一點。」

移除囊腫的手術非常成功，但幫助好像不大，傑德術前體驗到的那些症狀依舊存在，有些甚至更嚴重了，尤其是頭痛的部分。

強烈的失望感排山倒海而來。

「我始終沒有想過要埋怨這些症狀對大腦功能的影響。即使知道這些狀況很可能一直持續下去，事情也真的就他媽的這樣發生了，導致我這輩子都要與這一切為伍。我根本無法接受這些。但我仍然沒有花時間去抱怨老天爺為何這樣對待我。」

## 「發生了什麼事？有什麼是我需要做的？」

傑德來到十字路口，他沒什麼能嘗試的了，加上最近的挫折，現實的殘酷幾乎是把他活剝生吞。他痛苦不堪，但反思自己的前景時，他開始接受挑戰已經轉移的事實。

「我猜大約是在夏季，那是個過渡期，我開始覺得：『好吧，我已經接受所有可能的治療方案了。』沒有真正成功的方法。我依然無法瞭解為什麼一直出現後遺症。但山不轉路轉，我不接受這個事實不行。我得接受這就是我人生的一部分，這就是新的常態。就像：『這些症狀會一直存在，而且會比之前經歷過的一切還嚴重，甚至比那場意外本身還糟，因為它們會影響我的專注、工作和思考能力。』」

這個想法雖然令傑德倍感痛苦，卻同時蘊釀出刻骨銘心的領悟。不像保羅，在公園被襲擊後再一次踏出家門時那種恍然大悟，但有異曲同工之妙。傑德逐漸意識到這個新來的困難可能是永久且無解的難題。倘若事情真是如此，即使他百般不願也別無選擇，只能接受，然後想辦法不讓自己困在原地。

「真的沒什麼路可以走了。所以，那種感覺就像是：好，就是這樣，不管現在是什麼狀況，這些就是目前的我，就是我全新的基準點。」

傑德的新領悟可說是敏銳觀察情境脈絡後得出的結論，理解現實之後，也讓他開始重新省思眼前的挑戰。他在有意識的狀態下做了一個決定：他決定不要再關心自己的症狀有多糟、不要一直想尋找「解方」，因為很可能根本不存在解方。取而代之的是，他打算尋找更好的方法來面對自己的症狀，把精力花在如何與自己的症狀好好共存。

### 「有什麼是我能做的？」

傑德為新挑戰做了評估，知道自己該做的事。過去的磨難讓他對自己的策略工具箱瞭若指掌，曉得哪些策略是有用的。但這個新挑戰顯然不同於以往，他從未經歷過這樣的狀況，一切都很模糊，沒有前因後果，只知道它不會消失。傑德下了一個簡單的結論：「這些事情並不存在於過去，而是存於現在和未來的每個當下，它會一而再、再而三地發生。」傑德越來越確信接下來最需要做的，就是去發掘新策略，好幫助他度過這些將持續存在的問題。

### 「這樣做有用嗎？」

傑德發想出各種能用來處理症狀的方法，一一嘗試後隨時評估效果。有用的策略就留下，無用的就刪除或調整後再重試。

他所嘗試的其中一個方法，就是要求自己盡可能回到原本的日常生活中。他打算慢慢來，如果一切順利再逐漸加快腳步。他知道這條路艱困難行，會有許多起起伏伏。但他緩緩地進步著，並慢慢將生活重心移轉回能讓他感覺正常的事物上。

他不需要拋下曾經成功幫助他的一切。事實上，他發現隨著逐步回歸原本的生活，最大的好處之一就是：他能再次向支持網絡尋求安慰。他的家庭生活越來越穩定，他也慢慢能更輕鬆自在地四處走動，承擔更多責任。他的社交世界向外擴展，漸漸又開始接受朋友待在身邊，享受他們的陪伴與支持。

傑德也學到如何安排自己的生活步調。他會為自己擬定休息時間，結束一天的生活或義務時，就能好好充電一番。當他與家人和朋友重新擁有更具凝聚力的社交生活之後，他發現稍微離開大家一小段時間會相當有幫助。他會請大家給他十五分鐘，然後找個安靜的房間躺下，舒緩一下自己的疼痛。

他也試著去運動。起先，這個方法失敗透頂，因為任何較為劇烈的運動只會使症狀惡化。後來，他發現自己可以短暫地騎室內腳踏車，便慢慢增加運動時間，也漸漸能持續得更久了。他的體力獲得強化，久而久之，鍛鍊成了提振心情的重要方法。有時候，他也會透過正念冥想來保持心情和想法，過程中的呼吸練習也有助於放鬆身體。這些策略雖然不見得總是有效，但經過不停的嘗試與練習，傑德越來越能掌握它們發揮最大功效的時機。

此外，傑德還找到一位神經科醫師，專門研究他努力想處理的這些症狀，並從醫師身上得到一些意想不到的幫助。這位醫師相當認同傑德的做法，這大大增強他的信心，醫師也提供更多有助於控制症狀的技術，尤其是在頭痛的部分。此時，傑德知道並非所有方法都會奏效，他反覆練習醫師建議的每種新技巧，在嘗試與錯誤的過程中，一發現有用的方法，就加進不斷擴展的策略工具箱裡。

## 回到正軌，繼續前行

傑德有了實質的進步。過去幾年裡，他的生活中充斥著症狀與治療，日復一日，令人疲憊不堪。如今他奪回掌控權，現在是傑德本人在過生活，而不是他的疾病。

他開始有一些「沒有頭痛到失能的美好小日子」，他會利用這些短暫的喘息空間讓自己逐步接近以往的生活。後來，他也重新回到我的研究室。有時他只是來走走看看，有時則會在研究室後面的小房間裡工作。他開始和我們一起開會，初期的出席狀況不是很穩定，但慢慢地有越來越規律。有時候他興致一來，我們會稍微聊聊，更新一下彼此的工作和生活近況，甚至能有說有笑，回到他疏離我們之前的互動模式。

隨著適應狀況越來越好，傑德也開始恢復之前參與的一些研究工作。因為他的參與度增加，我們重新把擱置兩年的研究計畫初稿拿出來定期討論。傑德的進度雖然緩慢卻很穩定，而且最終也突破萬難完成論文投稿，並在幾個月後傳來捷報——期刊刊登了！這對傑德而言是個極大的里程碑，也讓他的努力獲得一個決定性的肯定。

而當他重回兩年前的臨床實習崗位時，又是另一個更大的里程碑。由於症狀有時會嚴重到無法好好工作，因此他仍會偶爾缺席，但感謝實習單位人員的耐心，讓他順利完成這一站的實習，換到下一站。

下一站是神經心理學，壓力更大，一星期需要報到兩天。這對傑德來說非常吃力，有好幾次差點撐不下去。「五點一到，一天的工作終於結束，我的腦袋像要炸開一樣，幾乎沒有辦法思考，除了頭痛，還是頭痛。」他說。但隨著他學到越來越多因應策略，忍耐力也不斷提昇。最後，他跌破大家眼鏡，完成了實習。

「我其實不太記得整個過程，但是老兄，我記得那是件大事情。我就是保持積極，參與其中。我不知道該如何描述，感覺很微妙，當我一回到那裡，心情立刻就改變了。有點像是我的腦袋回來了，我也回到正軌上了。我終於又回到自己身上，變成一個有用的人。」

10

AND THEN THERE WAS A GLOBAL PANDEMIC

# 在疫情中保有彈性

二〇一九年秋天，這本書撰寫到一半，我開始計畫春天要前往歐洲遊玩。我打算搭火車旅行，沿途繼續寫書和演講。我的妻子波莉將與我同行，屆時她也會展開寫書的計畫。

正當我在擬定行程時，中國武漢有些人開始出現奇怪的症狀。到了十二月底，武漢市的金銀潭醫院傳出多位患者出現來源不明且貌似肺癌的疾病，後來被正式定名為「二〇一九新型冠狀病毒」（2019-nCoV）。當時它似乎還不那麼令人擔心，至少紐約或歐洲並沒有病例。但不多久後，它開始大肆流行，並更名為「嚴重急性呼吸綜合冠狀病毒二型」（SARS-CoV-2，台灣稱為新型冠狀病毒）。

這名字可就引起我的注意了。二〇〇三年，我曾在香港針對嚴重急性呼吸道症候群（Severe Acute Respiratory Syndrome, SARS。後文以縮寫稱之）疫情期間的倖存者進行研究。SARS病毒相當危險，會造成極高的死亡率。雖然它的疫情集中在亞洲，終究還是在被完全遏止之前就傳染開來。

這個新的SARS變種病毒株起先還沒什麼存在感，但中國境外也出現病例並迅速擴散時，全世界都注意到它的存在了。二〇二〇年一月下旬，世界衛生組織（World Health Organization, WHO。後文以縮寫稱之）宣布全球進入衛生緊急狀況，這病毒則被命名為COVID—19。到了二月下旬，無論是確診病例或染疫後死亡的病例皆已超過原本的SARS病毒。很快地，義大利倫巴底地區也傳出病例。這是我行程的其中一站，而病毒似乎正在那兒迅速蔓延。

波莉和我有點擔心，但或許是天真使然，我們還是決定按計畫出發。我預定要進行的其中一場演講，是WHO位於日內瓦的會議，但該場會議尚未取消，我將這視為病毒還在控制中的證明。再說，義大利是我們行程最後才會去的地方，如果到時狀況依然不樂觀，我們隨時都能取消，提前返家。

我們在三月三日出發，第一站是挪威的卑爾根。那裡似乎一切安好，雖然人們開口閉口談的都是和新冠病毒有關的話題，但沒有人戴口罩，當時也還沒出現「社交距離」這個詞。我們在城市較老舊的一隅找到一間很棒的小公寓，位在僻靜的街道上，鄰近大學。接連幾日陰雨連綿，我忙著演講，晚上則與波莉及同僚們一起享用晚餐。我們在周末空檔安排一趟觀光船之旅，過程相當愉快。

但憂慮開始浮現。我們二十二歲的兒子正獨自留在紐約，從新聞上聽到病毒已在美國境內傳染開來，商店裡的食物也被搶奪一空；我們的女兒則還在大學裡，但不久後學校也關閉了。然而，這看起來應該都還只是暫時性的，大學並不是直接結束這個學期，只是把課程都先改為線上進行，等狀況穩定後再調整回來。

一周後，我們搭夜車前往奧斯陸，這是我的人生願望清單之一。我熱愛火車，因此雖然訂的是臥舖火車，但我幾乎整晚都醒著欣賞窗外的風景，隨著月光灑落，覆蓋著白雪的山脈時隱時現。到了早上，我有點疲憊，但還有足夠精力完成在奧斯陸大學的演講。雖然同事們都警告我在密閉空間裡演講不是件好事，可能會被傳染，但現場沒有太多令人覺得需要擔心的跡象：沒有人戴口罩，也沒有進行任何社交距離的預防措施。隨後，我得知WHO甫宣布新型冠狀病毒為全球流行病，因此大學正準備在第二天完全關閉。這個消息來得太過突然，一時間讓人難以消化。

我們原本預定第二天早上要前往哥本哈根，那裡的病例為數甚少，因此認為可以抵達後再進一步評估狀況，決定後續行程。未料到了半夜，一位住在丹麥的同事傳訊息要我別去，因為丹麥正在關閉邊境。接著，我們看到頭條新聞播放美國即將禁止歐洲旅客入境的消息。整個狀況以令人難以置信的速度惡化，我們倉皇地搭上飛機，在千鈞一髮之際回到紐約。

病毒是一種很奇妙的存在。COVID—19雖然與SARS極為相似，傳播的方式卻迥然不同。SARS透過肺部傳染，因此重病感染者可以透過呼吸傳播病毒；早期研究發現COVID—19也會透過呼吸傳染，但似乎不須等到感染者出現症狀，就能馬上再傳染給其他人。也就是說，接觸到病毒的人無論病情輕重，都有機會成為傳染源。這說明了疫情為什麼會以迅雷不及掩耳的速度擴散。再者，在沒有症狀的情況下，被感染的人可能既不知情也不擔心，就不會採取任何能保護其他人的措施。

回到紐約市的生活，看起來一如往常。由於入境前一直待在歐洲，我們被要求進行為期兩周的自我隔離。當我羨慕地從窗戶看著外頭人們能如常上下班及過日子，還覺得這隔離的要求似乎有點反應過度了。但隨著病例數遽增，我們隔離結束時狀況也不同了，整座城市都處在封城的狀態。

事實證明，紐約是病毒的溫床。不僅人口密集度高，文化與種族又很多元，同時是航空旅行進入美國的主要入境點。每年有超過一億名乘客使用機場，且正如後來的足跡研究所顯示的，全國各地的病例幾乎都與紐約脫不了關係。

我們回國後才短短幾周，紐約每天報導的疫情相關數據已上升到令人震撼的程度：

「每日」新增病例超過六千例，住院人數超過兩千人，死亡人數超過八百人！我公寓附近的醫院封鎖了整個街區，並設置一個分診帳篷，外面還停了一輛冷藏車作為臨時停屍間。城市各地都有著相同的情景。醫院人滿為患，很快地，中央公園附近出現臨時醫院的帳篷來為患者進行分流。

## 焦慮是正常的，這不是創傷

撰寫這本書時，疫情依然持續著。疫苗推出尚在早期階段，恢復正常似乎有了一線曙光，只是還沒有確切的時間點。在別無選擇的情況下，只能繼續想辦法面對這一切。

在疫情大流行期間，本書想闡述的重點也獲得充分證實。

果不其然，心理韌性的盲點很早就出現了。隨著確診病例的增加，媒體努力拉響警報。二〇二〇年五月上旬，一份頗具盛名的報紙記載：「聯邦機構與專家提出警告，接下來將會有一波心理健康問題湧現：憂鬱、物質濫用、PTSD與自殺。」根據報紙的結論，各個心理健康系統都還沒做好準備迎接這波問題。為了支持這個論點，報紙還引用全國民意調查結果，顯示「將近半數美國人認為，新型冠狀病毒正在損害他們的心理健康。」

這場大流行帶來的沉重壓力肯定是無庸置疑，但在我看來，這種聳動的說法令人毛骨悚然地想起九一一恐怖攻擊事件後，扭曲預測創傷將會大肆流傳的現象。該篇報導為了證明即將到來的心理創傷潮，使用了全國民意調查，但詳細檢視該數據內容會出現不同的解讀。

事實上，只有一九%的美國人認為，新冠疫情對他們的心理健康產生重大影響，而大多數接受調查的人認為，病毒帶來的影響很小或毫無影響（占八一%）。一九%的人（即將近五分之一的人）擔心自己出現嚴重的心理問題，但考慮到這場疫情帶來的困難及新型病毒造成的不確定感，有這麼多人受到影響，不也是理所當然嗎？

就我們所知，**絕大多數暴露於潛在創傷事件的人，早期確實會出現一些創傷所造成的壓力，這是千真萬確的。但這並不代表每個人都會精神受創，或發展出PTSD**。相反地，這顯示因創傷而出現壓力，是我們面對挑戰時的自然反應。根據這些發現，新冠病毒對許多人而言是個持續存在的恐懼來源，因為它帶來許多困難與挑戰，有些焦慮、有點憂鬱並不為過。美國國家心理衛生研究院（National Institute of Mental Health）院長戈登（Joshua Gordon）看到民意調查數據時的回應是：「在這種情況下，會焦慮是正常的。」

正如本書先前所言，遇上潛在創傷事件之後，多數人並未出現長期的創傷反應。

大家是具有心理韌性的。換句話說，**對多數人而言，當他們發揮自身的彈性來面對挑戰時，那些因創傷事件而出現的壓力就會減輕**。在疫情大流行期間也能看到這點。隨著危機持續，大部分的人漸漸找到因應之道，而在危機初期感受到的憂鬱、焦慮或壓力就會慢慢緩解。

同樣地，每個人感受到的壓力程度也不盡相同。畢竟人人的困境都有其獨特之處，而新冠病毒的流行從各方面來說，是既多變又不同於過去所經歷的事件。尤其是在一開始的時候，更是難以歸類。它算創傷事件嗎？還是長期的壓力源？或是令人憂鬱的傷慟？也可能是即將來臨的大災難？更複雜的是，它帶來的結果還會因人而異。

在這場危機早期，新冠病毒大流行還只是人們嘴上談論的話題，而我的工作性質，讓回應記者的問題成為日常生活的一部分。我的回答一般如下：

> 對大部分人而言，最重要的不外乎是把壓力最小化。其實每個人都在面對各種前所未見的問題，包括對病毒擴散與傳染的害怕、自我隔離的壓力、匱乏的恐懼、對重要他人的擔心、對未來的不確定感等等。有些人可能正在想辦法調適自己生病的心情以及對死亡的恐懼、憂心於所愛之人的健康，以及擔心經濟上的損失。

想要克服這些壓力，找到通往心理韌性的大道，得先靜下來審視眼前變換不定的情境，並用手邊擁有的任何資源來加以應對。換句話說，我們得讓自己活得更有彈性[1]。

這些話並不容易聽進去。畢竟病毒的擴散已經讓人摸不清頭緒和害怕。尤其是在剛開始傳出疫情時，充斥於媒體的災難化報導更是加深這些恐懼。我在接受訪問時提供的建議，說穿了就是鼓勵大家用彈性心態去面對眼前的壓力。無論何時何地，我都把握機會做相同的提醒：

> 這場疫情雖然不是省油的燈，但我們可以面對它。我們將會克服它。人類始終都有足夠的心理韌性去應付任何想像得到的困境，這次，我們也辦得到。

注意心理韌性悖論的出現也同樣重要。不出所料，新聞報導開始大肆吹捧心理韌性的關鍵特徵有哪些，雖然本意良善，給出的建議卻會造成誤解，更不用說毫無助益。對此，我提出了不同的做法：

世界上沒有所謂的「萬靈丹」，也沒有哪一套方法能適用於所有人。所有特質、資源及行為，皆有其優勢與弱勢。你在某情境裡使用了一個方法，結果奏效了，不代表別人用了也會有效，甚至即使是你自己在不同情境或時間點使用這個方法，也不見得有用。

**當然，我也強調可以透過彈性程序來解決這個悖論：**

我們得先好好瞭解眼前正在發生的事，根據情境來調整自己的行為，並隨時確認自己的做法是否有用。如果沒用，就得轉換策略，如此繼續反覆進行。生活不會一成不變，疫情亦如是，隨機應變才是因應之道。

註①：此部分內容引用自我刊載於美國心理科學學會（Association for Psychological Science）網頁上的專家問答。

## 與焦慮源保持距離

在九一一恐怖攻擊事件之後，蕾娜展現出她的心理韌性，但新冠病毒帶來的疫情卻令她無所適從。自世貿中心遭襲擊的那年起，她經歷了人生的起起伏伏。那段時間她一直留在紐約，盡最大努力工作和照顧家人。她的工作表現極佳，事業蒸蒸日上。遺憾的是，她的婚姻破裂，健康也出了狀況，免疫系統受損。儘管如此，她還是在困境中嘗試維持原本的生活，最後也再婚。雖然並非一路順遂，但她覺得自己的心理狀態與期待的相去不遠。

疫情令她陷入一個更加艱難的困境，因為出問題的免疫系統讓她得格外謹慎小心，避免接觸到病毒。隨著紐約封城，她變得更加焦慮，嚴重到她不知該如何是好。這對蕾娜而言是個很不尋常的經驗。她向來有著極佳的彈性心態，既樂觀又自信，無論面對何種挑戰，幾乎都能找到方法解決。從未體驗過無助感的她，有些無所適從。

但蕾娜並未放棄。她仍保持著彈性心態，告訴自己一定能找到解決方法。事實也證明，她真的找到相當有彈性的解決方案，那就是去嘗試新的方法——尋求心理師的協助。這是她過去從未想過的。

這個方法對蕾娜來說，就屬於「權宜之計」。她對心理治療一點興趣都沒有，甚至有點嗤之以鼻。但是她也心知肚明自己需要幫助。然而在疫情告急的狀況下，她無法前往心理師的會談室，因此預約了線上心理治療。透過心理師的協助，她學到一些處理焦慮的新技巧。當她學會之後，自信與樂觀旋即重回身上。

在心理治療的過程中，蕾娜也意識到自己真正想做的，其實是離開這座城市。她一直以為自己是個道地的紐約客，離開等同於背叛。但透過與心理師會談，她瞭解到離開紐約可以是種暫時性的選擇。她的孩子已經長大了，而她與先生的工作都能遠端進行。免疫系統不佳所引發的焦慮一直在造成傷害，她需要停下來喘口氣，所以何不試試呢？

蕾娜與先生討論之後達成共識，決定搬去住在距離市區約莫七小時車程的租屋處。她很快就知道自己做了正確的選擇，至少在她人生中這個特殊時刻遇到這個特殊的問題時，這是正確的決定。日後是否要繼續留在郊區，留待未來再思考。蕾娜相信，屆時他們一定也能做出最適合自己的決定。

## 全家一起找到彈性的解決方案

有一些策略，特別適合在疫情封城期間使用，包括：依靠他人的支持、與重要他人建立連結、保持對資訊的掌握度但不過度被媒體牽著鼻子走、找事情轉移注意力、做些能讓自己笑出來或放鬆的事情，例如看電影或閱讀等等。後來，研究也發現透過參與家人聚會、以電話或視訊等方式與朋友或同事保持聯繫，都能有效減少疏離感。

使用這些策略的關鍵，不外乎就是彈性程序裡所談及的步驟：評估當下情境脈絡及自我所需、從自己的策略工具箱裡尋找能滿足這些需求的方法、隨時確認使用的方法是否奏效，倘若有效就繼續保持，必要時也可以改變或調整方法。

**疫情持續，顯示出保持積極、保有彈性心態，以及能反覆進行彈性程序有多重要。**現階段看來，疫情似乎永無止境，因此**環境仍在不斷變動，我們要面對的狀況及因應的方式也得隨時跟著變換。**即使是最有效的方法，在不同情況下，對每個人產生的效果也可能不同。隨著疫情發展，即使是一個人在不同時間點使用相同的策略，效果亦可能不同。舉例而言，疫情初期會發現社交網絡及連結對每個人來說似乎都很重要。然而開始隔離、封城後，全家人都被關在小小的空間裡，此時如何找到方法來確保彼此隱私、允許各自擁有獨處和沉澱心情的機會，反而比連結還重要。

我們家在疫情期間也遭遇不少挑戰。首先是我九十七歲的母親，她因為輕微的中風需要住院。以她的年紀，在這時住院風險實在非常高，我們都擔心得不得了。幸好，感謝我的兩位兄弟弗瑞德與亞倫努力不懈，讓她得以不受病毒威脅，住院幾天後就能平安返家。但緊接著在二〇二〇年十一月的第二波疫情下，弗瑞德與母親都篩檢出陽性反應。弗瑞德症狀很輕微，但母親病況迅速惡化。即使高齡已過九十，她向來是很有活力且積極的人，此時卻嚴重到幾乎抬不起頭來。不得不叫救護車將她送到醫院時，我們心裡都已做好最壞的打算。

最困難的部分莫過於無法探視她，更糟的是由於她很虛弱，聽力也不佳，幾乎無法跟她通電話。這種無法聯繫的感覺極其煎熬，尤其當我們從護理人員那兒得知她似乎有意放棄治療時，更是折磨。想到她既茫然又孤伶伶地躺在病床上，沒有人能在一旁陪伴與安慰，真是令人心碎。

但弗瑞德可沒閒著，不需要我的提醒（我很早就學會不在家庭討論帶入心理學研究），他安排了定期的電話會議，這樣我們三人就可以一起想辦法找到具有彈性的解決方案來處理問題：我們定期與醫院工作人員交談，討論各種可能與母親交流的方式；我們集思廣益，想出一些有助情緒好轉的策略，讓她保持希望和積極的態度；我們同時分享彼此找到任何關於病毒及治療的最新資訊。

情況仍有好轉的可能。入院後不久，醫院便為母親注射富含抗體的血漿，那似乎起了一些作用。幾天之後，她開始服用剛獲得FDA核准的新藥瑞德西韋（Remdesivir）。臨床試驗證實，該藥能有效縮短恢復期、降低死亡率。我們期盼它能為母親帶來度過這次難關所需的希望感。

歷盡千辛萬苦，她的身體狀況總算穩定下來，精神也越來越好。幾周後，她被轉至新冠病毒染疫者康復病房。再過不久，感覺像是奇蹟似的，她完好如初地回到家裡。我們不曉得染疫後又康復的她，是否留下任何後遺症，畢竟以她的年紀來講，什麼事都有可能發生。但最重要也最棒的是，她總算回到自己家裡，這是她最渴望的事，而我們也終於能再與她重聚。

疫情期間，我用來保持平衡與維持生活常軌的方式就是運動。到公園進行高強度的有氧跑步與長距離的步行，讓我能走出戶外，保持身體健康及心靈澄淨。但接下來又出現意想不到的轉折——這次輪到我要住院，而且不只一次，是兩次。

第一次是原本就預定要進行的手術，第二次則是緊急的闌尾切除手術。雖然都與新冠肺炎沒有直接關聯，但在全球疫情大流行期間，進到滿是患者的醫院可不是什麼好玩的事。然而對我來說，最大的挑戰倒不是手術，而是術後恢復期間無法運動，因為連走動都很困難，更別說要追趕跑跳碰了。

此時，我曾提出的建議再次浮上心頭——我得讓自己保持彈性。我也照做了。我先評估當前情境脈絡，瞭解有什麼是需要做的，並思考各種能舒緩壓力與協助我如常生活的策略，並隨時確認這些策略的成效。我就這麼度過原本以為會很難熬的時光。

## 樂觀地解決問題吧！

在思考疫情期間受傷與住院的議題時，我想起瑪倫。脊髓受損後的復原過程中，她從未被創傷所帶來的壓力擊垮，也從未陷入深沉的憂鬱或焦慮。當然，或多或少曾有過情緒的起伏，但她多半都相對平穩。她把重心擺在面對挑戰，並且樂觀、自信、持續靈活地尋找各種解決方案。很顯然地，她是個具備心理韌性的人。

當我向她提出這個說法時，她大表贊同。

「嗯，真的，我想確實是這樣沒錯。」

她對自己所辦到的一切相當謙遜，但猶豫片刻後又補充道：「但是，說我從來沒有陷入憂鬱或焦慮，並不完全正確。」

瑪倫指的並非傷後復原的那幾年，因為那段時間有任何因為創傷所造成的壓力或憂鬱，都是很自然的反應。她講的是又能開始走路，並重返劍橋大學完成學業的那段時間。回到學校後，她不只得面對日常生活中本來就會有的壓力，還多了一些過去沒有的負擔——如影隨形的殘疾與疼痛。

瑪倫的右腿始終沒有完全康復，直到今日，她走起路來仍是一瘸一拐的。有些對多數人而言理所當然的簡單動作，如徒步走過幾個街區或爬一段樓梯等等，都有可能讓她筋疲力盡。然而，身為樂觀的問題解決者，她仍不斷努力尋找和嘗試各種可能的解決方案，好讓自己能在生活中做更多的事。雖然她無法走太多路，但她後來想到可以利用腳踏車或滑板車外出。如此一來不只讓她能更輕易地前往想去的地方、拓展活動範圍，更同時強化了她的體能。

從劍橋大學畢業後，瑪倫搬到美國進修臨床心理學博士，並且結婚，好幾年前還生了一個美麗的女兒，安娜．蘇菲亞（Ana Sofia）。她現在是有終身職的教授與臨床醫師。無論從哪個角度來看，她都過著充實且令人羨慕的生活。雖然完成了許多成就，但對她而言，這些都是她付出比別人更多辛苦和努力才獲得的。瑪倫是個具有心理韌性的人，但她不是超人，也曾經不知所措，但她毅然而然地堅持下去。

當新冠病毒在全世界蔓延開來，瑪倫遇到的挑戰與其他人相去不遠，她學著適應，保持安全，並在家教養孩子的同時繼續她的工作。她以任何可能的方式與朋友和家人保持聯繫，努力維持財務穩定。

但她也得面對自己身體狀況帶來的特殊挑戰。我懷疑這會不會讓她在疫情期間遇到更多的困難。當我詢問她這個問題，她所展現出來的樂觀與彈性令人眼睛為之一亮。

「其實我在疫情期間並沒有過得比別人辛苦。相反地，就某程度而言，我受傷後在住院康復中心度過的那七個月，反而讓我相信自己能適應封城的生活。那段期間，我總是讓自己一刻也不得閒，我運動、進行各種治療、打電話給別人、閱讀、聽有聲書、與來探視的人互動、和院內的其他病人聊天。」

正因如此，疫情嚴重之際的自我隔離對瑪倫來說，與康復中心的那段經歷並無太大差異。

「封城期間，我與女兒一起做了很多事。我們打造了一個室內花園，互寫紙條傳情。整個夏天，我與她共享了許多美好的時光。」

即使有壓力，她也會找到方法處理。

「基於某些理由，我住的地方一直保持游池開放。因此封城的時候，我每天都能去游泳，有時甚至一天去個兩次，超紓壓！」

## 學習共存

對傑德而言，疫情的蔓延只是他經歷過的無數障礙之一。在新冠病毒大肆流行之前，他已經在一間復健醫院展開為期一年的臨床實習，這是取得博士學位的最後門檻。實習內容是全職工作，要求很高，他也戮力以赴。但疫情的爆發打亂所有事情。跟大家一樣，他開始遠距工作，用線上諮商的方式與患者會談。這些突如其來的變化讓人措手不及，也以不同的形式造成不少壓力，但傑德再次適應了。

我知道傑德在實習，也知道他的身體始終沒有完全康復，還是會出現那些不舒服的症狀。當我關心時，他對我說：「對啊，是有好一些了，但症狀還是依舊如影隨形地跟著我。事實上，我現在頭就很痛。」

一如往常地，他從容以對：「這一切都是在學習如何與它共存。」

「學習與之共存」的過程教會傑德許多事。

受傷之前，傑德還在大學念書。他曾讀到一些關於創傷的文獻，裡頭提到尋找意義的重要性。他將它落實在自己的生活中，寫下他對於上帝和宇宙的想法，找到屬於自己的意義。但那場可怕的意外及後續永無止境的痛苦改變了一切。傑德不得不將自己打掉重練。

「我得將那些拋到腦後、全都忘掉才行。我很清楚自己得這麼做，因為『我無法再用那樣的方式思考了』。我得重新思索自己對於因果關係的看法、重整自己的世界觀。我想去愛我的家人、去愛世界上的人、為社會提供服務，奉獻一己之力在我所專精的領域、科學和事業，讓自己當個有用的人。」

隨著生活逐漸穩定，他找到能實踐這個世界觀的方法，且直到現在仍舊持續著——從事與創傷性損傷患者有關的工作。他的親身經歷讓他決定踏入這個領域。起先他也還在摸索，不確定自己是否真的想走這條路，但他慢慢找到一個滿意的平衡點。復健醫院的工作讓他可以繼續從事研究及取得學位，對他而言不只是在知識上收穫豐富，同時又能回饋社會與服務他人。最重要的是，傑德相當精於此道，尤其是他的經驗能提供獨特的方法，協助其他病人適應在復原過程中所經歷的痛苦與掙扎。

「我重新定義了自己的經驗，讓它有了不同的用途。就像匿名戒酒團體那樣，酗酒的人彼此互相支持。藉由同樣的模式，我找到能妥善運用自身經驗的方法。」

傑德舉出一個經驗，幫助我理解他的意思：疫情爆發前他才剛開始實習，當時有位新病人來到復健病房。那位患者顯然壓力很大，哭個不停，難以面對受傷的事實，也無法調適自己的情緒。傑德的督導提到那位患者的心理師正好休假不在，但他迫切需要跟人說說話，便詢問傑德是否願意關心一下。

傑德就這樣柱著枴杖，走到那位患者的房間。

「那種感覺很微妙。他看著我說：『好，我願意跟你談，因為我們半斤八兩。』其實我一聽就曉得他指的是什麼。但為了確保我沒有會錯意，他又重複說了幾次，然後說：『這麼多人（他張開雙臂示意）要我填一堆問卷還什麼的，我根本連看都沒有看。這些人根本沒失去什麼啊！』」

傑德失去的可多了，但正如他反覆告訴我的，他也有許多收穫。命定之夜發生的那場意外，早已是十年前的往事。在那之後他經歷了漫長的歲月，復原過程中的起起伏伏，讓他逐一找到與自己的和解之道。即便是後來的全球疫情大流行，對傑德來說也是蛻變的過程，讓他重新發現自己，適應發生在身上的一切。在這些過程中，「彈性」扮演著極為重要的角色。

起先，他不太清楚自己為什麼能適應得這麼好。他完全不曉得自己正在運用彈性心態，也不知道自己進入彈性程序，他甚至完全沒聽過這些東西。他對自己展現的心理韌性提出疑問，而這些問題改變了一切，他仍在承受的肉體苦楚更造成巨大改變。這些體驗曾那麼痛徹心扉，逼得他不得不思考：自己究竟發生了什麼事？還會繼續在他身上發生什麼事？以及他該如何與這一切共存？

一路走來，他慢慢想通，開始明白自己可以做到什麼、有什麼能力，所以益發游刃有餘。他越來越善於運用這些能力——更自覺、更慎重、更有效地利用自身原本就具備的資源，以及在過程中發現的各種技巧。

學習心理學幫了他不少，但我認為他的親身經歷教了他更多。其實傑德是不得不這麼做的，學著瞭解彈性的來龍去脈，以及彈性心態如何幫助他，似乎是他僅有的生存之道，也是唯一能讓他再重出生天的方法。雖然他至今仍飽受痛苦折磨，但他已找回人生的掌控權，步上常軌，緩緩向前。他也打從心底深信，從那時候起，無論接下來發生什麼事，他都能為自己找到新的出路。

# 致謝

我將永遠感謝這些年來，勇於參與研究及分享自身經驗的每個人。其中尤其感謝傑德。第一次與他見面時，我從未想過會有那麼一天，他的故事將成為一本書的核心，也未曾料到他會在我生活中占有如此重要的一席之地：從學生、研究團隊，到關係甚篤的好友。我也很感謝瑪倫，感謝她的友好及毫不藏私地分享她的故事。還有許多人提供了他們的切身經驗，但基於保護個資，無法在此言明，但這無損我內心的感激之情，沒有你們，就沒有這本書。

本書想闡述的核心概念多年前就開始醞釀，在這過程中，因著許多人的協助，讓我想傳遞的概念越漸清晰。

首先，最想感謝的是我最要好的朋友與合作夥伴，Isaac Galatzer-Levy，聰明大方的他總是對問題追根究柢，努力不懈；也感謝出版經紀人 Jim Levine 的信任與協助，將這本書從企畫到落實成冊；感謝 Basic Books 出版社厲害的編輯 Eric Henney，在撰稿上提供許多溫和又一針見血的意見，這些意見著實珍貴，是完成本書草稿不可或缺的一環。同樣地，我也要感謝 Katherine Streckfus 無懈可擊的編輯與睿智的建議，讓編輯過程流暢無比。

當然，還有我那聰慧的妻子波莉及孩子們 Raphael 與 Angie，我們總是有說不完的話，並從中激盪出各種想法。

感謝 Richard McNally 淵博的學識及書籍推薦；感謝好友 Lisa Feldman Barrett 寬大的心胸；感謝 Dan Gilbert 在我最需要的時候，不吝給出支持和鼓勵；感謝 Matteo Malgaroli 的聰明、智慧與無價的幽默；感謝 Wendy Lichtenthal 與我進行了許多討論，我從她身上聽到許多來自臨床實務工作的出色見解；感謝 Dacher Keltner 多年的友誼，以及隨時都準備好回答我突如其來的提問；也感謝 David O'Connor 慷慨支助我的研究與棒球比賽。

感謝許多為我帶來靈感的朋友及同行們：Amelia Aldao、Chris Brewin, Richard Bryant、Christine Cha、Bernard Chang、Cecilia Cheng、Jim Coan、Tracy Dennis-Tiwary、Carrie Donoho、Donald Edmundson、Iris Engelhard、Chris Fagundes、Barbara Fredrickson、Sandro Galea、James Gross、John Jost、Krys Kaniasty、Paul Kennedy、Ann Kring、Annette LaGreca、Einat Levy-Gigi、Peter Lude、Joshua

Mailman、Douglas Mennin、Judy Moskowitz、Jennie Noll、Anthony Ong、Ruth Pat-Horenczyk、Bennett Porter、Dave Sbarra、Noam Schneck、Gal Sheppes、Tyler Smith、Lena Verdeli、Patricia Watson、Seymour Weingarten。以及許多已不幸離開我們的朋友：Susan Folkman、Scott Lilienfeld、Walter Mischel、Susan Nolen-Hoeksema.

感謝曾來過我研究室的每位學生、博士後研究生及交換生。在他們的幫助下，我位於哥倫比亞大學教育學院的實驗室——「失落、創傷和情感實驗室」，才能充滿各種新的發想與珍貴的思維。特別感謝曾協助催生本書的：Rohini Bagrodia、Jeff Birk、Charles Burton、Shuquan Chen、Karin Coifman、Philippa Connolly、Erica Diminich、Sumati Gupta、Ann-Christin Haag、Roland Hart、Wai Kai Hou、Sandy Huang、Kathleen Lalande、Kan Long、Jenny Lotterman、Marie Lundorff、Fiona Maccallum、Anthony Mancini、Laura Meli、Meaghan Mobbs、Tony Papa、Charlotte Pfeffer、Katharina Schultebraucks、Zhuoying Zhu。

最後，也感謝雖然身在義大利，但對我而言非常重要，且表現非常出色的同事與合作伙伴：Vitorio Lenzo、Antonio Malgaroli、Marina Quattropani、Emanuela Saita。

# 參考書目


## 引言：我為什麼還好好的？

D. M. Wade, C. R. Brewin, D. C. J. Howell, E. White, M. G. Mythen, and J. A. Weinman, "Intrusive Memories of Hallucinations and Delusions in Traumatized Intensive Care Patients: An Interview Study," *British Journal of Health Psychology* 20, no. 3 (2015): 613–631, https://doi.org/10.1111/bjhp.12109

Susan A. Gelman, *The Essential Child: Origins of Essentialism in Everyday Thought* (New York: Oxford University Press, 2003)

## 第一章：PTSD 的起源

Albert B. Lord, *The Singer of Tales* (Cambridge, MA: Harvard University Press, 1960)

Jonathan Shay, *Achilles in Vietnam: Combat Trauma and the Undoing of Character* (New York: Simon and Schuster, 1994)

Samuel Pepys,*The Diary of Samuel Pepys*, vol. 4, ed. Henry B. Wheatley (London: Bell and Sons, 1904 [1663]), 225

John Eric Erichsen, *On Railway and Other Injuries of the Nervous System* (Philadelphia: Henry C. Lea, 1867)

F. Lamprecht and M. Sack, "Posttraumatic Stress Disorder Revisited," *Psychosomatic Medicine* 64, no. 2 (2002): 222–237

Hermann Oppenheim, *Die traumatischen Neurosen nach den in der Nervenklink der Charité in den letzten 5 Jahren gesammelten Beobachtungen* (Berlin: Verlag von August Hirschwald, 1889)

Richard Norton-Taylor, "Executed World War I Soldiers to Be Given Pardons," *Guardian*, August 15, 2006

JonStallworthy, *Wilfred Owen* (Oxford: Oxford University Press, 1974)*The Great War and the Shaping of the 20th Century*, episode 5, "Mutiny," KCET Television/British Broadcasting Company, 1996

Wilfred Owen, *Wilfred Owen: Complete Works*, Delphi Poets Series (Hastings, UK: Delphi Classics, 2012)

S. N. Garfinkel, J. L. Abelson, A. P. King, R. K. Sripada, X. Wang, L. M. Gaines, and I. Liberzon, "Impaired Contextual Modulation of Memories in PTSD: An fMRI and Psychophysiological Study of Extinction Retention and Fear

Renewal," *Journal of Neuroscience* 34, no. 40 (2014): 134-35
R. J. McNally, "The Ontology of Posttraumatic Stress Disorder: Natural Kind, Social Construction, or Causal System?," *Clinical Psychology: Science and Practice* 19, no. 3 (2012): 220–228, https:// doi.org/10.1111/cpsp.12001
R. J. McNally, D. J. Robinaugh, G. W. Y. Wu, L. Wang, M. K. Deserno, and D. Borsboom, "Mental Disorders as Causal Systems: A Network Approach to Posttraumatic Stress Disorder," *Clinical Psychological Science* 3, no. 6 (2015): 836–849, https://doi.org/10.1177/2167702614553230
D. Borsboom and A. O. J. Cramer, "Network Analysis: An Integrative Approach to the Structure of Psychopathology," *Annual Review of Clinical Psychology* 9 (2013): 91–121
D. Borsboom, A. O. J. Cramer, and A. Kalis, "Reductionism in Retreat," *Behavioral and Brain Sciences* 42 (2019): e32
J. J. Broman-Fulks, K. J. Ruggiero, B. A. Green, D. W. Smith, R. F. Hanson, D. G. Kilpatrick, and B. E. Saunders, "The Latent Structure of Posttraumatic Stress Disorder Among Adolescents," *Journal of Traumatic Stress* 22, no. 2 (2009): 146–152, https://doi.org/10.1002/jts.20399
J. J. Broman-Fulks, K. J. Ruggiero, B. A. Green, D. G. Kilpatrick, C. K. Danielson, H. S. Resnick, and B. E. Saunders, "Taxometric Investigation of PTSD: Data from Two Nationally Representative Samples," *Behavior Therapy* 37, no. 4 (2006): 364–380, https://doi .org/10.1016/j.beth.2006.02.006
R. Kotov, C. J. Ruggero, R. F. Krueger, D. Watson, Q. Yuan, and M. Zimmerman, "New Dimensions in the Quantitative Classification of Mental Illness," *Archives of General Psychiatry* 68, no. 10 (2011): 1003–1011, https://doi.org/10.1001/archgenpsychiatry.2011.107
A. Caspi and T. Moffitt, "All for One and One for All: Mental Disorders in One Dimension," *American Journal of Psychiatry* 175, no. 9 (2018): 831–844, https://doi.org/10.1176/appi.ajp.2018.17121383
C. C. Conway, M. K. Forbes, K. T. Forbush, E. I. Fried, M. N. Hallquist, R. Kotov, S. N. Mullins-Sweatt, et al., "A Hierarchical Taxonomy of Psychopathology Can Transform Mental Health Research," *Perspectives on Psychological Science* 14, no. 3 (2019): 419–436, https:// doi. org/10.1177/1745691618810696
I. R. Galatzer-Levy and R. A. Bryant, "636,120 Ways to Have Post-traumatic Stress Disorder," *Perspectives on Psychological Science* 8, no. 6 (2013): 651–662, https://doi.org/10.1177/1745691613504115
R. J. McNally, "Progress and Controversy in the Study of Posttraumatic Stress Disorder," *Annual Review of Psychology* 54 (2003): 229–252
G. M. Rosen, "Traumatic Events, Criterion Creep, and the Creation of Pretraumatic Stress Disorder," *Scientific Review of Mental Health Practice* 3, no. 2 (2004)
N. Breslau, H. D. Chilcoat, R. C. Kessler, and G. C. Davis, "Previous Exposure to Trauma and PTSD Effects of Subsequent Trauma: Results from the Detroit

Area Survey of Trauma," *American Journal of Psychiatry* 156, no. 6 (1999): 902–907, https://doi .org/10.1176/ajp.156.6.902

F. H. Norris, "Epidemiology of Trauma: Frequency and Impact of Different Potentially Traumatic Events on Different Demographic Groups," *Journal of Consulting and Clinical Psychology* 60, no. 3 (1992): 409–418

K. M. Lalande and G. A. Bonanno, "Retrospective Memory Bias for the Frequency of Potentially Traumatic Events: A Prospective Study," *Psychological Trauma-Theory Research Practice and Policy* 3, no. 2 (2011): 165–170, https://doi.org/10.1037/a0020847

David J. Morris, *The Evil Hours* (New York: Houghton Mifflin Harcourt, 2015), 2, 42

## 第二章：尋找心理韌性

C. S. Holling, "Resilience and Stability of Ecological Systems," *Annual Review of Ecology and Systematics* (1973): 1–23

N. Garmezy and K. Neuchterlein, "Invulnerable Children: The Fact and Fiction of Competence and Disadvantage," *American Journal of Orthopsychiatry* 42 (1972): 328

J. Kagan, "Resilience in Cognitive Development," *Ethos* 3, no. 2 (1975): 231–247

L. B. Murphy, "Coping, Vulnerability, and Resilience in Childhood," in *Coping and Adaptation*, ed. G. V. Coelho, D. A. Hamburg, and J. E. Adams, 69–100 (New York: Basic Books, 1974)

Emmy E. Werner, Jessie M. Bierman, and Fern E. French, *The Children of Kauai: A Longitudinal Study from the Prenatal Period to Age Ten* (Honolulu: University of Hawaii Press, 1971)

M. Rutter, "Protective Factors in Children's Responses to Stress and Disadvantage," in *Primary Prevention of Psychopathology*, vol. 3, *Social Competence in Children*, ed. M. W. Kent and J. E. Rolf, 49–74 (Lebanon, NH: University Press of New England, 1979)

Emmy E. Werner and Ruth S. Smith,*Vulnerable but Invincible: A Study of Resilient Children* (New York: McGraw-Hill, 1982)

E. E. Werner, "Risk, Resilience, and Recovery: Perspectives from the Kauai Longitudinal Study," *Development and Psychopathology* 5, no. 4 (1993): 503–515

Herbert G. Birch and Joan Dye Gussow,*Disadvantaged Children: Health, Nutrition, and School Failure* (New York: Harcourt, Brace, and World,

1970)
Children's Defense Fund, *Maternal and Child Health Date Book: The Health of America's Children* (Washington, DC: US Government Printing Office, 1986)
N. Garmezy, "Resiliency and Vulnerability to Adverse Developmental Outcomes Associated with Poverty," *American Behavioral Scientist* 34 (1991): 416–430
J. G. Noll, L. A. Horowitz, G. A. Bonanno, P. K. Trickett, and F. W. Putnam, "Revictimization and Self-Harm in Females Who Experienced Childhood Sexual Abuse: Results from a Prospective Study," *Journal of Interpersonal Violence* 18, no. 12 (2003): 1452–1471
Judith Herman, *Trauma and Recovery* (New York: Basic Books, 1992)
A.S. Masten, K. M. Best, and N. Garmezy, "Resilience and Development: Contributions from the Study of Children Who Overcome Adversity," *Development and Psychopathology* 2, no. 4 (1990): 425–444
Werner, "Risk, Resilience, and Recovery."
E. E. Werner, "Resilience in Development," *Current Directions in Psychological Science* 4, no. 3 (1995): 81–85
Suniya S. Luthar, ed., *Resilience and Vulnerability: Adaptation in the Context of Childhood Adversities* (New York: Cambridge University Press, 2003)
M. Rutter, "Psychosocial Resilience and Protective Mechanisms," *American Journal of Orthopsychiatry* 57, no. 3 (1987): 316–331
S. Fergus and M. A. Zimmerman, "Adolescent Resilience: A Framework for Understanding Healthy Development in the Face of Risk," *Annual Review of Public Health* 26, no. 1 (2004): 399–419, https://doi .org/10.1146/annurev.publhealth.26.021304.144357
A. DiRago and G. Vail- lant, "Resilience in Inner City Youth: Childhood Predictors of Occupational Status Across the Lifespan," *Journal of Youth and Adolescence* 36, no. 1 (2007): 61–70, https://doi.org/10.1007/s10964-006-9132-8
A. M. Masten, "Ordinary Magic: Resilience Processes in Development," *American Psychologist* 56 (2001): 227–238
S. E. Buggie, "Superkids of the Ghetto," *Contemporary Psychology* 40 (1995): 1164–1165
Ann S. Masten, *Ordinary Magic: Resilience in Development* (New York: Guilford Publications, 2014)
Masten et al., "Resilience and Development," 434
M. S. Burton, A. A. Cooper, N. C. Feeny, and L. A. Zoellner, "The Enhancement of Natural Resilience in Trauma Interventions," *Journal of Contemporary*

*Psychotherapy* 45, no. 4 (2015): 193–204
George A. Bonanno, *The Other Side of Sadness*, rev. ed. (New York: Basic Books, 2019)
C. B. Wortman and R. C. Silver, "The Myths of Coping with Loss," *Journal of Consulting and Clinical Psychology* 57, no. 3 (1989): 349–357
G. A. Bonanno, D. Keltner, A. Holen, and M. J. Horowitz, "When Avoiding Unpleasant Emotions Might Not Be Such a Bad Thing: Verbal-Autonomic Response Dissociation and Midlife Conjugal Bereavement," *Journal of Personality and Social Psychology* 69, no. 5 (1995): 975–989
G. A. Bonanno and D. Keltner, "Facial Expressions of Emotion and the Course of Conjugal Bereavement," *Journal of Abnormal Psychology* 106, no. 1 (1997): 126–137
D. Keltner and G. A. Bonanno, "A Study of Laughter and Dissociation: Distinct Correlates of Laughter and Smiling During Bereavement," *Journal of Personality and Social Psychology* 73, no. 4 (1997): 687–702
G. A. Bonanno, H. Znoj, H. I. Siddique, and M. J. Horowitz, "Verbal-Autonomic Dissociation and Adaptation to Midlife Conjugal Loss: A Follow-up at 25 Months," *Cognitive Therapy and Research* 23, no. 6 (1999): 605–624
Erica Goode and Emily Eakin, "Threats and Responses: The Doctors; Mental Health: The Profession Tests Its Limits," *New York Times*, September 11, 2002
Sarah Graham, "9/11: The Psychological Aftermath," *Scientific American*, November 12, 2001
M. A. Schuster, B. D. Stein, L. H. Jaycox, R. L. Collins, G. N. Marshall, M. N. Elliott, A. J. Zhou, D. E. Kanouse, J. L. Morrison, and S. H. Berry, "A National Survey of Stress Reactions After the September 11, 2001, Terrorist Attacks," *New England Journal of Medicine* 345, no. 20 (2001): 1507–1512, https://doi .org/10.1056/NEJM200111153452024
S. Galea, H. Resnick, J. Ahern, J. Gold, M. Bucuvalas, D. Kilpatrick, J. Stuber, and D. Vlahov, "Posttraumatic Stress Disorder in Manhattan, New York City, After the September 11th Terrorist Attacks," *Journal of Urban Health* 79, no. 3 (2002): 340–353
S. Galea, J. Ahern, H. Resnick, D. Kilpatrick, M. Bucuvalas, J. Gold, and D. Vlahov, "Psychological Sequelae of the September 11 Terrorist Attacks in New York City," *New England Journal of Medicine* 346, no. 13 (2002): 982–987
S. Galea, D. Vlahov, H. Resnick, J. Ahern, E. Susser, J. Gold, M. Bucuvalas, and D. Kilpatrick, "Trends of Probable Post-Traumatic Stress Disorder in New

York City After the September 11 Terrorist Attacks," *American Journal of Epidemiology* 158, no. 6 (2003): 514–524

Galea et al., "Trends of Probable Post-Traumatic Stress Disorder in New York City."

Goode and Eakin, "Threats and Responses."

"Mycosis Fungoides: A Rash That Can Be Cancer," Stanford Health Care, March 24, 2014, https://stanfordhealthcare.org/newsroom/articles/2014/mycosis-fungoides.html

H. S. Resnick, D. G. Kilpatrick, B. S. Dansky, B. E. Saunders, and C. L. Best, "Prevalence of Civilian Trauma and Posttraumatic Stress Disorder in a Representative National Sample of Women," *Journal of Consulting and Clinical Psychology* 61, no. 6 (1993): 984–991, https://doi.org/10.1037/0022-006X.61 .6.984

C. Blanco, "Epidemiology of PTSD," in *Post-Traumatic Stress Disorder*, ed. D. J. Stein, M. Friedman, and C. Blanco, 49–74 (West Sussex, UK: Wiley Online Library, 2011)

R. C. Kessler, A. Sonnega, E. Bromet, M. Hughes, and C. B. Nelson, "Posttraumatic Stress Disorder in the National Comorbidity Survey," *Archives of General Psychiatry* 52, no. 12 (1995): 1048–1060

Patricia Resick, in Jennifer Daw, "What Have We Learned Since 9/11? Psychologists Share Their Thoughts on Lessons Learned and Where to Go from Here," *Monitor on Psychology* 33, no. 8 (September 2002), www.apa.org/monitor /sep02/learned

R. A. Bryant, "The Current Evidence for Acute Stress Disorder," *Current Psychiatry Reports* 20, no. 12 (2018): 111

S. O. Lilienfeld, "Psychological Treatments That Cause Harm," *Perspectives on Psychological Science* 2, no. 1 (2007): 53–70)

Elizabeth F. Howell, *The Dissociative Mind* (New York: Routledge, 2013), 4

Jasmin Lee Cori, *Healing from Trauma: A Survivor's Guide to Understanding Your Symptoms and Reclaiming Your Life* (New York: Da Capo, 2008)

Mark Epstein, *The Trauma of Everyday Life* (New York: Penguin, 2013), 1

J. Shedler, M. Mayman, and M. Manis, "The Illusion of Mental Health," *American Psychologist* 48, no. 11 (1993): 1117–1131

A. Tversky and D. Kahneman, "Judgment Under Uncertainty: Heuristics and Biases," *Science* 185, no. 4157 (1974): 1124–1131, https://doi.org/10.1126/science.185.4157.1124

Amos Tversky and Daniel Kahneman, "Evidential Impact of Base Rates," in *Judgment Under Uncertainty: Heuristics and Biases*, ed. Daniel Kahneman,

Paul Slovic, and Amos Tversky, 153–163 (Cambridge: Cambridge University Press, 1982)

Tversky and Kahneman, "Evidential Impact of Base Rates."

Derek J. Koehler, Lyle Brenner, and Dale Griffin, "The Calibration of Expert Judgment: Heuristics and Biases Beyond the Laboratory," in *Heuristics and Biases: The Psychology of Intuitive Judgment*, ed. Thomas Gilovich, Dale W. Griffin, and Daniel Kahneman, 686–715 (Cambridge: Cambridge University Press, 2002)

S. Ægisdóttir, M. J. White, P. M. Spengler, A. S. Maugherman, L. A. Anderson, R. S. Cook, C. N. Nichols, et al., "The Meta-Analysis of Clinical Judgment Project: Fifty-Six Years of Accumulated Research on Clinical Versus Statistical Pre- diction," *Counseling Psychologist* 34, no. 3 (2006): 341–382

J. Z. Ayanian and D. M. Berwick, "Do Physicians Have a Bias Toward Action? A Classic Study Revisited," *Medical Decision Making* 11, no. 3 (1991): 154–158, https://doi .org/10.1177/0272989X9101100302

P. Msaouel, T. Kappos, A. Tasoulis, A. P. Apostolopoulos, I. Lekkas, E.S. Tripodaki, and N. C. Keramaris, "Assessment of Cognitive Biases and Biostatistics Knowledge of Medical Residents: A Multicenter, Cross-Sectional Questionnaire Study," *Medical Education Online* 19 (2014), https://doi.org/10.3402/meo.v19.23646

A. S. Elstein, "Heuristics and Biases: Selected Errors in Clinical Reasoning," *Academic Medicine* 74, no. 7 (1999)

H. N. Garb, "The Representativeness and Past-Behavior Heuristics in Clinical Judgment," *Professional Psychology: Research and Practice* 27, no. 3 (1996): 272–277, https://doi.org/10.1037/0735-7028.27.3.272

Garb, "Representativeness and Past-Behavior Heuristics."

K. Hek, A. Demirkan, J. Lahti, A. Terracciano, A. Teumer, M. C. Cornelis, N. Amin, et al., "A Genome-Wide Association Study of Depressive Symptoms," *Biological Psychiatry* 73, no. 7 (2013): 667–678, https://doi. org/10.1016 /j.biopsych.2012.09.033

S. Tomitaka, Y. Kawasaki, K. Ide, H. Yamada, H. Miyake, and T. A. Furukawa, "Distribution of Total Depressive Symptoms Scores and Each Depressive Symptom Item in a Sample of Japanese Employees," *PLoS ONE* 11, no. 1 (2016): e0147577–e0147577, https://doi.org/10.1371/journal .pone.0147577

T. A. DeRoon-Cassini, A. D. Mancini, M. D. Rusch, and G. A. Bonanno, "Psychopathology and Resilience Following Traumatic Injury: A Latent Growth Mixture Model Analysis," *Rehabilitation Psychology* 55, no. 1 (2010): 1–11

G. A. Bonanno, C. B. Wortman, D. R. Lehman, R. G. Tweed, M. Haring, J. Sonnega, D. Carr, and R. M. Nesse, "Resilience to Loss and Chronic Grief: A Prospective Study from Preloss to 18-Months Postloss," *Journal of Personality and Social Psychology* 83, no. 5 (2002): 1150–1164

I. R. Galatzer-Levy and G. A. Bonanno, "Optimism and Death: Predicting the Course and Consequences of Depression Trajectories in Response to Heart Attack," *Psychological Science* 24, no. 12 (2014): 2177–2188

G. A. Bonanno, P. Kennedy, I. Galatzer-Levy, P. Lude, and M. L. Elfström, "Trajectories of Resilience, Depression, and Anxiety Following Spinal Cord Injury," *Rehabilitation Psychology* 57, no. 3 (2012): 236–247

H. K. Orcutt, G. A. Bonanno, S. M. Hannan, and L. R. Miron, "Prospective Trajectories of Posttraumatic Stress in College Women Following a Campus Mass Shooting," *Journal of Traumatic Stress* 2, no. 3 (2014): 249–256

G. A. Bonanno, "Loss, Trauma, and Human Resilience: Have We Underestimated the Human Capacity to Thrive After Extremely Aversive Events?" *American Psychologist* 59, no. (2004): 20–28

I. R. Galatzer-Levy, S. A. Huang, and G. A. Bonanno, "Trajectories of Resilience and Dysfunction Following Potential Trauma: A Review and Statistical Evaluation," *Clinical Psychology Review* 63 (2018): 41–55

Naval Health Research Center, "The Largest DoD Population-Based Military Health Study Launched Next Survey Cycle, Hopes to Enroll Military Members and Spouses," press release, July 19, 2011

G. A. Bonanno, A. D. Mancini, J. L. Horton, T. Powell, C. A. Leard-Mann, E. J. Boyko, T. S. Wells, T. I. Hooper, G. Gackstetter, and T. C. Smith, "Trajectories of Trauma Symptoms and Resilience in Deployed U.S. Military Service Members: A Prospective Cohort Study," *British Journal of Psychiatry* 200 (2012): 317–323

C. J. Donoho, G. A. Bonanno, B. Porter, L. Kearney, and T. M. Powell, "A Decade of War: Prospective Trajectories of Posttraumatic Stress Disorder Symptoms Among Deployed US Military Personnel and the Influence of Combat Exposure," *American Journal of Epidemiology* 186, no. 12 (2017): 1310–1318, https://doi.org/10.1093/aje/kwx318

T. A. DeRoon-Cassini, A. D. Mancini, M. D. Rusch, and G. A. Bonanno, "Psychopathology and Resilience Following Traumatic Injury: A Latent Growth Mixture Model Analysis," *Rehabilitation Psychology* 55, no. 1 (2010): 1–11, https://doi.org/10.1037/a0018601

R. A. Bryant, A. Nickerson, M. Creamer, M. O' Donnell, D. Forbes, I. Galatzer-Levy, A. C. McFarlane, and D. Silove, "Trajectory of Post-Traumatic

Stress Following Traumatic Injury: 6-Year Follow-up," *British Journal of Psychiatry* 206, no. 5 (2015): 417–423, https://doi .org/10.1192/bjp.bp.114.145516

G. A. Bonanno, P. Kennedy, I. R. Galatzer-Levy, P. Lude, and M. L. Elfström, "Trajectories of Resilience, Depression, and Anxiety Following Spinal Cord Injury," *Rehabilitation Psychology* 57, no. 3 (2012): 236–247, https://doi.org/10.1037/a0029256

C. L. Burton, I. R. Galatzer-Levy, and G. A. Bonanno, "Treatment Type and Demographic Characteristics as Predictors for Cancer Adjustment: Prospective Trajectories of Depressive Symptoms in a Population Sample," *Health Psychology* 34 (2015): 602–609, https://doi.org/10.1037 /hea0000145

W. W. T. Lam, G. A. Bonanno, A. D. Mancini, S. Ho, M. Chan, W. K. Hung, A. Or, and R. Fielding, "Trajectories of Psychological Distress Among Chinese Women Diagnosed with Breast Cancer," *Psycho-Oncology* 19, no. 10 (2010): 1044–1051, https://doi.org/10.1002/pon.1658

I. R. Galatzer-Levy and G. A. Bonanno, "Optimism and Death: Predicting the Course and Consequences of Depression Trajectories in Response to Heart Attack," *Psychological Science* 24, no. 12 (2014): 2177–2188, https:// doi.org/10.1177/0956797614551750

L. Meli, J. L. Birk, D. Edmondson, and G. A. Bonanno, "Trajectories of Posttraumatic Stress Symptoms in Patients with Confirmed and Rule-Out Acute Coronary Syndrome," *General Hospital Psychiatry* 62 (2019)

F. Maccallum, I. R. Galatzer-Levy, and G. A. Bonanno, "Trajectories of Depression Following Spousal and Child Bereavement: A Comparison of the Heterogeneity in Outcomes," *Journal of Psychiatric Research* 69 (2015): 72–79, https://doi.org/10.1016/j.jpsychires.2015.07.017

G. A. Bonanno and M. Malgaroli, "Trajectories of Grief: Comparing Symptoms from the DSM-5 and ICD-11 Diagnoses," *Depression and Anxiety* 37, no. 1 (2020): 17–25

M. Malgaroli, I. R. Galatzer-Levy, and G. A. Bonanno, "Heterogeneity in Trajectories of Depression in Response to Divorce Is Associated with Differential Risk for Mortality," *Clinical Psychological Science* 5, no. 5 (2017): 843–850, https://doi .org/10.1177/2167702617705951

C. A. Stolove, I. R. Galatzer-Levy, and G. A. Bonanno, "Emergence of Depression Following Job Loss Prospectively Predicts Lower Rates of Reemployment," *Psychiatry Research* 253 (2017): 79–83

### 第三章：九一一生還者這樣說

I. R. Galatzer-Levy, S. H. Huang, and G. A. Bonanno, "Trajectories of Resilience and Dysfunction Following Potential Trauma: A Review and Statistical Evaluation," *Clinical Psychology Review* 63 (2018): 41–55, https://doi.org/10.1016/j.cpr.2018.05.008

F. H. Norris, M. J. Friedman, and P. J. Watson, "60,000 Disaster Victims Speak. Part II: Summary and Implications of the Disaster Mental Health Research," *Psychiatry-Interpersonal and Biological Processes* 65, no. 3 (2002): 240– 260, https://doi.org/10.1521/psyc.65.3.240.20169

G. A. Bonanno, S. Galea, A. Bucciarelli, and D. Vlahov, "Psychological Resilience After Disaster: New York City in the Aftermath of the September 11th Terrorist Attack," *Psychological Science* 17, no. 3 (2006): 181–186, https://doi.org/10.1111/j.1467-9280.2006.01682.x

C. J. Donoho, G. A. Bonanno, B. Porter, L. Kearney, and T. M. Powell, "A Decade of War: Prospective Trajectories of Posttraumatic Stress Disorder Symptoms Among Deployed US Military Personnel and the Influence of Combat Exposure," *American Journal of Epidemiology* 186, no. 12 (2017): 1310–1318, https://doi.org/10.1093/aje/kwx318

C. R. Brewin, B. Andrews, and J. D. Valentine, "Meta-Analysis of Risk Factors for Posttraumatic Stress Disorder in Trauma-Exposed Adults," *Journal of Consulting and Clinical Psychology* 68, no. 5 (2000): 748–766

E. J. Ozer, S. R. Best, T. L. Lipsey, and D. S. Weiss, "Predictors of Posttraumatic Stress Disorder and Symptoms in Adults: A Meta-Analysis," *Psychological Bulletin* 129, no. 1 (2003): 52–73

E. Levy-Gigi, G. A. Bonanno, A. R. Shapiro, G. Richter-Levin, S. Kéri, and G. Sheppes, "Emotion Regulatory Flexibility Sheds Light on the Elusive Relationship Between Repeated Traumatic Exposure and Posttraumatic Stress Disorder Symptoms," *Clinical Psychological Science* 4, no. 1 (2015): 28–39

A. Boals, Z. Trost, E. Rainey, M. L. Foreman, and A. M. Warren, "Severity of Traumatic Injuries Predicting Psychological Outcomes: A Surprising Lack of Empirical Evidence," *Journal of Anxiety Disorders* 50, (2017): 1–6, https://doi.org/10.1016/j.janxdis.2017.04.004

Y. Neria, A. Besser, D. Kiper, and M. Westphal, "A Longitudinal Study of Post-traumatic Stress Disorder, Depression, and Generalized Anxiety Disorder in Israeli Civilians Exposed to War Trauma," *Journal of Traumatic Stress* 23, no. 3 (2010): 322–330

### 第四章：心理韌性的悖論

Sheryl Sandberg and Adam Grant, Option B: Facing Adversity, Building Resilience, and Finding Joy (New York: Knopf, 2017); Zelana Montminy, *21 Days to Resilience: How to Transcend the Daily Grind, Deal with the Tough Stuff, and Discover Your Inner Strength* (New York: HarperOne, 2016)

Elaine Miller-Karas, *Building Resilience to Trauma: The Trauma and Community Resiliency Models* (New York: Routledge, 2015)

Steven M. Southwick and Dennis S. Charney, *Resilience: The Science of Mastering Life's Greatest Challenges* (Cambridge: Cambridge University Press, 2012)

Glenn R. Schiraldi, *The Resilience Workbook: Essential Skills to Recover from Stress, Trauma, and Adversity* (Oakland, CA: New Harbinger, 2017)

Donald Robertson, *Build Your Resilience: CBT, Mindfulness and Stress Management to Survive and Thrive in Any Situation* (London: Hodder Education, 2012)

Kelly Ann McNight, *The Resilience Way: Overcome the Unexpected and Build an Extraordinary Life . . . on Your Own Terms!* (independently published, 2019)

Romeo Vitelli, "What Makes Us Resilient?," *Psychology Today*, April 10, 2018, www.psychologytoday.com/us/blog/media-spotlight/201804 /what-makes-us-resilient

Kendra Cherry, "Characteristics of Resilient People," *Very Well Mind*, April 28, 2020, www.verywellmind.com/characteristics-of-resilience-2795062

Brad Waters, "10 Traits of Emotionally Resilient People," *PsychologyToday*, May21,2013,www.psychologytoday.com/us/blog/design-your-path /201305/10-traits-emotionally-resilient-people

Kendra Cherry, "10 Ways to Build Your Resilience," *Very Well Mind*, January 24, 2020, www.verywellmind .com/ways-to-become-more-resilient-2795063

Leslie Riopel, "Resilient Skills, Factors and Strategies of the Resilient Person," *Positive Psychology*, September 19, 2020, https://positivepsychology.com/resilience-skills

"What Makes Some People More Resilient Than Others," *Exploring Your Mind*, June 5, 2016, https:// exploringyourmind.com/makes-people-resilient-others

Allan Schwartz, "Are You Emotionally Resilient?," *Mental Help* (blog), October 12, 2019, www.mental help.net/blogs/are-you-emotionally-resilient

LaRae Quy, "4 Powerful Ways You Can Make Yourself More Resilient—Now," *The Ladders*, January 11, 2019, www.theladders.com/career-

advice/4-powerful-ways-you-can-make-yourself -more-resilient-now
"5 Steps to a More Resilient You," *Psych Central*, January 30, 2011, https://psychcentral.com/blog/5-steps-to-a-more-resilient-you#1
"Being Resilient," *Your Life Your Voice*, October 16, 2019, www.yourlifeyourvoice.org /Pages/tip-being-resilient.aspx
J. F. P. Peres, A. Moreira-Almeida, A. G. Nasello, and H. G. Koenig, "Spirituality and Resilience in Trauma Victims," *Journal of Religion and Health* 46, no. 3 (2007): 343–350 (quote from 343), https://doi.org/10.1007/s10943-006-9103-0
Olivia Goldhill, "Psychologists Have Found That a Spiritual Outlook Makes Humans More Resilient," *Quartz*, January 30, 2016, https://qz.com/606564 /psychologists-have-found-that-a-spiritual-outlook-makes-humans-universally -more-resilient-to-trauma
H. R. Moody, "Is Religion Good for Your Health?," *Gerontologist* 46, no. 1 (2006): 147–149
J. T. Moore and M. M. Leach, "Dogmatism and Mental Health: A Comparison of the Religious and Secular," *Psychology of Religion and Spirituality* 8, no. 1 (2016): 54
J. H. Wortmann, C. L. Park, and D. Edmondson, "Trauma and PTSD Symptoms: Does Spiritual Struggle Mediate the Link?," *Psychological Trauma: Theory, Research, Practice and Policy* 3, no. 4 (2011): 442–452, https://doi.org /10.1037/a0021413
N. Caluori, J. C. Jackson, K. Gray, and M. Gelfand, "Conflict Changes How People View God," *Psychological Science* 31, no. 3 (2020): 280–292, https://doi.org/10.1177/0956797619895286
R. W. Thompson, D. B. Arnkoff, and C. R. Glass, "Conceptualizing Mindfulness and Acceptance as Components of Psychological Resilience to Trauma," *Trauma, Violence, and Abuse* 12, no. 4 (2011): 220–235
R. A. Baer, G. T. Smith, J. Hopkins, J. Krietemeyer, and L. Toney, "Using Self-Report Assessment Methods to Explore Facets of Mindfulness," *Assessment* 13, no. 1 (2006): 27–45
R. J. Davidson, J. Kabat- Zinn, J. Schumacher, M. Rosenkranz, D. Muller, S. F. Santorelli, F. Urbanowski, A. Harrington, K. Bonus, and J. F. Sheridan, "Alterations in Brain and Immune Function Produced by Mindfulness Meditation," *Psychosomatic Medicine* 65, no. 4 (2003)
K. W. Brown, R. M. Ryan, and J. D. Creswell, "Mindfulness: Theoretical Foundations and Evidence for Its Salutary Effects," *Psychological Inquiry* 18, no. 4 (2007): 211–237

J. D. Creswell, "Mindfulness Interventions," *Annual Review of Psychology* 68 (2017): 491–516

J. Suttie, "Five Ways Mind- fulness Meditation Is Good for Your Health," *Greater Good Magazine*, Octo- ber 2018, https://greatergood.berkeley.edu/article/item/five_ways_mindfulness_meditation_is_good_for_your_health

J. D. Teasdale, Z. V. Segal, J. M. G. Williams, V. A. Ridgeway, J. M. Soulsby, and M. A. Lau, "Prevention of Relapse/Recurrence in Major Depression by Mindfulness-Based Cognitive Therapy," *Journal of Consulting and Clinical Psychology* 68, no. 4 (2000): 615

S. G. Hofmann, A. T. Sawyer, A. A. Witt, and D. Oh, "The Effect of Mindfulness-Based Therapy on Anxiety and Depression: A Meta-Analytic Review," *Journal of Consulting and Clinical Psychology* 78, no. 2 (2010): 169–183, https://doi.org/10.1037/a0018555

B. Khoury, T. Lecomte, G. Fortin, M. Masse, P. Therien, V. Bouchard, M.A. Chapleau, K. Paquin, and S. G. Hofmann, "Mindfulness-Based Therapy: A Comprehensive Meta-Analysis," *Clinical Psychology Review* 33, no. 6 (2013): 763–771

J. D. Creswell, "Mindfulness Interventions," *Annual Review of Psychology* 68 (2017): 491–516

R. W. Thompson, D. B. Arnkoff, and C. R. Glass, "Conceptualizing Mindfulness and Acceptance as Components of Psychological Resilience to Trauma," *Trauma, Violence, and Abuse* 12, no. 4 (2011): 220–235

N. T. Van Dam, M. K. van Vugt, D. R. Vago, L. Schmalzl, C. D. Saron, A. Olendzki, T. Meissner, et al., "Mind the Hype: A Critical Evaluation and Prescriptive Agenda for Research on Mindfulness and Meditation," *Perspectives on Psychological Science* 13, no. 1 (2018): 36–61

M. K. Lustyk, N. Chawla, R. Nolan, and G. Marlatt, "Mindfulness Meditation Research: Issues of Partici- pant Screening, Safety Procedures, and Researcher Training," *Advances in Mind-Body Medicine* 24, no. 1 (2009): 20–30

G. A. Bonanno, M. Westphal, and A. D. Mancini, "Resilience to Loss and Potential Trauma," *Annual Review of Clinical Psychology* 7 (2011), https://doi.org/10.1146/annurev-clinpsy-032210-104526

G. A. Bonanno, C. R. Brewin, K. Kaniasty, and A. M. La Greca, "Weighing the Costs of Disaster: Consequences, Risks, and Resilience in Individuals, Families, and Communities," *Psychological Science in the Public Interest* 11, no. 1 (2010): 1–49

G. A. Bonanno, S. A. Romero, and S. I. Klein, "The Temporal Elements of

Psychological Resilience: An Integrative Framework for the Study of Individuals, Families, and Communities," *Psychological Inquiry* 26, no. 2 (2015): 139–169, https://doi.org/10.1080/1047840X.2015.992677

K. Schultebraucks, K. W. Choi, I. G. Galatzer-Levy, and G. A. Bonanno, "Discriminating Heterogeneous Trajectories of Resilience and Depression After Major Stressors Using Polygenic Scores: A Deep Learning Approach," *JAMA Psychiatry* (in press)

Bonanno et al., "Resilience to Loss and Potential Trauma."

Bonanno et al., "Weighing the Costs of Disaster."

Bonanno et al., "The Temporal Elements of Psychological Resilience."

W.Mischel and Y. Shoda, "A Cognitive-Affective System Theory of Personality: Reconceptualizing Situations, Dispositions, Dynamics, and Invariance in Personality Structure," *Psychological Review* 102, no. 2 (1995): 246–268, https:// doi.org/10.1037/0033-295X.102.2.246

W.Mischel, "Toward a Cognitive Social Learning Reconceptualization of Personality," *Psychological Review* 80, no. 4 (1973): 252–283, https://doi.org/10.1037/h0035002

W.Mischel, Y. Shoda, and R. Mendoza-Denton, "Situation-Behavior Profiles as a Locus of Consistency in Personality," *Current Directions in Psychological Science* 11, no. 2 (2002): 50–54

W.Mischel, *The Marshmallow Test: Why Self-Control Is the Engine of Success* (New York: Little, Brown, 2014)

T. Kalisky, E. Dekel, and U. Alon, "Cost-Benefit Theory and Optimal Design of Gene Regulation Functions," *Physical Biology* 4, no. 4 (2007): 229

H. A. Orr, "The Genetic Theory of Adaptation: A Brief History," *Nature Reviews Genetics* 6, no. 2 (2005): 119–127, https://doi.org/10.1038/nrg1523

J. S. Brown and T. L. Vincent, "Evolution of Cooperation with Shared Costs and Benefits," *Proceedings of the Royal Society B: Biological Sciences* 275, no. 1646 (2008): 1985–1994

A. V. Georgiev, A. C. E. Klimczuk, D. M. Traficonte, and D. Maestripieri, "When Violence Pays: A Cost-Benefit Analysis of Aggressive Behavior in Animals and Humans," *Evolutionary Psychology* 11, no. 3 (2013): 678–699

Charles Darwin, *On the Origin of Species, by Means of Natural Selection* (London: John Murray, 1859)（中譯本：《物種源始》，2021 年 3 月，貓頭鷹出版，台北）

Charles Darwin, *The Descent of Man, and Selection in Relation to Sex* (London: John Murray, 1871)（中譯本：《人類的由來及性選擇》2022 年 3 月，五南出版，台北）

Richard O. Prum, *The Evolution of Beauty: How Darwin's Forgotten Theory of Mate Choice Shapes the Animal World* (New York: Penguin Random House, 2017)（中譯本：《美的演化：達爾文性擇理論的再發現》2020年6月，馬可孛羅出版，台北）

M. Petrie and T. Halliday, "Experimental and Natural Changes in the Peacock's (Pavocristatus) Train Can Affect Mating Success," *Behavioral Ecology and Sociobiology* 35, no. 3 (1994): 213–217, https://doi.org/10.1007/BF00167962

R. S. Hetem, D. Mitchell, B. A. de Witt, L. G. Fick, L. C. R. Meyer, S. K. Maloney, and A. Fuller, "Cheetah Do Not Abandon Hunts Because They Overheat," *Biology Letters* 9, no. 5 (2013): 20130472, https://doi.org/10.1098/rsbl.2013.0472

T. Y. Hubel, J. P. Myatt, N. R. Jordan, O. P. Dewhirst, J. W. McNutt, and A. M. Wilson, "Energy Cost and Return for Hunting in African Wild Dogs and Cheetahs," *Nature Communications* 7, no. 1 (2016): 11034, https://doi.org/10.1038/ncomms11034

R. Nuwer, "Cheetahs Spend 90 Percent of Their Days Sitting Around," *Smithsonian*, October 2014; "Adaptations to Speed," Dell Cheetah Center, Zambia, www.dccafrica .co.za/cheetah-facts/adaptations-to-speed

A. Aldao and S. Nolen-Hoeksema, "When Are Adaptive Strategies Most Predictive of Psychopathology?" *Journal of Abnormal Psychology* 121, no. 1 (2012): 276–281, https://doi.org/10.1037/a0023598

C. A. Smith, K. A. Wallston, K. A. Dwyer, and W. Dowdy, "Beyond Good and Bad Coping: A Multidimensional Examination of Coping with Pain in Persons with Rheumatoid Arthritis," *Annals of Behavioral Medicine* 19, no. 1 (1997): 11–21

J. E. Schwartz, J. Neale, C. Marco, S. S. Shiffman, and A. A. Stone, "Does Trait Coping Exist? A Momentary Assessment Approach to the Evaluation of Traits," *Journal of Personality and Social Psychology* 77, no. 2 (1999): 360–369, https://doi.org/10.1037/0022 -3514.77.2.360

A. A. Stone, J. E. Schwartz, J. M. Neale, S. Shiffman, C. A. Marco, M. Hickcox, J. Paty, L. S. Porter, and L. J. Cruise, "A Comparison of Coping Assessed by Ecological Momentary Assessment and Retrospective Recall," *Journal of Personality and Social Psychology* 74, no. 6 (1998): 1670

J. L. Austenfeld and A. L. Stanton, "Coping Through Emotional Approach: A New Look at Emotion, Coping, and Health-Related Outcomes," *Journal of Personality* 72, no. 6 (2004): 1335–1364, https://doi.org/10.1111/j.1467-6494.2004.00299

J. Smyth and S. J. Lepore, *The Writing Cure: How Expressive Writing Promotes Health and Emotional Well-Being* (Washington, DC: American Psychological Association, 2002)

B. E. Compas, C. J. Forsythe, and B. M. Wagner, "Consistency and Variability in Causal Attributions and Coping with Stress," *Cognitive Therapy and Research* 12, no. 3 (1988): 305–320, https://doi.org/10.1007/bf01176192

D. G. Kaloupek, H. White, and M. Wong, "Multiple Assessment of Coping Strategies Used by Volunteer Blood Donors: Implications for Preparatory Training," *Journal of Behavioral Medicine* 7, no. 1 (1984): 35–60, https://doi.org/10.1007/BF00845346

T. L. Webb, E. Miles, and P. Sheeran, "Dealing with Feeling: A Meta-Analysis of the Effectiveness of Strategies Derived from the Process Model of Emotion Regulation," *Psychological Bulletin* 138, no. 4 (2012): 775–808, https://doi.org/10.1037/a0027600

G.Hein, G. Silani, K. Preuschoff, C. D. Batson, and T. Singer, "Neural Responses to Ingroup and Outgroup Members' Suffering Predict Individual Differences in Costly Helping," *Neuron* 68, no. 1 (2010): 149–160, https://doi .org/10.1016/j.neuron.2010.09.003

James C. Coyne, Camille B. Wortman, and Darrin R. Lehman, "The Other Side of Support: Emotional Overinvolvement and Miscarried Helping," in *Marshaling Social Support: Formats, Processes, and Effects*, ed. Benjamin H. Gottlieb, 305–330 (Thousand Oaks, CA: Sage, 1988)

J. C. Coyne, "Depression and the Response of Others," *Journal of Abnormal Psychology* 85 (1976): 186–193, https://doi.org/10.1037/0021-843X.85.2.186

E. D. Diminich and G. A. Bonanno, "Faces, Feelings, Words: Divergence Across Channels of Emotional Responding in Complicated Grief," *Journal of Abnormal Psychology* 123 (2014): 350–361

A. S. Troy, A. J. Shallcross, and I. B. Mauss, "A Person-by-Situation Approach to Emotion Regulation: Cognitive Reappraisal Can Either Help or Hurt, Depending on the Context," *Psychological Science* 24, no. 2 (2013): 2505–2514, https://doi.org/10.1177/0956797613496434

G. Sheppes, S. Scheibe, G. Suri, P. Radu, J. Blechert, and J. J. Gross, "Emotion Regulation Choice: A Conceptual Framework and Supporting Evidence," *Journal of Experimental Psychology: General* 143, no. 1 (2014): 163–181, https://doi.org/10.1037/a0030831

R. S. Lazarus and S. Folkman, *Stress, Appraisal, and Coping* (New York: Springer, 1984)

S. Folkman and J. T. Moskowitz, "Coping: Pitfalls and Promise," *Annual*

*Review of Psychology* 55, no. 1 (2004): 745–774
C. S. Carver and J. Connor-Smith, "Personality and Coping," *Annual Review of Psychology* 61, no. 1 (2009): 679–704
C. Cheng, "Assessing Coping Flexibility in Real-Life and Laboratory Settings: A Multimethod Approach," *Journal of Personality and Social Psychology* 80, no. 5 (2001): 814–833
J. J. Gross, "The Emerging Field of Emotion Regulation: An Integrative Review," *Review of General Psychology* 2, no. 3 (1998): 271–299
J. J. Gross, "Emotion Regulation: Past, Present, Future," *Cognition and Emotion* 13, no. 5 (1999): 551–573
A. Aldao, G. Sheppes, and J. J. Gross, "Emotion Regulation Flexibility," *Cognitive Therapy and Research* 39, no. 3 (2015): 263–278
G. A. Bonanno and C. L. Burton, "Regulatory Flexibility: An Individual Differences Perspective on Coping and Emotion Regulation," *Perspectives on Psychological Science* 8, no. 6 (2013): 591–612, https://doi.org/10.1177/1745691613504116
G. A. Bonanno, "Resilience in the Face of Loss and Potential Trauma," *Current Directions in Psychological Science* 14, no. 3 (2005): 135–138
G. A. Bonanno, *The Other Side of Sadness: What the New Science of Bereavement Tells Us About Life After Loss* (New York: Basic Books, 2009)
Barbara L. Fredrickson and Laura E. Kurtz, "Cultivating Positive Emotions to Enhance Human Flourishing," in *Applied Positive Psychology: Improving Everyday Life, Health, Schools, Work, and Society*, ed. Stewart I. Donaldson, Mihaly Csikszentmihalyi, and Jeanne Nakamura, 35–47 (New York: Taylor and Francis, 2011)
B. L. Fredrickson, "Cultivating Positive Emotions to Optimize Health and Well-Being," *Prevention and Treatment* 3, no. 1 (2000): 1a
"Cultivating Positive Emotions: 10 Emotional Seeds to Plant in Your Garden Now," Tony Robbins, www.tonyrobbins.com/mind-meaning /cultivating-positive-emotions
J. Gruber, I. B. Mauss, and M. Tamir, "A Dark Side of Happiness? How, When, and Why Happiness Is Not Always Good," *Perspectives on Psychological Science* 6, no. 3 (2011): 222–233, https://doi.org/10.1177/1745691611406927
M. A. Davis, "Understanding the Relationship Between Mood and Creativity: A Meta-Analysis," *Organizational Behavior and Human Decision Processes* 108, no. 1 (2009): 25–38
M. Tamir, C. Mitchell, and J. J. Gross, "Hedonic and Instrumental Motives in

Anger Regulation," *Psychological Science* 19, no. 4 (2008): 324–328, https://doi .org/10.1111/j.1467-9280.2008.02088.x

E. Diener, C. R. Colvin, W. G. Pavot, and A. Allman, "The Psychic Costs of Intense Positive Affect," *Journal of Personality and Social Psychology* 61, no. 3 (1991): 492

E. K. Kalokerinos, K. H. Greenaway, D. J. Pedder, and E. A. Margetts, "Don't Grin When You Win: The Social Costs of Positive Emotion Expression in Performance Situations," *Emotion* 14, no. 1 (2014): 180

A. Papa and G. A. Bonanno, "Smiling in the Face of Adversity: The Interpersonal and Intrapersonal Functions of Smiling," *Emotion* 8, no. 1 (2008): 1–12

B. L. Fredrickson, "The Role of Positive Emotions in Positive Psychology: The Broaden-and-Build Theory of Positive Emotions," *American Psychologist* 56, no. 3 (2001): 218–226, https://doi.org/10.1037/0003-066x.56.3.218

G. A. Bonanno, D. M. Colak, D. Keltner, M. N. Shiota, A. Papa, J. G. Noll, F. W. Putnam, and P. K. Trickett, "Context Matters: The Benefits and Costs of Expressing Positive Emotion Among Survivors of Childhood Sexual Abuse," *Emotion* 7, no. 4 (2007): 824–837, https:// doi.org/10.1037/1528-3542.7.4.824

D. Della Femina, C. A. Yeager, and D. O. Lewis, "Child Abuse: Adolescent Records vs. Adult Recall," *Child Abuse and Neglect* 14, no. 2 (1990): 227–231

E. B. Blanchard, E. J. Hickling, N. Mitnick, A. E. Taylor, W. R. Loos, and T. C. Buckley, "The Impact of Severity of Physical Injury and Perception of Life Threat in the Development of Post-Traumatic Stress Disorder in Motor Vehicle Accident Victims," *Behaviour Research and Therapy* 33, no. 5 (1995): 529–534, https://doi.org/10.1016/0005-7967(94)00079-Y

L.Meli, J. Birk, D. Edmondson, and G. A. Bonanno, "Trajectories of Posttraumatic Stress in Patients with Confirmed and Rule-Out Acute Coronary Syndrome," *General Hospital Psychiatry* 62 (2020): 37–42, https://doi.org/10.1016/j.genhosppsych.2019.11.006

T. L. Holbrook, D. B. Hoyt, M. B. Stein, and W. J. Sieber, "Perceived Threat to Life Predicts Posttraumatic Stress Disorder After Major Trauma: Risk Factors and Functional Outcome," *Journal of Trauma and Acute Care Surgery* 51, no. 2 (2001)

G. A. Bonanno, C. Rennicke, and S. Dekel, "Self-Enhancement Among High-Exposure Survivors of the September 11th Terrorist Attack: Resilience or Social Maladjustment?" *Journal of Personality and Social Psychology* 88, no. 6 (2005): 984–998

C. N. Dulmus and C. Hilarski, "When Stress Constitutes Trauma and Trauma Constitutes Crisis: The Stress-Trauma-Crisis Continuum," *Brief Treatment and Crisis Intervention* 3, no. 1 (2003): 27–36

Paul Slovic, "The Perception of Risk," in *Scientists Making a Difference: One Hundred Eminent Behavioral and Brain Scientists Talk About Their Most Important Contributions*, ed. Robert J. Sternberg, Susan T. Fiske, and Donald J. Foss, 179–182 (Cambridge: Cambridge University Press, 2016)

V. J. Brown, "Risk Perception: It's Personal," *Environmental Health Perspectives* 122, no. 10 (2014): A276–A279, https://doi.org/10.1289 / ehp.122-A276

P. Slovic, "Perception of Risk," Science 236, no. 4799 (1987): 280–285, https://doi.org/10.1126/science.3563507; P. Slovic, ed., *The Feeling of Risk: New Perspectives on Risk Perception* (New York: Earthscan, 2010)

G. F. Loewenstein, E. U. Weber, C. K. Hsee, and N. Welch, "Risk as Feelings," *Psychological Bulletin* 127, no. 2 (2001): 267–286, https://doi.org/10.1037/0033-2909.127.2.267

Terri L. Messman-Moore and Selime R. Salim, "Risk Perception and Sexual Assault," in *Handbook of Sexual Assault and Sexual Assault Prevention*, ed. William T. O'Donohue and Paul A. Schewe, 211–228 (Cham, Switzerland: Springer, 2019), 211, https://doi.org/10.1007/978-3-030-23645-8_12

A. E. Wilson, K. S. Calhoun, and J. A. Bernat, "Risk Recognition and Trauma-Related Symptoms Among Sexually Revictimized Women," *Journal of Consulting and Clinical Psychology* 67, no. 5 (1999): 705

T. L. Messman-Moore and A. L. Brown, "Risk Perception, Rape, and Sexual Revictimization: A Prospective Study of College Women," *Psychology of Women Quarterly* 30, no. 2 (2006): 159–172

R. A. Ferrer, W. M. P. Klein, A. Avishai, K. Jones, M. Villegas, and P. Sheeran, "When Does Risk Perception Predict Protection Motivation for Health Threats? A Person-by-Situation Analysis," *PLoS ONE* 13, no. 3 (2018): e0191994–e0191994, https://doi.org/10.1371/journal.pone.0191994

M. Case- rotti, E. Rubaltelli, and P. Slovic, "How Decision Context Changes the Balance Between Cost and Benefit Increasing Charitable Donations," *Judgment and Decision Making* 14, no. 2 (2019): 187–199

P. D. Windschitl and E. U. Weber, "The Interpretation of 'Likely' Depends on the Context, but '70%' Is 70%—Right? The Influence of Associative Processes on Perceived Certainty," *Journal of Experimental Psychology: Learning, Memory, and Cognition* 25, no. 6 (1999): 1514

R. Goodwin, M. Willson, and G. Stanley Jr., "Terror Threat Perception and Its Consequences in Contemporary Britain," *British Journal of Psychology* 96, no. 4 (2005): 389–406

I. R. Galatzer-Levy, M. M. Steenkamp, A. D. Brown, M. Qian, S. Inslicht, C. Henn-Haase, C. Otte, R. Yehuda, T. C. Neylan, and C. R. Marmar, "Cortisol Response to an Experimental Stress Paradigm Prospectively Predicts Long-Term Distress and Resilience Trajectories in Response to Active Police Service," *Journal of Psychiatric Research* 56 (2014): 36–42, https://doi.org/10.1016/j .jpsychires.2014.04.020

I. Wald, T. Shechner, S. Bitton, Y. Holoshitz, D. S. Charney, D. Muller, N. A. Fox, D. S. Pine, and Y. Bar-Haim, "Attention Bias Away from Threat During Life Threatening Danger Predicts PTSD Symptoms at One-Year Follow-Up," *Depression and Anxiety* 28, no. 5 (2011): 406–411, https://doi.org/10.1002/da .20808

Y. Bar-Haim, D. Lamy, L. Pergamin, M. J. Bakermans- Kranenburg, and M. H. van IJzendoorn, "Threat-Related Attentional Bias in Anxious and Nonanxious Individuals: A Meta-Analytic Study," *Psychological Bulletin* 133 (2007): 1–24, https://doi.org/10.1037/0033-2909.133.1.1

L. Meli et al., "Trajectories of Posttraumatic Stress in Patients with Confirmed and Rule-Out Acute Coronary Syndrome."

## 第五章：首先，你得擁有彈性心態

C. Dweck, "What Having a'Growth Mindset'Actually Means," *Harvard Business Review* 13 (2016): 213–226

C. Dweck, "Carol Dweck Revisits the Growth Mindset," *Education Week* 35, no. 5 (2015): 20–24

C. Dweck, *Mindset: The New Psychology of Success* (New York: Random House, 2008)（中譯本：《心態致勝：全新成功心理學》2019 年 10 月，天下文化出版，台北）

S. C. Kobasa, "Stressful Life Events, Personality, and Health: An Inquiry into Hardiness," *Journal of Personality and Social Psychology* 37, no. 1 (1979): 1–11

S. C. Funk, "Hardiness: A Review of Theory and Research," *Health Psychology* 11 (1992): 335–345, https://doi.org/10.1037/0278-6133.11.5.335

Kobasa, "Stressful Life Events"; S. R. Maddi, "Hardiness: The Courage to Grow from Stresses," *Journal of Positive Psychology* 1, no. 3 (2006):

160–168 (quote from 160)

V. Florian, M. Mikulincer, and O. Taubman, "Does Hardiness Contribute to Mental Health During a Stressful Real-Life Situation? The Roles of Appraisal and Coping," *Journal of Personality and Social Psychology* 68, no. 4 (1995): 687

M. F. Scheier, C. S. Carver, and M. W. Bridges, "Distinguishing Optimism from Neuroticism (and Trait Anxiety, Self-Mastery, and Self-Esteem): A Reevaluation of the Life Orientation Test," *Journal of Personality and Social Psychology* 67, no. 6 (1994): 1063–1078

M. F. Scheier and C. S. Carver, "Optimism, Coping, and Health: Assessment and Implications of Generalized Outcome Expectancies," *Health Psychology* 4, no. 3 (1985): 219

Emily Esfahani Smith, "The Benefits of Optimism Are Real," *The Atlantic*, March 1, 2013, www.theatlantic.com/health/archive/2013/03/the-benefits-of-optimism-are-real/273306

Steven M. Southwick and Dennis S. Charney, *Resilience: The Science of Mastering Life's Greatest Challenges* (Cambridge: Cambridge University Press, 2012)

Martin E. P. Seligman, *Learned Optimism: How to Change Your Mind and Your Life* (New York: Vintage, 2012)

W. W. T. Lam, G. A. Bonanno, A. D. Mancini, S. Ho, M. Chan, W. K. Hung, A. Or, and R. Fielding, "Trajectories of Psychological Distress Among Chinese Women Diagnosed with Breast Cancer," *Psycho-Oncology* 19, no. 10 (2010): 1044–1051, https://doi.org/10.1002/pon.1658

F. Segovia, J. L. Moore, S. E. Linnville, R. E. Hoyt, and R. E. Hain, "Optimism Predicts Resilience in Repatriated Prisoners of War: A 37-Year Longitudinal Study," *Journal of Traumatic Stress* 25, no. 3 (2012): 330–336

A. J. Quale and A. K. Schanke, "Resilience in the Face of Coping with a Severe Physical Injury: A Study of Trajectories of Adjustment in a Rehabilitation Setting," *Rehabilitation Psychology* 55, no. 1 (2010): 12–22

I. R. Galatzer-Levy and G. A. Bonanno, "Optimism and Death: Predicting the Course and Consequences of Depression Trajectories in Response to Heart Attack," *Psychological Science* 25, no. 12 (2014): 2177–2188, https://doi.org/10.1177/0956797614551750

G. A. Bonanno, M. Westphal, and A. D. Mancini, "Resilience to Loss and Potential Trauma," *Annual Review of Clinical Psychology* 7 (2011), https://doi.org/10.1146/annurev-clinpsy-032210-104526

H. N. Rasmussen, M. F. Scheier, and J. B. Greenhouse, "Optimism and Physical

Health: A Meta-Analytic Review," *Annals of Behavioral Medicine* 37, no. 3 (2009): 239–256, https://doi.org/10.1007/s12160-009-9111-x

Y. Benyamini and I. Roziner, "The Predictive Validity of Optimism and Affectivity in a Longitudinal Study of Older Adults," *Personality and Individual Differences* 44, no. 4 (2008): 853–864, https://doi.org/10.1016/j.paid.2007.10.016

A. Serlachius, L. Pulkki-Råback, M. Elovainio, M. Hintsanen, V. Mikkilä, T. T. Laitinen, M. Jokela, et al., "Is Dispositional Optimism or Dispositional Pessimism Predictive of Ideal Cardiovascular Health? The Young Finns Study," *Psychology and Health* 30, no. 10 (2015): 1221–1239

E. Schoen, E. M. Altmaier, and B. Tallman, "Coping After Bone Marrow Transplantation: The Predictive Roles of Optimism and Dispositional Coping," *Journal of Clinical Psychology in Medical Settings* 14, no. 2 (2007): 123–129

H. I. M. Mahler and J. A. Kulik, "Optimism, Pessimism and Recovery from Coronary Bypass Surgery: Prediction of Affect, Pain and Functional Status," *Psychology, Health and Medicine* 5, no. 4 (2000): 347–358

K. R. Fontaine and L. C. Jones, "Self-Esteem, Optimism, and Postpartum Depression," *Journal of Clinical Psychology* 53, no. 1 (1997): 59–63

A. Craig, Y. Tran, and J. Middleton, "Psychological Morbidity and Spinal Cord Injury: A Systematic Review," *Spinal Cord* 47, no. 2 (2009): 108–114

H. Nowak, N. Zech, S. Asmus- sen, T. Rahmel, M. Tryba, G. Oprea, L. Grause, et al., "Effect of Therapeutic Suggestions During General Anaesthesia on Postoperative Pain and Opioid Use: Multicentre Randomised Controlled Trial," *BMJ* 371, m4284 (2021), https://doi .org/10.1136/bmj.m4284

Roberta B. Trieschmann, *Spinal Cord Injuries: The Psychological, Social, and Vocational Adjustment* (New York: Pergamon Press, 1988), 68

T. Sharot, A. M. Riccardi, C. M. Raio, and E. A. Phelps, "Neural Mechanisms Mediating Optimism Bias," *Nature* 450, no. 7166 (2007): 102–105, https://doi.org/10.1038/nature06280

A. Etkin, T. Egner, D. M. Peraza, E. R. Kandel, and J. Hirsch, "Resolving Emotional Conflict: A Role for the Rostral Anterior Cingulate Cortex in Modulating Activity in the Amygdala," *Neuron* 51, no. 6 (2006): 871–882, https://doi.org/10.1016/j.neuron.2006.07.029

C. S. Carver and M. F. Scheier, "Dispositional Optimism," *Trends in Cognitive Sciences* 18, no. 6 (2014): 293–299, https://doi.org/10.1016/j.tics.2014.02.003

R. Rygula, J. Golebiowska, J. Kregiel, J. Kubik, and P. Popik, "Effects of

Optimism on Motivation in Rats," *Frontiers in Behavioral Neuroscience* 9 (2015): 32, https://doi.org/10.3389/fnbeh .2015.00032

L. O. Lee, P. James, E. S. Zevon, E. S. Kim, C. Trudel-Fitzgerald, A. Spiro III, F. Grodstein, and L. D. Kubzansky, "Optimism Is Associated with Exceptional Longevity in 2 Epidemiologic Cohorts of Men and Women," *Proceedings of the National Academy of Sciences* (2019): 201900712, https://doi.org/10.1073 /pnas.1900712116

C. S. Carver, M. F. Scheier, and S. C. Segerstrom, "Optimism," *Clinical Psychology Review* 30, no. 7 (2010): 879–889

Carver and Scheier, "Dispositional Optimism."

M. M. Adams and A. L. Hicks, "Spasticity After Spinal Cord Injury," *Spinal Cord* 43, no. 10 (2005): 577–586, https://doi.org/10.1038/sj.sc.3101757

R. D. Pentz, M. White, R. D. Harvey, Z. L. Farmer, Y. Liu, C. Lewis, O. Dashevskaya, T. Owonikoko, and F. R. Khuri, "Therapeutic Misconception, Misestimation, and Optimism in Participants Enrolled in Phase 1 Trials," *Cancer* 118, no. 18 (2012): 4571–4578, https://doi.org/10.1002/cncr.27397

K. Sweeny and J. A. Shepperd, "The Costs of Optimism and the Benefits of Pessimism," *Emotion* 10, no. 5 (2010): 750

M. W. Gallagher, L. J. Long, A. Richardson, and J. M. D'Souza, "Resilience and Coping in Cancer Survivors: The Unique Effects of Optimism and Mastery," *Cognitive Therapy and Research* 43, no. 1 (2019): 32–44

M. Cohen, I. Levkovich, S. Pollack, and G. Fried, "Stability and Change of Post-Chemotherapy Symptoms in Relation to Optimism and Subjective Stress: A Prospective Study of Breast Cancer Survivors," *Psycho-Oncology* 28, no. 10 (2019): 2017–2024

Gerald G. Jampolsky, *Teach Only Love: The Seven Principles of Attitudinal Healing* (New York: Bantam Books, 1983)

## 第六章：如何將彈性心態運用自如

G. A. Bonanno, "Identity Continuity and Complexity in Resilience and Recovery from Loss," *Making Sense of the Unimaginable: How Meaning Making Dynamics Shape Recovery from Severe Stress Experiences*, symposium, E. de St. Aubin, chair, at the Association for Psychological Science 20th Annual Convention, Chicago, 2008

G. A. Bonanno, P. Kennedy, I. Galatzer-Levy, P. Lude, and M. L. Elfström, "Trajectories of Resilience, Depression, and Anxiety Following Spinal

Cord Injury," *Rehabilitation Psychology* 57, no. 3 (2012): 236–247
A. Craig, Y. Tran, and J. Middleton, "Psychological Morbidity and Spinal Cord Injury: A Systematic Review," *Spinal Cord* 47, no. 2 (2009): 108–114
K. M. Hancock, A. R. Craig, H. G. Dickson, E. Chang, and J. Martin, "Anxiety and Depression over the First Year of Spinal Cord Injury: A Longitudinal Study," *Spinal Cord* 31, no. 6 (1993): 349–357
O. Vassend, A. J. Quale, O. Røise, and A.-K. Schanke, "Predicting the Long-Term Impact of Acquired Severe Injuries on Functional Health Status: The Role of Optimism, Emotional Distress and Pain," *Spinal Cord* 49, no. 12 (2011): 1193–1197, https://doi.org/10.1038/sc.2011.70
B. Akbari, S. F. Shahkhali, and R. G. Jobaneh, "Canonical Analysis of the Relationships of Religiosity, Hope, and Optimism with the Meaning of Life and Quality of Life in Spinal Cord Injury Patients," *Journal of Religion and Health* 7, no. 1 (2019): 11–19
Bonanno et al., "Trajectories of Resilience" ; K. P. Arbour-Nicitopoulos, K. A. M. Ginis, and A. E. Latimer, "Planning, Leisure-Time Physical Activity, and Confidence in Coping in Persons with Spinal Cord Injury: A Randomized Controlled Trial," *Archives of Physical Medicine and Rehabilitation* 90, no. 12 (2009): 2003– 2011, https://doi.org/10.1016/j.apmr.2009.06.019
I. R. Molton, M. P. Jensen, W. Nielson, D. Cardenas, and D. M. Ehde, "A Preliminary Evaluation of the Motivational Model of Pain Self-Management in Persons with Spinal Cord Injury-Related Pain," *Journal of Pain* 9, no. 7 (2008): 606–612, https://doi .org/10.1016/j.jpain.2008.01.338
A. Bandura, D. Cioffi, C. B. Taylor, and M. E. Brouillard, "Perceived Self-Efficacy in Coping with Cognitive Stressors and Opioid Activation," *Journal of Personality and Social Psychology* 55, no. 3 (1988): 479–488, https://doi .org/10.1037/0022-3514.55.3.479
C. Cozzarelli, "Personality and Self-Efficacy as Predictors of Coping with Abortion," *Journal of Personality and Social Psychology* 65, no. 6 (1993): 1224–1236, https://doi.org/10.1037/0022-3514.65.6.1224
E. J. Philip, T. V. Merluzzi, Z. Zhang, and C. A. Heitzmann, "Depression and Cancer Survivorship: Importance of Confidence in Coping in Post-Treatment Survivors," *Psycho-Oncology* 22, no. 5 (2013): 987–994, https://doi. org/10.1002 /pon.3088
J. A. Turner, M. Ersek, and C. Kemp, "Self-Efficacy for Managing Pain Is Associated with Disability, Depression, and Pain Coping Among Retirement Community Residents with Chronic Pain," *Journal of Pain* 6, no. 7 (2005): 471–479, https://doi.org/10.1016/j.jpain.2005.02.011

M. W. G. Bosmans, H. W. Hofland, A. E. De Jong, and N. E. Van Loey, "Coping with Burns: The Role of Confidence in Coping in the Recovery from Traumatic Stress Following Burn Injuries," *Journal of Behavioral Medicine* 38, no. 4 (2015): 642–651, https://doi.org/10.1007/s10865-015-9638-1

M. W. G. Bosmans and P. G. van der Velden, "Longitudinal Interplay Between Posttraumatic Stress Symptoms and Confidence in Coping: A Four-Wave Prospective Study," *Social Science and Medicine* 134 (2015): 23–29, https://doi.org/10.1016/j.socscimed.2015.04.007

C. Benight and M. Harper, "Confidence in Coping Perceptions as a Mediator Between Acute Stress Response and Long-Term Distress Following Natural Disasters," *Journal of Traumatic Stress* 15 (2002): 177–186, https://doi.org/10.1023/A:1015295025950

T. A. DeRoon-Cassini, A. D. Mancini, M. D. Rusch, and G. A. Bonanno, "Psychopathology and Resilience Following Traumatic Injury: A Latent Growth Mixture Model Analysis," *Rehabilitation Psychology* 55, no. 1 (2010): 1–11, https://doi.org/10.1037/a0018601

M. E. Wadsworth, C. D. Santiago, and L. Einhorn, "Coping with Displacement from Hurricane Katrina: Predictors of One-Year Post-Traumatic Stress and Depression Symptom Trajectories," *Anxiety, Stress, and Coping* 22, no. 4 (2009): 413–432, https://doi.org /10.1080/10615800902855781

J. Tomaka, J. Blascovich, J. Kibler, and J. M. Ernst, "Cognitive and Physiological Antecedents of Threat and Challenge Appraisal," *Journal of Personality and Social Psychology* 73 (1997): 63–72

Nate Chinen, "As a Crowdfunding Platform Implodes, a Legendary Composer Rebounds," NPR, May 14, 2019, https://www.npr.org/2019/05/14/723225435 /as-a-crowdfunding-platform-implodes-a-legendary-composer-rebounds

Tomaka et al., "Cognitive and Physiological Antecedents."

J. Gaab, N. Rohleder, U. M. Nater, and U. Ehlert, "Psychological Determinants of the Cortisol Stress Response: The Role of Anticipatory Cognitive Appr aisal," *Psychoneuroendocrinology* 30, no. 6 (2005): 599–610, https://doi .org/10.1016/j.psyneuen.2005.02.001

A. Harvey, A. B. Nathens, G. Bandiera, and V. R. LeBlanc, "Threat and Challenge: Cognitive Appraisal and Stress Responses in Simulated Trauma Resuscitations," *Medical Education* 44, no. 6 (2010): 587–594, https://doi.org/10.1111/j.1365-2923.2010.03634.x

K. Maier, S. Waldstein, and S. Synowski, "Relation of Cognitive Appraisal to Cardiovascular Reactivity, Affect, and Task Engagement," *Annals of*

*Behavioral Medicine* 26, no. 1 (2003): 32–41, https://doi.org/10.1207/S15324796ABM2601_05
Jim Blascovich and Wendy Berry Mendes, "Challenge and Threat Appraisals: The Role of Affective Cues," in *Feeling and Thinking: The Role of Affect in Social Cognition*, ed. Joseph P. Forgas, 59–82 (Cambridge: Cambridge University Press, 2000)
S. C. Hunter, J. M. E. Boyle, and D. Warden, "Help Seeking Amongst Child and Adolescent Victims of Peer-Aggression and Bullying: The Influence of School-Stage, Gender, Victimisation, Appraisal, and Emotion," *British Journal of Educational Psychology* 74, no. 3 (2004): 375–390, https://doi.org/10.1348/0007099041552378
J. M. Schaubroeck, L. T. Riolli, A. C. Peng, and E. S. Spain, "Resilience to Traumatic Exposure Among Soldiers Deployed in Combat," *Journal of Occupational Health Psychology* 16, no. 1 (2011): 18–37, https://doi.org/10.1037/a0021006
P. Kennedy, M. Evans, and N. Sandhu, "Psychological Adjustment to Spinal Cord Injury: The Contribution of Coping, Hope and Cognitive Appraisals," *Psychology, Health and Medicine* 14, no. 1 (2009): 17–33, https://doi.org/10.1080/13548500802001801
Bonanno et al., "Trajectories of Resilience."
M. L. Elfström, A. Rydén, M. Kreuter, L.-O. Persson, and M. Sullivan, "Linkages Between Coping and Psychological Outcome in the Spinal Cord Lesioned: Development of SCL-Related Measures," *Spinal Cord* 40, no. 1 (2002): 23–29, https://doi.org/10.1038/sj.sc.3101238
P. Schönfeld, F. Preusser, and J. Margraf, "Costs and Benefits of Self-Efficacy: Differences of the Stress Response and Clinical Implications," *Neuroscience and Biobehavioral Reviews* 75 (2017): 40–52, https://doi.org/10.1016/j .neubiorev.2017.01.031
A. A. Nease, B. O. Mudgett, and M. A. Quiñones, "Relationships Among Feedback Sign, Self-Efficacy, and Acceptance of Performance Feedback," *Journal of Applied Psychology* 84, no. 5 (1999): 806
E. S. Epel, B. S. McEwen, and J. R. Ickovics, "Embodying Psychological Thriving: Physical Thriving in Response to Stress," *Journal of Social Issues* 54 (1998): 301–322
C. C. Benight, E. Swift, J. Sanger, A. Smith, and D. Zeppelin, "Confidence in Coping as a Mediator of Distress Following a Natural Disaster," *Journal of Applied Social Psychology* 29, no. 12 (1999): 2443–2464, https://doi.org/10.1111/j.1559-1816.1999.tb00120

I. Levkovich, M. Cohen, S. Pollack, K. Drumea, and G. Fried, "Cancer-Related Fatigue and Depression in Breast Cancer Patients Postchemotherapy: Different Associations with Optimism and Stress Appraisals," *Palliative and Supportive Care* 13, no. 5 (2015): 1141–1151
R. Delahaij and K. Van Dam, "Coping with Acute Stress in the Military: The Influence of Coping Style, Coping Self-Efficacy and Appraisal Emotions," *Personality and Individual Differences* 119 (2017): 13–18, https://doi .org/10.1016/j.paid.2017.06.021
Matthias Jerusalem and Ralf Schwarzer, "Self-Efficacy as a Resource Factor in Stress Appraisal Processes," in *Self-Efficacy: Thought Control of Action*, ed. Ralf Schwarzer, 195–213 (New York: Taylor and Francis, 1992)
M. A. Chesney, T. B. Neilands, D. B. Chambers, J. M. Taylor, and S. Folkman, "A Validity and Reliability Study of the Coping Self-Efficacy Scale," *British Journal of Health Psychology* 11, no. 3 (2006): 421–437
S. Chen and T. Jackson, "Causal Effects of Challenge and Threat Appraisals on Pain Self-Efficacy, Pain Coping, and Tolerance for Laboratory Pain: An Experimental Path Analysis Study," *PLoS ONE* 14, no. 4 (2019): e0215087, https://doi .org/10.1371/journal.pone.0215087
N. Skinner and N. Brewer, "The Dynamics of Threat and Challenge Appraisals Prior to Stressful Achievement Events," *Journal of Personality and Social Psychology* 83, no. 3 (2002): 678
E. C. Karademas, "Self-Efficacy, Social Support and Well-Being: The Mediating Role of Optimism," *Personality and Individual Differences* 40, no. 6 (2006): 1281–1290, https://doi.org/10.1016/j.paid.2005.10.019
Hayden Herrera, *Frida: A Biography of Frida Kahlo* (New York: Harper and Row, 1983)（中譯本：《揮灑烈愛》，2003 年 1 月，時報出版，台北）
Frida Kahlo, *The Letters of Frida Kahlo: Cartas Apasionadas*, ed. Martha Zamora (San Francisco: Chronicle, 1995), 22
Salomon Grimberg, *Frida Kahlo: Song of Herself* (London: Merrell, 2008)
Diego Rivera, *My Art, My Life* (New York: Citadel, 1960), 103–104
J. Helland, "Aztec Imagery in Frida Kahlo's Paintings: Indigenity and Political Commitment," *Woman's Art Journal* 11, no. 2 (1990): 8–13, https://doi .org/10.2307/3690692; Grimberg, Frida Kahlo, 33–34
Frida Kahlo, *The Diary of Frida Kahlo: An Intimate Self-Portrait*, with an introduction by Carlos Fuentes and essay and commentaries by Sarah M. Lowe (New York: Harry N. Abrams, 2005), 252
*The Life and Times of Frida Kahlo*, written and directed by Amy Stechler, a production of Daylight Films and WETA in association with Latino Public

Broadcasting, PBS Home Video, 2005
"Mexican Autobiography," *Time* 61, no. 17 (1953): 90
Daniel Bullen, *The Love Lives of the Artists: Five Stories of Creative Intimacy* (Berkeley, CA: Counterpoint, 2013)
Carole Maso, *Beauty Is Convulsive: The Passion of Frida Kahlo* (Washington, DC: Counterpoint, 2002), 146.
Kahlo, *Diary*.

### 第七章：照著彈性程序走

"A Dark Side of Happiness? How, When, and Why Happiness Is Not Always Good," *Perspectives on Psychological Science* 6, no. 3 (2011): 222–233, https://doi.org/10.1177/1745691611406927
*Nicomachean Ethics*, trans. H. Rachman, (Cambridge, MA: Harvard University Press, 1936), Book 2, chap. 9
Seneca, "On the Tranquility of the Mind," in *Seneca: Dialogues and Essays*, ed. J. Davie and T. Reinhardt (New York: Oxford University Press, 2007), 133
J. Rottenberg, J. J. Gross, and I. H. Gotlib, "Emotion Context Insensitivity in Major Depressive Disorder," *Journal of Abnormal Psychology* 114, no. 4 (2005): 627–639, https://doi.org/10.1037/0021-843X.114.4.627
K. G. Coifman and G. A. Bonanno, "When Distress Does Not Become Depression: Emotion Context Sensitivity and Adjustment to Bereavement," *Journal of Abnormal Psychology* 119, no. 3 (2010): 479–490, https://doi.org/10.1037/a0020113
G. A. Bonanno, F. Maccallum, M. Malgaroli, and W. K. Hou, "The Context Sensitivity Index (CSI): Measuring the Ability to Identify the Presence and Absence of Stressor Context Cues," *Assessment* 27, no. 2 (2020), https://doi .org/10.1177/1073191118820131
Coifman and Bonanno, "When Distress Does Not Become Depression."
S. Folkman and R. S. Lazarus, "If It Changes It Must Be a Process: Study of Emotion and Coping During Three Stages of a College Examination," *Journal of Personality and Social Psychology* 48, no. 1 (1985): 150–170, https://doi .org/10.1037/0022-3514.48.1.150
A.M. Malooly, J. J. Genet, and M. Siemer, "Individual Differences in Reappraisal Effectiveness: The Role of Affective Flexibility," *Emotion* 13, no. 2 (2013): 302
E. Levy-Gigi, C. Szabo, G. Richter-Levin, and S. Kéri, "Reduced Hippocampal

Volume Is Associated with Overgeneralization of Negative Context in Individuals with PTSD," *Neuropsychology* 29, no. 1 (2015): 151
H. N. Rasmussen, C. Wrosch, M. F. Scheier, and C. S. Carver, "Self-Regulation Processes and Health: The Importance of Optimism and Goal Adjustment," *Journal of Personality* 74, no. 6 (2006): 1721–1748
A. Duckworth and J. J. Gross, "Self-Control and Grit: Related but Separable Determinants of Success," *Current Directions in Psychological Science* 23, no. 5 (2014): 319–325, https://doi .org/10.1177/0963721414541462
E. A. Skinner and M. J. Zimmer-Gembeck, "The Development of Coping," *Annual Review of Psychology* 48 (2007): 119–144.
J. E. Heiy and J. S. Cheavens, "Back to Basics: A Naturalistic Assessment of the Experience and Regulation of Emotion," *Emotion* 14, no. 5 (2014): 878
G. Grommisch, P. Koval, J. D. X. Hinton, J. Gleeson, T. Hollenstein, P. Kuppens, and T. Lischetzke, "Modeling Individual Differences in Emotion Regulation Repertoire in Daily Life with Multilevel Latent Profile Analysis," *Emotion* 20, no. 8 (2020): 1462–1474, https://doi.org/10.1037/emo0000669
J. J. Gross and R. W. Levenson, "Emotional Suppression: Physiology, Self-Report, and Expressive Behavior," *Journal of Personality and Social Psychology* $ 64, no. 6 (1993): 970–986
J. J. Gross and R. W. Levenson, "Hiding Feelings: The Acute Effects of Inhibiting Negative and Positive Emotion," *Journal of Abnormal Psychology* 106, no. 1 (1997): 95–103
G. A. Bonanno, A. Papa, K. Lalande, M. Westphal, and K. Coifman, "The Importance of Being Flexible: The Ability to Both Enhance and Suppress Emotional Expression Predicts Long-Term Adjustment," *Psychological Science* 15, no. 7 (2004): 482–487.
Bonanno et al., "The Importance of Being Flexible."
C. L. Burton and G. A. Bonanno, "Measuring Ability to Enhance and Suppress Emotional Expression: The Flexible Regulation of Emotional Expression (FREE) Scale," *Psychological Assessment* 28, no. 8 (2016): 929–941, https://doi .org/10.1037/pas0000231
C. Cheng, "Assessing Coping Flexibility in Real-Life and Laboratory Settings: A Multimethod Approach," *Journal of Personality and Social Psychology* 80, no. 5 (2001): 814–833
C. Cheng, H.-P. B. Lau, and M.-P. S. Chan, "Coping Flexibility and Psychological Adjustment to Stressful Life Changes: A Meta-Analytic Review," *Psychological Bulletin* 140, no. 6 (2014): 1582–1607, https://doi.org/10.1037/a0037913
G. A. Bonanno, R. Pat-Horenczyk, and J. Noll, "Coping Flexibility and Trauma:

The Perceived Ability to Cope with Trauma (PACT) Scale," *Psychological Trauma-Theory Research Practice and Policy* 3, no. 2 (2011): 117–129, https://doi.org/10.1037/a0020921

M. Park, E. R. Chang, and S. You, "Protective Role of Coping Flexibility in PTSD and Depressive Symptoms Following Trauma," *Personality and Individual Differences* 82 (2015): 102–106, https://doi.org/10.1016 / j.paid.2015.03.007

I. R. Galatzer-Levy, C. L. Burton, and G. A. Bonanno, "Coping Flexibility, Potentially Traumatic Life Events, and Resilience: A Prospective Study of College Student Adjustment," *Journal of Social and Clinical Psychology* 31, no. 6 (2012): 542–567, https://doi.org/10.1521/jscp.2012.31.6.542

C. L. Burton, O. H. Yan, R. Pat-Horenczyk, I. S. F. Chan, S. Ho, and G. A. Bonanno, "Coping Flexibility and Complicated Grief: A Comparison of American and Chinese Samples," *Depression and Anxiety* 29, no. 1 (2012): 16–22, https://doi .org/10.1002/da.20888

R. Rodin, G. A. Bonanno, S. Knuckey, M. L. Satterthwaite, R. Hart, A. Joscelyne, R. A. Bryant, and A. D. Brown, "Coping Flexibility Predicts Post-Traumatic Stress Disorder and Depression in Human Rights Advocates," *International Journal of Mental Health* 46, no. 4 (2017): 327–338, https://doi.org/10.1080/00207411.2017.1345047

G. Boyraz, M. L. Cherry, M. A. Cherry, S. Aarstad-Martin, C. Cloud, and L. M. Shamp, "Posttraumatic Stress, Coping Flexibility, and Risky Drinking Among Trauma-Exposed Male and Female College Students: The Mediating Effect of Delay of Gratification," *Substance Use and Misuse* 53, no. 3 (2018): 508–520

R. E. Morgan and B. A. Oudekerk, "Criminal Victimization, 2018," US Department of Justice, Bureau of Justice Statistics, September 2019, www.bjs .gov/content/pub/pdf/cv18.pdf

S. Bricknell, H. Boxall, and H. Andrevski, *Male Victims of Non-Sexual and Non-Domestic Violence: Service Needs and Experiences in Court*, Australian Institute of Criminology, Research and Public Policy Series, vol. 126, 2014, available at https://aic.gov.au/publications/rpp/rpp126

Morgan and Oudekerk, "Criminal Victimization, 2018" ; D. Freeman, C. Thompson, N. Vorontsova, G. Dunn, L.-A. Carter, P. Garety, E. Kuipers, et al., "Paranoia and Post-Traumatic Stress Disorder in the Months After a Physical Assault: A Longitudinal Study Examining Shared and Differential Predictors," *Psychological Medicine* 43, no. 12 (2013): 2673–2684, https://doi.org/10.1017 /S003329171300038X

Bricknell et al., *Male Victims of Non-Sexual and Non-Domestic Violence*

V. Burcar, "Doing Masculinity in Narratives About Reporting Violent Crime: Young Male Victims Talk About Contacting and Encountering the Police," *Journal of Youth Studies* 16, no. 2 (2013): 172–190, https://doi .org/10.1080/13676261.2012.704992

Veronika Burcar, "Masculinity and Victimization: Young Men's Talk About Being Victims of Violent Crime," in *Masculinities in the Criminological Field: Control, Vulnerability and Risk-Taking*, ed. Ingrid Lander, Signe Ravn, and Nina Jon, 113–130 (London: Routledge, 2016)

J. E. LeDoux, "Feelings: What Are They and How Does the Brain Make Them?" *Daedalus* 144, no. 1 (2015): 96– 111

J. E. LeDoux and R. Brown, "A Higher-Order Theory of Emotional Consciousness," *Proceedings of the National Academy of Sciences* (2017), https:// doi.org/10.1073/pnas.1619316114

F. Rigoli, M. Ewbank, T. Dalgleish, and A. Calder, "Threat Visibility Modulates the Defensive Brain Circuit Underlying Fear and Anxiety," *Neuroscience Letters* 612 (2016): 7–13, https://doi .org/10.1016/j.neulet.2015.11.026

Ame Öhman, "Fear and Anxiety: Overlaps and Dissociations," in *Handbook of Emotions*, 3rd ed., ed. Michael Lewis, Jeannette M. Haviland-Jones, and Lisa Feldman Barrett, 709–729 (New York: Guilford Press, 2008)

C. A. Hartley and E. A. Phelps, "Anxiety and Decision-Making," *Biological Psychiatry* 72, no. 2 (2012): 113–118, https://doi.org /10.1016/j.biopsych.2011.12.027

Y. Bar-Haim, A. Kerem, D. Lamy, and D. Zakay, "When Time Slows Down: The Influence of Threat on Time Perception in Anxiety," *Cognition and Emotion* 24, no. 2 (2010): 255–263, https://doi.org /10.1080/02699930903387603

J. L. Birk and G. A. Bonanno, "When to Throw the Switch: The Adaptiveness of Modifying Emotion Regulation Strategies Based on Affective and Physiological Feedback," *Emotion* 16, no. 5 (2016): 657–670

S. D. Ilan, R. Shafir, J. L. Birk, G. A. Bonanno, and G. Sheppes, "Monitoring in Emotion Regulation: Behavioral Decisions and Neural Consequences," *Social Cognitive and Affective Neuroscience* 1 (2020): 1–11

T. Kato, "Development of the Coping Flexibility Scale: Evidence for the Coping Flexibility Hypothesis," *Journal of Counseling Psychology* 59, no. 2 (2012): 262–273, https://doi .org/10.1037/a0027770

T. Kato, "Testing of the Coping Flexibility Hypothesis Based on the Dual-Process Theory: Relationships Between Coping Flexibility and Depressive Symptoms," *Psychiatry Research* 230, no. 2 (2015): 137–142, https:// doi.

org/10.1016/j.psychres.2015.07.030
Ilan et al., "Monitoring in Emotion Regulation," 11
J. S. Beer, E. A. Heerey, D. Keltner, D. Scabini, and R. T. Knight, "The Regulatory Function of Self-Conscious Emotion: Insights from Patients with Orbitofrontal Damage," *Journal of Personality and Social Psychology* 85, no. 4 (2003): 594–604, https://doi.org/10.1037/0022-3514.85.4.594
A. Kitsantas, B. J. Zimmerman, and T. Cleary, "The Role of Observation and Emulation in the Development of Athletic Self-Regulation," *Journal of Educational Psychology* 92, no. 4 (2000): 811–817
C. G. Davey, N. B. Allen, B. J. Harrison, and M. Yücel, "Increased Amygdala Response to Positive Social Feedback in Young People with Major Depressive Disorder," *Biological Psychiatry* 69, no. 8 (2011): 734–741, https://doi.org/10.1016/j.biopsych.2010.12.004
Katherine A. Loveland, "Social-Emotional Impairment and Self-Regulation in Autism Spectrum," in *Emotional Development: Recent Research Advances*, ed. Jacqueline Nadel and Darwin Muir, 365–376 (Oxford: Oxford University Press, 2005)
R. Bisaz, A. Travaglia, and C. M. Alberini, "The Neurobiological Bases of Memory Formation: From Physiological Conditions to Psychopathology," *Psychopathology* 47, no. 6 (2014): 347–356, https://doi.org/10.1159/000363702
R. A. Bryant and S. Datta, "Reconsolidating Intrusive Distressing Memories by Thinking of Attachment Figures," *Clinical Psychological Science* 7, no. 6 (2019): 1249–1256, https://doi.org/10.1177/2167702619866387
D. Schiller, M.-H. Monfils, C. M. Raio, D. C. Johnson, J. E. LeDoux, and E. A. Phelps, "Preventing the Return of Fear in Humans Using Reconsolidation Update Mechanisms," *Nature* 463, no. 7277 (2010): 49–53
J. L. C. Lee, "Memory Reconsolidation Mediates the Strengthening of Memories by Additional Learning," *Nature Neuroscience* 11, no. 11 (2008): 1264
S. Dekel and G. A. Bonanno, "Changes in Trauma Memory and Patterns of Posttraumatic Stress," *Psychological Trauma: Theory, Research, Practice, and Policy* 5, no. 1 (2013): 26–34, https://doi.org/10.1037/a0022750
C. F. Weems, J. D. Russell, D. M. Banks, R. A. Graham, E. L. Neill, and B. G. Scott, "Memories of Traumatic Events in Childhood Fade After Experiencing Similar Less Stressful Events: Results from Two Natural Experiments," *Journal of Experimental Psychology: General* 143, no. 5 (2014): 2046–2055, https://doi .org/10.1037/xge0000016
Bryant and Datta, "Reconsolidating Intrusive Distressing Memories."
S. Chen and G. A. Bonanno, "Components of Emotion Regulation Flexibility:

Linking Latent Profiles to Symptoms of Depression and Anxiety," *Clinical Psychological Science* 9(2), 236–251 (2021), https://doi.org/10.1177/2167702620956972

## 第八章：成為一個有彈性的人

Amy Wolf, "Why Does It Take Humans So Long to Mature Compared to Other Animals? Look to Your Neurons!, " Vanderbilt University, https://news.vanderbilt.edu/2018/10/30/why-does-it-take-humans-so-long-to-mature-compared-to-other-animals-look-to-your-neurons

S. Herculano-Houzel, "Longevity and Sexual Maturity Vary Across Species with Number of Cortical Neurons, and Humans Are No Exception," *Journal of Comparative Neurology* 527, no. 10 (2019): 1689–1705

N. Emese, "Is Newborn Smiling Really Just a Reflex? Research Is Challenging Our Textbooks," *The Conversation*, n.d., https://theconversation.com/is-newborn-smiling-really-just-a-reflex-research-is-challenging-the-textbooks-105220

E. Nagy, "The Newborn Infant: A Missing Stage in Developmental Psychology," *Infant and Child Development* 20, no. 1 (2011): 3–19, https://doi .org/10.1002/icd.683

See G. D. Heyman and B. J. Compton, "Context Sensitivity in Children's Reasoning About Ability Across the Elementary School Years," *Developmental Science* 9, no. 6 (2006): 616–627

T. Imada, S. M. Carlson, and S. Itakura, "East–West Cultural Differences in Context-Sensitivity Are Evident in Early Childhood," *Developmental Science* 16, no. 2 (2013): 198–208

M. Köster, J. Castel, T. Gruber, and J. Kärtner, "Visual Cortical Networks Align with Behavioral Measures of Context-Sensitivity in Early Childhood," *NeuroImage* 163 (2017): 413–418, https://doi.org/10.1016/j.neuroimage.2017.08.008

W. F. Arsenio, S. Cooperman, and A. Lover, "Affective Predictors of Preschoolers' Aggression and Peer Acceptance: Direct and Indirect Effects," *Developmental Psychology* 36, no. 4 (2000): 438

K. A. Buss, R. J. Davidson, N. H. Kalin, and H. H. Goldsmith, "Context-Specific Freezing and Associated Physiological Reactivity as a Dysregulated Fear Response," *Developmental Psychology* 40, no. 4 (2004): 583

E. A. Skinner and M. J. Zimmer-Gembeck, "The Development of Coping,"

*Annual Review of Psychology* 58 (2007): 119–144

K. A. Babb, L. J. Levine, and J. M. Arseneault, "Shifting Gears: Coping Flexibility in Children with and Without ADHD," *International Journal of Behavioral Development* 34, no. 1 (2010): 10–23

E. L. Davis, L. J. Levine, H. C. Lench, and J. A. Quas, "Metacognitive Emotion Regulation: Children's Awareness That Changing Thoughts and Goals Can Alleviate Negative Emotions," *Emotion* 10, no. 4 (2010): 498–510, https://doi.org/10.1037/a0018428

S. D. Espinet, J. E. Anderson, and P. D. Zelazo, "Reflection Training Improves Executive Function in Preschool-Age Children: Behavioral and Neural Effects," *Developmental Cognitive Neuroscience* 4 (2013): 3–15

P. D. Zelazo, "Executive Function: Reflection, Iterative Reprocessing, Complexity, and the Developing Brain," *Developmental Review* 38 (2015): 55–68

J. Shrager and R. S. Siegler, "SCADS: A Model of Children's Strategy Choices and Strategy Discoveries," *Psychological Science* 9, no. 5 (1998): 405–410

M. W. Alibali, "How Children Change Their Minds: Strategy Change Can Be Gradual or Abrupt," *Developmental Psychology* 35, no. 1 (1999): 127

Davis et al., "Metacognitive Emotion Regulation."

B. B. R. Rossman, "School-Age Children's Perceptions of Coping with Distress: Strategies for Emotion Regulation and the Moderation of Adjustment," *Journal of Child Psychology and Psychiatry* 33, no. 8 (1992): 1375

B. E. Compas, J. K. Connor-Smith, H. Saltzman, A. H. Thomsen, and M. E. Wadsworth, "Coping with Stress During Childhood and Adolescence: Problems, Progress, and Potential in Theory and Research," *Psychological Bulletin* 127, no. 1 (2001): 87, 89

W. Schneider and R. M. Shiffrin, "Controlled and Automatic Human Information Processing: I. Detection, Search, and Attention," *Psychological Review* 84, no. 1 (1977): 1

R. M. Shiffrin and W. Schneider, "Controlled and Automatic Human Information Processing: II. Perceptual Learning, Automatic Attending and a General Theory," *Psychological Review* 84, no. 2 (1977): 127.

A. G. Wheaton, D. P. Chapman, L. R. Presley-Cantrell, J. B. Croft, and D. R. Roehler, "Drowsy Driving-19 States and the District of Columbia, 2009–2010," *Morbidity and Mortality Weekly Report* 61, no. 51 (2013): 1033

Heyman and Compton, "Context Sensitivity in Children's Reasoning About Ability."

B. K. Payne, "Prejudice and Perception: The Role of Automatic and Controlled

Processes in Misperceiving a Weapon," *Journal of Personality and Social Psychology* 81, no. 2 (2001): 181

B. K. Payne, A. J. Lambert, & L. L. Jacoby, (2002). "Best Laid Plans: Effects of Goals on Accessibility Bias and Cognitive Control in Race-Based Misperceptions of Weapons," *Journal of Experimental Social Psychology* 38, no. 4 (2002): 384–396, https://doi.org/10.1016/S0022-1031(02)00006-9

B. K. Payne, "Conceptualizing Control in Social Cognition: How Executive Functioning Modulates the Expression of Automatic Stereotyping." *Journal of Personality and Social Psychology* 89, no 4, (2005): 488

L. E. Williams, J. A. Bargh, C. C. Nocera, and J. R. Gray, "The Unconscious Regulation of Emotion: Nonconscious Reappraisal Goals Modulate Emotional Reactivity," *Emotion* 9, no. 6 (2009): 847

I. B. Mauss, S. A. Bunge, and J. J. Gross, "Automatic Emotion Regulation," *Social and Personality Psychology Compass* 1, no. 1 (2007): 146–167, https:// doi.org/10.1111/j.1751-9004.2007.00005.x

A. Gyurak, J. J. Gross, and A. Etkin, "Explicit and Implicit Emotion Regulation: A Dual-Process Framework," *Cognition and Emotion* 25, no. 3 (2011): 400–412, https://doi.org/10.1080/02 699931.2010.544160

I. S. Gallo, A. Keil, K. C. McCulloch, B. Rockstroh, and P. M. Gollwitzer, "Strategic Automation of Emotion Regulation," *Journal of Personality and Social Psychology* 96, no. 1 (2009): 11

A. Etkin, T. Egner, D. M. Peraza, E. R. Kandel, and J. Hirsch, "Resolving Emotional Conflict: A Role for the Rostral Anterior Cingulate Cortex in Modulating Activity in the Amygdala," *Neuron* 51, no. 6 (2006): 871–882

B. Subedi and G. T. Grossberg, "Phantom Limb Pain: Mechanisms and Treatment Approaches," *Pain Research and Treatment* (2011): 864,605, https://doi.org/10.1155/2011 /864605

## 第九章：與自己對話

S. S. Carson, C. E. Cox, S. Wallenstein, L. C. Hanson, M. Danis, J. A. Tulsky, E. Chai, and J. E. Nelson, "Effect of Palliative Care–Led Meetings for Families of Patients with Chronic Critical Illness: A Randomized Clinical Trial," *JAMA* 316, no. 1 (2016): 51–62

H. G. Prigerson, M. Viola, C. R. Brewin, C. Cox, D. Ouyang, M. Rogers, C. X. Pan, et al., "Enhancing and Mobilizing the Potential for Wellness and Emotional Resilience (EMPOWER) Among Surrogate Decision-Makers of

ICU Patients: Study Protocol for a Randomized Controlled Trial," *Trials* 20, no. 1 (2019): 408
J. M. Malouff and N. S. Schutte, "Can Psychological Interventions Increase Optimism? A Meta-Analysis," *Journal of Positive Psychology* 12, no. 6 (2017): 594–604, https://doi.org/10.1080/17439760.2016.1221122
Y. M. C. Meevissen, M. L. Peters, and H. J. E. M. Alberts, "Become More Optimistic by Imagining a Best Possible Self: Effects of a Two Week Intervention," *Journal of Behavior Therapy and Experimental Psychiatry* 42, no. 3 (2011): 371–378, https://doi.org/10.1016/j.jbtep.2011.02.012
N. Garnefski, V. Kraaij, M. Benoist, Z. Bout, E. Karels, and A. Smit, "Effect of a Cognitive Behavioral Self-Help Intervention on Depression, Anxiety, and Coping Self-Efficacy in People with Rheumatic Disease," *Arthritis Care and Research* 65, no. 7 (2013): 1077–1084
M. A. Martin, C. D. Catrambone, R. A. Kee, A. T. Evans, L. K. Sharp, C. Lyttle, C. Rucker-Whitaker, K. B. Weiss, J. J. Shannon, and the CHIRAH investigative team, "Improving Asthma Self-Efficacy: Developing and Testing a Pilot Community-Based Asthma Intervention for African American Adults," *Journal of Allergy and Clinical Immunology* 123, no. 1 (2009): 153–159.e3
C. Laureano, H. W. Grobbelaar, and A. W. Nienaber, "Facilitating the Confidence in Coping and Psychological Well-Being of Student Rugby Players," *South African Journal of Psychology* 44, no. 4 (2014): 483–497, https:// doi.org/10.1016/j.jaci.2008.10.057
S. R. Liu and M. Kia-Keating, "Improving Confidence in Coping Among Distressed Students After Exposure to University Mass Violence: A Pilot Online Intervention," *Journal of College Student Psycho-therapy* 32, no. 3 (2018): 199–219
M. Boekaerts, "The Adaptable Learning Process: Initiating and Maintaining Behavioural Change," *Applied Psychology* 41, no. 4 (1992): 377–397
M. Gregoire, "Is It a Challenge or a Threat? A Dual-Process Model of Teachers' Cognition and Appraisal Processes During Conceptual Change," Educational *Psychology Review* 15, no. 2 (2003): 147–179
J. Tomaka, J. Blascovich, J. Kibler, and J. M. Ernst, "Cognitive and Physiological Antecedents of Threat and Challenge Appraisal," *Journal of Personality and Social Psychology* 73 (1997): 63–72
I. S. Gallo, A. Keil, K. C. McCulloch, B. Rockstroh, and P. M. Gollwitzer, "Strategic Automation of Emotion Regulation," *Journal of Personality and Social Psychology* 96, no. 1 (2009): 11
T. L. Webb and P. Sheeran, "How Do Implementation Intentions Promote Goal

Attainment? A Test of Component Processes," *Journal of Experimental Social Psychology* 43, no. 2 (2007): 295–302, https://doi.org/10.1016/j.jesp.2006.02.001

Z. Zhu and G. A. Bonanno, "Affective Flexibility: Relations to Expressive Flexibility, Feedback, and Depression," *Clinical Psychological Science* 5, no. 6 (2017), https://doi.org/10.1177/2167702617717337

P. E. S. Schartau, T. Dalgleish, and B. D. Dunn, "Seeing the Bigger Picture: Training in Perspective Broadening Reduces Self-Reported Affect and Psychophysiological Response to Distressing Films and Autobiographical Memories," *Journal of Abnormal Psychology* 118, no. 1 (2009): 15

S. Christou-Champi, T. F. D. Farrow, and T. L. Webb, "Automatic Control of Negative Emotions: Evidence That Structured Practice Increases the Efficiency of Emotion Regulation," *Cognition and Emotion* 29, no. 2 (2015): 319–331, https://doi.org/10.1080/02699931.2014.901213

E.-W. Park, F. Tudiver, J. K. Schultz, and T. Campbell, "Does Enhancing Partner Support and Interaction Improve Smoking Cessation? A Meta-Analysis," *Annals of Family Medicine* 2, no. 2 (2004): 170–174

N. El-Bassel, A. Ivanoff, R. F. Schilling, L. Gilbert, D. Borne, and D.-R. Chen, "Preventing HIV/AIDS in Drug-Abusing Incarcerated Women Through Skills Building and Social Support Enhancement: Preliminary Outcomes," *Social Work Research* 19, no. 3 (1995): 131–141

B. H. O'Connell, D. O'Shea, and S. Gallagher, "Enhancing Social Relationships Through Positive Psychology Activities: A Randomised Controlled Trial," *Journal of Positive Psychology* 11, no. 2 (2016): 149–162

Alexander T. Latinjak, "Locating Self-Talk in the Knowledge Map of Sport and Exercise Psychology," in *Self-Talk* in Sport, ed. Alexander T. Latinjak and Antonis Hatzigeorgiadis, 1–10 (New York: Routledge, 2020)

Julian Fritsch and Darko Jekauc, "Self-Talk and Emotion Regulation," in Latinjak and Hatzigeorgiadis, *Self-Talk* in Sport, 64–76。

Ellen L. Usher and Dale H. Schunk, "Social Cognitive Theoretical Perspective of Self-Regulation," in *Handbook of Self-Regulation of Learning and Performance*, 2nd ed., ed. Dale H. Schunk and Jeffrey A. Greene, 19–35 (New York: Routledge, 2018)

I. Senay, D. Albarracín, and K. Noguchi, "Motivating Goal-Directed Be- havior Through Introspective Self-Talk: The Role of the Interrogative Form of Simple Future Tense," *Psychological Science* 21, no. 4 (2010): 499–504, https:// doi.org/10.1177/0956797610364751

P. K. Oleś, T. M. Brinthaupt, R. Dier, and D. Polak, "Types of Inner Dialogues and Functions of Self-Talk: Comparisons and Implications," *Frontiers in Psychology* 11 (2020): 227

Ethan Kross, *Chatter: The Voice in Our Head. Why It Matters, and How to Harness It* (New York: Crown, 2020)（中譯本：《強大內心的自我對話習慣》2021 年 5 月，天下雜誌，台北）

E. Kross, E. Bruehlman-Senecal, J. Park, A. Burson, A. Dougherty, H. Shablack, R. Bremner, J. Moser, and O. Ayduk, "Self-Talk as a Regulatory Mechanism: How You Do It Matters," *Journal of Personality and Social Psychology* 106, no. 2 (2014): 304

A. Orvell, B. D. Vickers, B. Drake, P. Verduyn, O. Ayduk, J. Moser, J. Jonides, and E. Kross, "Does Distanced Self-Talk Facilitate Emotion Regulation Across a Range of Emotionally Intense Experiences?," *Clinical Psychological Science* (2020), https://doi.org/10.1177/2167702620951539

A. Orvell, Ö. Ayduk, J. S. Moser, S. A. Gelman, and E. Kross, "Linguistic Shifts: A Relatively Effortless Route to Emotion Regulation?," *Current Directions in Psychological Science* 28, no. 6 (2019): 567–573

James C. Coyne, Camille B. Wortman, and Darrin R. Lehman, "The Other Side of Support: Emotional Overinvolvement and Miscarried Helping," in *Marshaling Social Support: Formats, Processes, and Effects*, ed. Benjamin H. Gottlieb, 305–330 (Thousand Oaks, CA: Sage, 1988)

J. C. Coyne, "Depression and the Response of Others," *Journal of Abnormal Psychology* 85 (1976): 186–193, https:// doi.org/10.1037/0021-843X.85.2.186

E. D. Diminich and G. A. Bonanno, "Faces, Feelings, Words: Divergence Across Channels of Emotional Responding in Complicated Grief," *Journal of Abnormal Psychology* 123 (2014): 350–361

## 第十章：在疫情中保有彈性

"Report of the WHO-China Joint Mission on Coronavirus Disease 2019 (COVID-19)," February 16–24, 2020, www.who.int/docs/default-source/corona viruse/who-china-joint-mission-on-covid-19-final-report.pdf. See also Derrick Bryson Taylor, "A Timeline of the Coronavirus," *New York Times*, January 10, 2021, www.nytimes.com/article/coronavirus-timeline.html

"Cumulative Reported Cases of Probable SARS, 1 November 2002–11 July 2003," World Health Organization, www.who.int/csr/sars/

country/2003_07_11/en
K.-S. Yuen, Z.-W. Ye, S.-Y. Fung, C.-P. Chan, and D.-Y. Jin, "SARS-CoV-2 and COVID-19: The Most Important Research Questions," *Cell and Bioscience* 10, no. 40 (2020), https://doi.org/10.1186/s13578-020-00404-4
R. Woelfel, V. M. Corman, W. Guggemos, M. Seilmaier, S. Zange, M. A. Müller, D. Niemeyer, et al., "Virological Assessment of Hospitalized Cases of Coronavirus Disease 2019," *MedRxiv*, 2020.03.05.20030502, https://doi.org/10.1101/2020.03.05.20030502
B. Carey and J. Glanz, "Travel from New York City Seeded Wave of U.S. Outbreaks," *New York Times*, May 7, 2020, www.nytimes.com/2020/05/07/us/new -york-city-coronavirus-outbreak.html
W. Wan, "The Coronavirus Pandemic Is Pushing America into a Mental Health Crisis," *Washington Post*, May 4, 2020, www.washingtonpost.com / health/2020/05/04/mental-health-coronavirus
J. Aschenbach, "Coronavirus Is Harming the Mental Health of Tens of Millions of People in the U.S., New Poll Finds," *Washington Post*, April 2, 2020, www .washingtonpost.com/health/coronavirus-is-harming-the-mental-health-of-tens -of-millions-of-people-in-us-new-poll-finds/2020/04/02/565e6744-74ee-11 ea-85cb-8670579b863d_story.html
A. Kirzinger, A. Kearney, L. Hamel, and M. Brodie, "KFF Health Tracking Poll—Early April 2020: The Impact of Coronavirus on Life in America," Kaiser Family Foundation (KFF), April 2, 2020, www.kff .org/coronavirus-covid-19/report/kff-health-tracking-poll-early-april-2020
Aschenbach, "Coronavirus Is Harming the Mental Health of Tens of Millions."
G. A. Bonanno, "APS Backgrounder Series. Psychological Science and COVID-19: Remaining Resilient During a Pandemic," Association for Psychological Science, March 30, 2020, www .psychologicalscience.org/news/backgrounders/backgrounder-1-resilient.html.